DER VIERTE MUSKETIER

Über die Autoren

Henk Stoorvogel ist Pfarrer in Zwolle, Niederlande, in einer der größten Gemeinden des Landes. Er ist Gründer von „Athletes in Action"-Niederlande sowie der Männerbewegung „Der 4te Musketier". Stoorvogel ist ein gefragter Redner auf Männertagen und Konferenzen. Er ist verheiratet und Vater von drei Kindern.

Theo van den Heuvel war fünf Jahre Direktor von „Athletes in Action" und ist heute Pfarrer in Groningen, Niederlande. Er ist bekannt als inspirierender und kreativer Redner. Theo ist verheiratet und Vater von vier Kindern.

Mehr über die Autoren erfahren Sie auch auf den Seiten 284 und 285.

Henk Stoorvogel & Theo van den Heuvel

der vierte Musketier

LEBEN IM DIENST DES KÖNIGS

Inspiration für Männer

GerthMedien

Für Manuel, Chris und Luca – unsere drei Musketiere.
Ihr seid geliebt dafür, wer ihr seid.

Inhalt

Das Leeren des Jutesacks

Epilog

Vorwort

von Henk Stoorvogel und Theo van den Heuvel

Die Musketiere waren die persönlichen Elitetruppen des Königs. Alles gaben sie für seine Ehre. Ihr Leben: *Einer für alle und alle für einen*. Sie wussten, dass sie sich blindlings aufeinander verlassen konnten. Ihr Wort galt in Kriegs- wie in Friedenszeiten.

Einheit. Abenteuer. Heldentum. Hingabe. Kraft.

Musketiere sind ein Spiegelbild unserer männlichen Sehnsucht. Sie hatten das, was wir Männer oft vermissen. Sie verkörpern das, wonach wir suchen. In unseren Träumen lebt diese Vorstellung. Wir wollen, aber wir wissen nicht, wie.

„Der vierte Musketier" will Männer stärken, ganz für ihren König zu leben. Dieser König war der Eine, der sich selbst hingab für alle. Wir wollen zusammen alles für ihn geben. Unser Dienst für ihn ist unsere größte Ehre. Sein Kampf ist unser Kampf. Seine Leidenschaft ist unsere Leidenschaft. Seine Ziele sind unsere Ziele.

„Der vierte Musketier" wurde inspiriert durch den weltbekannten Historienroman „Die drei Musketiere" des französischen Schriftstellers Alexandre Dumas (1802–1870). Die Geschichte spielt zu Beginn des 17. Jahrhunderts in Frankreich. Der 18-jährige Edelmann D'Artagnan verlässt sein Elternhaus und macht sich auf den Weg nach Paris. Er ist fest entschlossen, ein Musketier zu werden.

Die drei Musketiere

Die Musketiere dienten als Soldaten dem französichen König Ludwig XIII. Sie waren seine Elitegarde. Allerdings war Ludwig XIII., verheiratet mit Königin Anna, ein schwacher Herrscher. Er stand unter dem starken Einfluss von Kardinal Richelieu, dem Oberhaupt der katholischen Kirche in Frankreich. Richelieu versuchte mit List und Betrug den König zu diskreditieren, um ihn absetzen und Frankreich regieren zu können. Unterstützt wurde er dabei durch die Femme fatale Milady de Winter.

Die drei Musketiere Athos, Aramis und Porthos setzten gemeinsam mit D'Artagnan alles in Bewegung, um die Pläne des Kardinals zu durchkreuzen und den König zu beschützen. D'Artagnan begann dieses Abenteuer als Gardist. Später wurde er wegen seiner Heldentaten zum Musketier ernannt. Zwischenzeitlich verliebte er sich in Constance, eine Hofdame Königin Annas, doch er konnte auch dem Charme der betrügerischen Milady de Winter nicht widerstehen.

Der Historienroman ist wunderbar zu lesen. Die vier Freunde erleben unglaubliche Abenteuer und treiben selbst den größten Unfug. Beim Schreiben hat sich Alexandre Dumas inspirieren lassen durch Geschichten von Musketieren, die im 16. Jahrhundert gelebt haben.

Der vierte Musketier – das Buch

Das Musketier-Motto „Einer für alle und alle für einen" fasst in Worte, wie Jesus mit uns umging und wie wir miteinander umgehen wollen. In dem Buch „Die drei Musketiere" geht es eigentlich um den vierten Musketier, D'Artagnan. Er ist der große Held der Geschichte. Wir folgen ihm auf seiner Reise, wie er aufbricht von seinem Elternhaus hinaus in die Welt. Wie er von einem Jungen zu einem Mann wird, vom Gardisten zum Musketier.

Auf gewisse Art sind wir alle der vierte Musketier. Jeder von uns Männern ist unterwegs und unternimmt die Reise durchs Leben vom Jungen zum Mann.

Die Idee, dieses Buch zu schreiben, ist aus dem Verlangen geboren, genau diesem Sachverhalt Form und Inhalt zu geben: *„Einer für alle und alle für einen" – du bist der große Held auf der Reise vom Jungen zum Mann – in der Geschichte deines Lebens im Dienst des Königs.*

Jedes Kapitel beginnt mit einem kurzen Zitat aus dem Roman „Die drei Musketiere", das nicht näher erläutert wird, aber deutlich verbunden ist mit dem Inhalt des Kapitels. Um den Zusammenhang zu entdecken, empfehlen wir dir, nicht nur „Der vierte Musketier", sondern auch „Die drei Musketiere" zu lesen.

Der 4te Musketier – die Bewegung

„Der 4te Musketier" ist auch eine in den Niederlanden gegründete und mittlerweile international aktive christliche Männerbewegung, die Charakterwochenenden organisiert. Zweimal im Jahr, im April und Oktober, zieht eine Schar Männer in kleinen Teams durch eine unnachahmliche Landschaft und Wildnis, beispielsweise der schottischen Highlands oder der belgischen Ardennen. Vier Tage lang erleben die Männer dort ein Abenteuer. In ihren Teams bekommen die Männer Aufträge, die ihre Erfindungsgabe, ihren Mut, ihren Teamgeist, ihr Durchhaltevermögen und ihren Charakter testen. Hinter jedem Auftrag verbirgt sich eine Idee. Gekoppelt an die körperlichen Herausforderungen sind geistliche Inhalte. Gemeinsam bilden sie Lebenslektionen, die den längsten Abstand der Welt bewältigen – den Abstand zwischen Kopf und Herz.

2008 fragte ich (Henk) meine drei besten Freunde Theo van den Heuvel, Jan Stoorvogel und Pieter Cnossen, ob wir einen Abend gemeinsam verbringen. Wir hatten zusammen bei „Athletes in Action" gearbeitet und bereits viele Erlebnisse miteinander geteilt. Allerdings wohnten wir nun alle in verschiedenen Städten und sahen uns nicht mehr so regelmäßig. Ich fragte meine Freunde, ob sie zusammen mit mir eine Männerbewegung ins Leben rufen möchten, den 4ten Musketier. Wir wussten durch unseren Sporthintergrund, wie physische Herausforderungen auch eine geistliche Dimension transportieren können und entwarfen zusammen das Konzept der Charakterwochenenden.

Hunderte von Männern können sich seitdem Musketier nennen. Und jedes Charakterwochenende kommen neue hinzu. Sie haben ihr blutrotes Poloshirt mit einer blauen 4 darauf empfangen. Und wir haben Gott auf ergreifende und intensive Art wirken gesehen. Männer wurden durch ihn angerührt und haben ihr Leben geändert. Regelmäßig erzählen uns Frauen von Musketieren, wie sehr sich ihre Männer durch die Wochenenden in ihrer Haltung gewandelt haben. Das macht uns unglaublich dankbar und gibt uns neue Energie, um die Bewegung „Der 4te Musketier" weiter aufzubauen.

Neben den Charakterwochenenden organisiert „Der 4te Musketier" jedes Jahr auch ein Musketier-Event, einen Tag der Inspiration, mit einer Mischung aus geistlichem Inhalt und physischer Herausforderung. Zu diesem Tag sind alle Männer herzlich eingeladen.

Unsere Bewegung richtet sich zurzeit an Männer in den Niederlanden, Deutschland und den USA. Aber darauf ist die Arbeit nicht beschränkt. In Zusammenarbeit mit dem Patenschaftsdienst „Compassion" sponsern wir viele vaterlose Kinder in Ruanda. Wir glauben, dass Gott uns Männern nicht zigtausend Euro im Jahr anvertraut, um nur für den eigenen Nachwuchs zu sorgen. Männer haben eine Verantwortung, die weiter reicht als ihre Familie. Aus unserem Überfluss dürfen, können und müssen wir uns engagieren für Kinder und junge Menschen in Not. Eine weitere Möglichkeit, dies zu tun, ist der jährlich stattfindende Musketier-Marathon in Uganda. Jeder Läufer hat im Vorfeld

10 000 Euro Sponsorengelder gesammelt, um bei dem Marathon starten zu können. Mit der Suche nach Sponsoren, dem monatelangen Training wie auch dem Lauf in Uganda setzen Musketiere ein Zeichen für globale Gerechtigkeit. Gemeinsam konnten wir 2013 so eine Summe von 1,3 Million Euro Hilfsorganisationen zukommen lassen.

Solltest du einmal zu einem Charakterwochenende kommen oder mehr Informationen über den Musketier-Eventtag sowie den Marathon haben wollen, dann gehe auf die deutsche Internetseite: *www.der4temusketier.de.*

Wir wünschen dir viel Segen beim Lesen dieses Buchs!

Für den König!
Henk und Theo

Vorwort

von Marc Stosberg

Was inspiriert Männerherzen? Das ist eine Frage, die mich schon seit Längerem beschäftigt. Persönlich in meiner Berufung als Mann, Ehepartner, Vater wie auch als Kopastor einer Gemeinde. Ich erlebe dort Männer, die ebenso auf der Suche sind und keine richtige Antwort finden. Und ich nehme wahr, wie sich Männer im christlichen Bereich zurückziehen. Unsere Gottesdienste, Lehre und Angebote sprechen oft Frauen an. Männern fehlt da irgendetwas. Auch in ehrenamtlichen Diensten engagieren sich überwiegend Frauen und immer weniger Männer. Im Job hingegen verwirklichen sie ihre Träume. Männer scheinen ein großes Defizit zu verspüren, was das Abenteuer im Reich Gottes anbelangt. Warum ist das so?

Mein Schlüsselerlebnis hatte ich an einem Sonntag im Frühjahr 2012. Ich brachte meinen vierjährigen Sohn in unseren Kindergottesdienst. Eigentlich hatte er keine Lust. Ich „lieferte" ihn trotzdem ab, weil ich selber in den Hauptgottesdienst wollte. Da bereits hatte ich ein merkwürdiges Gefühl, wusste aber noch nicht warum. Vor dem Gottesdienstsaal traf ich eine Gruppe Männer. Mit einem Kaffee in der Hand unterhielten sie sich über ihren Job. Sie hatten keine Ambitionen, in den Gottesdienst zu gehen. Ich tat es, obwohl ich mich eigentlich viel lieber zu ihnen stellen wollte. Aber so etwas macht man ja nicht als Pastor. Der Anfang des Gottesdienstes war nett, schön und so wie immer. Aber ich spürte etwas in mir, was mir sehr schwerfiel zu akzeptieren: Langeweile. Der Gottesdienst war nett, mehr nicht. Anschließend holte ich meinen Sohn ab, und wir fuhren nach Hause. Noch während ich vom Parkplatz fuhr, stellte er mir eine

Frage, die mein Leben veränderte: „Papa, ist Gott langweilig?" Mich traf fast der Schlag. Ich wusste, in diesem Moment würde etwas ganz Wichtiges und Grundlegendes passieren, deshalb fragte ich ihn, wie er zu dieser Frage gekommen war. Seine Antwort: „Weil die Gemeinde langweilig ist!"

Für mich persönlich ist das Leben mit Gott das größte Abenteuer überhaupt. Und unsere Gemeinde wird in der deutschen Gemeindewelt als eine der fortschrittlichsten, kreativsten und innovativsten wahrgenommen. Aber warum fehlt meinem Sohn, den Männern und auch mir etwas Entscheidendes? Warum ist das Gemeindeleben nicht ansprechend genug für Jungs, für Männer? Warum erleben wir dort oft keine Inspiration?

An diesem Sonntagmorgen begann Gott, mich auf eine Spur zu setzen. Mit dem, was mein Sohn gesagt hatte, machte er meinen Blick weit. Und er sensibilisierte mich neu für meinen größten Traum: dass Männer beflügelt werden und erkennen, dass Jesus nachzufolgen und im Reich Gottes zu dienen, das größte Abenteuer ist.

Bereits am nächsten Tag traf ich Henk Stoorvogel bei einem Pastorenmeeting. Unser Kreis hatte den holländischen Kollegen eingeladen für einen Nachmittag der Inspiration. Er referierte über das Thema „Mannsein" und stellte eine Männerbewegung vor, die sich „Der 4te Musketier" nennt. Ich wusste, hier wurde ein göttlicher Moment offenbar. Denn in Holland greift diese Männerbewegung genau das auf, was ich auch in Deutschland als Defizit verspüre.

Ziel dieser Bewegung ist es, Männerherzen zu inspirieren. Sie will Männer stärken, sich für Gottes Reich, Familie, Gemeinde und Gerechtigkeit einzusetzen. Alles verbunden mit dem Erleben von Abenteuern, Herausforderungen und Gemeinschaft unter Männern. In Holland hat diese Bewegung einen enormen Zulauf erlebt und die dortige Gemeindewelt nachhaltig geprägt. 7000 Männer haben bereits an dem Herzstück, den sogenannten „Charakterwochenenden" – verlängerten Wochenenden in unnachahmlicher Wildnis –, teilgenommen. Männer, die gestärkt, ermutigt und verändert nach Hause und in ihre Gemeinden zurückgekehrt sind.

Im April 2012 durfte ich bei einem Charakterwochenende im schottischen Hochland dabei sein, um zu prüfen, ob sich das Konzept unserer Nachbarn auch nach Deutschland transportieren ließe. Natürlich verlangte die raue Landschaft Schottlands einiges ab, aber die Outdoorerfahrung und körperliche Herausforderung standen nicht im Mittelpunkt. Sie waren nur Mittel zum Zweck. Ziel eines jeden Charakterwochenendes ist es, Männer in eine Begegnung mit sich selbst und mit Gott zu führen. Raus aus den Komfortzonen und Taktungen des Alltags, hinein in eine physische und geistliche Reise.

Wer bist du, wenn du nicht mehr flüchten kannst?
Was passiert, wenn andere Männer dich schleifen und herausfordern?
Wie verhältst du dich, wenn du an Grenzen stößt?

Und mir wurde deutlich, worum es eigentlich geht: Charakter und die persönliche Beziehung zu Gott. Das Buch greift genau diese Thematik auf und nimmt jeden Mann mit auf eine abenteuerliche Reise – hin zu sich selbst, zu seiner Geschichte und zu Gott.

Mittlerweile ist „Der vierte Musketier“ als Bewegung auch in Deutschland gestartet, denn ich glaube daran, dass sich viele Männer nach einer solchen Inspiration sehnen. Unsere ersten Charakterwochenenden haben das gezeigt. Männer wurden ermutigt und gefestigt. Und sie nehmen ganz anders als zuvor Verantwortung für Gott, Familie, Gemeinde und Gerechtigkeit wahr – weil sie sich selbst erfahren haben in dem großen Abenteuer, ein Leben als Diener des Königs zu führen.

Marc Stosberg (*EFG Erkrath „Treffpunkt Leben“*)
„Der 4te-Musketier“-Deutschland

Prolog

Der Junge mit dem Jutesack

Ein kleiner Junge bestieg gemeinsam mit seinem alten Vater einen hohen Berg. Ein Stier und ein Rabe begleiteten die beiden. Mühsam kämpfte sich die kleine Gruppe den steilen Weg hinauf. Es war ein Ort für Götter, nicht für Menschen. Nur ein paar Bäume boten Schutz und Halt.

Der Junge trug auf seinem Rücken einen schweren Jutesack. Sein Vater war Kartoffelbauer, und es war der Wunsch des Vaters gewesen, diesen schweren Sack mit nach oben auf den Berg zu nehmen. Schließlich mussten sie doch oben etwas zu essen haben.

Der Junge indessen hatte darauf bestanden, den Stier auf das gemeinsame Abenteuer mitzunehmen. Der Vater fand das seltsam. „Wer besteigt schon einen Berg mit einem Stier", dachte er. Aber sein Sohn war nicht eines Besseren zu belehren, und so kam das Tier mit – auch wenn es selbst nicht verstand, warum.

Der Rabe wiederum hatte sich aus eigenen Stücken der Reisegruppe angeschlossen. Er kannte den alten Mann und seinen Sohn nur allzu gut. Oft saß er auf dem Zaun, den das Kartoffelfeld von dem kleinen Bauernhof trennte, in dem Vater und Sohn wohnten. Als der Rabe sah, dass die beiden auf Reisen gingen, sprang er von seinem Platz auf und flog einfach mit.

Die Besteigung des Berges wurde immer beschwerlicher. Längst schon sahen die beiden keinen Pfad mehr. Er war in Geröll und glatte Felsen übergegangen. Je höher sie kamen, desto steiler wurde der Berg. Um sie herum gab es kaum noch Bäume und ein kleines Stück höher lag bereits Schnee. Und verräterisches Eis.

„Ich muss mich kurz ausruhen", keuchte der alte Mann und

lehnte sich an den letzten Baum vor der endlosen Leere des Bergkamms. Der Stier schien froh über die Pause und blieb mehr schlecht als recht auf einem großen rutschigen Felsen stehen. Der Rabe flatterte zu einem tief herabhängenden Zweig. Und der Junge legte den schweren Jutesack behutsam auf den Boden. Seine Schulter schmerzte vom Tragen. Er massierte sie, während ihm der Schweiß von der Stirn tropfte.

„Ein Sturm zieht auf", sagte der alte Mann, und er zeigte mit seinen krummen Fingern nach oben. „Wir müssen zurück."

„Aber, Vater", antwortete der Junge, „ich will nicht zurück. Ich will diesen Berg besteigen."

„Wenn wir weiterklettern, wird dieser Berg unser Tod", sagte der Vater und schloss seine Augen. „Wir gehen zurück!"

„Nimm ein paar Kartoffeln, Vater, dann geht es dir bestimmt besser."

Der alte Mann antwortete nicht. Nur schwach schüttelte er seinen Kopf.

Es blieb eine Weile still.

Dann öffnete er die Augen, schaute seinen Sohn ernst an und sagte: „Junge, wir gehen jetzt zurück. Der Berg ist zu gefährlich. Zu steil. Zu hoch. Du bist zu jung, um diesem Berg gewachsen zu sein, und ich bin zu alt. Und es zieht ein Sturm auf."

Der Junge biss sich auf die Lippe. Eine Träne wallte in sein Auge, sprang über den Rand seines Augenlids und rollte langsam herab.

„Vater, ich steige weiter hoch. Ich will diesen Berg besteigen. Das ist mein Traum, von dem Moment an, seit ich diesen Berg das erste Mal gesehen habe."

Der Junge hob den Jutesack wieder auf seine Schulter. Er lief zu dem Stier, packte ihn beim Seil, schlug es zweimal um sein rechtes Handgelenk und begann wieder zu klettern. Der Rabe sprang von seinem Ast und flog mit dem Jungen mit. Ein rauer Wind kam auf. Kein Strauch oder Schutzraum war mehr zu erkennen. Wolken zogen am Gipfel auf wie die Verteidigungslinie einer belagerten Stadt, bereit, jeden Angreifer des Gipfels so tief wie möglich in den Abgrund zu werfen. Niemand sah die Tränen des Jungen. Und niemand sah die Tränen des alten Mannes.

Während der Junge weiterstieg, merkte er, dass sein Jutesack sich leichter anfühlte. Wie konnte das sein? Der Stier hatte bestimmt ein Mittagessen gestohlen. Tapfer lief er weiter in Richtung der immer wütender und schwärzer werdenden Wolken.

Der Sturm verschluckte ihn, verschlang ihn, als wäre er eine Kartoffel, die im Innern eines Stiers verschwand. Der Junge ließ sich auf seine Knie fallen, um zu verhindern, dass er vom Berg herabgeblasen würde, und kroch weiter. Er hielt sich an Felsvorsprüngen und Zacken fest. Das Heulen des Sturms übertönte das des ängstlichen Stiers. Immer öfter rutschte der Stier aus. Immer heikler wurde der törichte Streit des kleinen Jungen mit dem Jutesack und seinem Stier. Wenn der Junge seinen Stier retten wollte, gab es nur eine Möglichkeit: umkehren. Doch der Junge stieg verbissen weiter. Der Berg gehörte ihm.

Bei einem Blitz passierte das Unvermeidbare. Der Stier war wieder weggerutscht, aber dieses Mal fand er keinen Halt mehr. Er rutschte ab. Das Seil schnitt in die Hand des Jungen, und fast wäre der Jutesack mit den Kartoffeln gefallen. Der Junge konnte das Seil nicht loslassen, selbst wenn er dies gewollt hätte. Es war um sein Handgelenk geschlungen.

Der Stier begann im Fallen den Jungen mit sich zu ziehen, hinab in den Abgrund. Der kleine Junge kämpfte mit aller Macht dagegen, stemmte sich gegen das Verhängnisvolle und schrie vor Anspannung. Das stramm gespannte Seil scheuerte über einen scharfen Felszacken und plötzlich federte der Junge zurück. Durch den Ruck schlug der Jutesack auf den Felsen. Mit dem Stier verschwanden einige Kilo kostbarer Kartoffeln in der endlosen Tiefe.

Verwundert blieb der Junge liegen, während der Sturm sein Bestes tat, um dem Stier hinterherzuwehen. Nach einer halben

Stunde, oder waren es drei ganze, krabbelte der Junge vorsichtig wieder auf seine Hände und Knie. Den Jutesack mit den übrig gebliebenen Kartoffeln warf er über seine Schulter und kroch weiter. Kam es ihm nur so vor oder war der Sturm nicht mehr so bösartig wie zu Beginn? Mechanisch kroch er weiter. Rechte Hand, linkes Knie. Linke Hand, rechtes Knie. Zentimeter für Zentimeter kam er näher zum Gipfel.

Plötzlich war es still. Die Wolken waren weg. Der Wind hatte sich gelegt. Der kleine Junge mit dem Jutesack blickte auf. Über sich, ungefähr zehn Meter weiter, sah er das letzte Stück Berg, das überging in endlose Luft. Er stand auf und lief die letzten Meter zum Gipfel. Einige Minuten später stand er an dem Ort, von dem er schon immer geträumt hatte. Das Dach seiner Welt. Überall um ihn herum die mit Schnee bedeckten Gipfel majestätischer Berge. Hier stand er, allein, zwischen Himmel und Erde. Allein? Der Junge schaute noch einmal genau. Über, unter, neben sich. Nirgends war der Rabe zu sehen. Wahrscheinlich, nein, sicherlich war er durch den wütenden Sturm weggeweht worden wie der Stier. Und so viele seiner kostbaren Kartoffeln. Kartoffeln. Auf einmal merkte der Junge, dass er sehr hungrig war und Lust auf eine Kartoffel hatte. Die hatte er sich jetzt doch wohl verdient. Er schwang den seltsam leichten Sack von seiner Schulter und schaute hinein. Leer. Während des letzten Anstiegs war der Sack hinter einem scharfen Felszacken hängen geblieben und aufgerissen. Alle Kartoffeln waren verschwunden. Futter für die Raben und die Stiere. Der Junge blickte auf. Mit einem Lächeln von größter Reinheit. Wer will schon eine Kartoffel, wenn er oben auf einem Berg steht?

Er setzte sich, sodass er in vollen Zügen die Aussicht genießen konnte. Die Schönheit der Schöpfung trank er wie den süßesten Nektar. Langsam aber sicher verwandelte die untergehende Sonne die blaue Luft, die beschneiten Bergspitzen und grünen Wälder in einen rosa-goldenen Engeljubel, um die Größe Gottes zu besingen. Und während der Junge so schaute, sah er ihn auftauchen, direkt vor der untergehenden Sonne. Graziös schwebend in dem herrlichen Meer von Licht – den Adler.

Der Junge stand auf und streckte seine steif gewordenen Glieder. Es war Zeit, um nach Hause zu gehen. Vorsichtig stieg er hinab.

Den zerrissenen Jutesack ließ er auf dem Gipfel liegen.

Unsere Geschichte

Unser Leben besteht nicht aus zufällig aneinandergereihten Begegnungen und Situationen, die nichts miteinander zu tun haben. Eher ist es wie ein zusammenhängendes Buch. Jedes Kapitel baut auf dem vorigen auf und beeinflusst das nächste. Zusammen erzählen die Kapitel eine Geschichte – unser Leben. Wir *sind* eine Geschichte. Oft mehr, als wir begreifen, beeinflusst unsere Vergangenheit unsere Zukunft und unsere Motive.

Was ist deine Geschichte? Für wen lebst du?

Antworten auf diese beiden Fragen zu finden, ist lebenswichtig, denn sie geben unserem Leben Halt und machen uns empfänglich für die Stimme aus dem Himmel. Sie legen unsere tiefsten Motive und größten Träume bloß, die oft weniger mit Gott zu tun haben, als wir zugeben wollen. Und sie öffnen auf eine überraschende Art und Weise unser Leben für Schönheit und Freundschaft.

So ist denn auch dieses Buch keine zufällige Aneinanderreihung einzelner Kapitel, die nichts miteinander zu tun haben. Es ist ein Ganzes und erzählt eine Geschichte. Es ist die Geschichte des Jungen mit dem Jutesack, der auf dem Weg ist, ein Mann mit einem Auftrag und einer Vision zu werden.

„„Nein, ich meine den Herrn de Tréville, der früher neben uns wohnte und der die Ehre hatte, als Kind mit unserem König Ludwig XIII., Gott segne ihn, zu spielen! (...) Im Widerspruch zu allen Urteilen und Erlassen ist er doch Kapitän der Musketiere geworden. Das heißt: der Kopf einer Legion Cesaren, mit denen der König enorm viel Probleme löst und wovor der Kardinal Angst hat, während er ansonsten doch keine Furcht kennt, wie jeder weiß. Darüber hinaus verdient der Herr de Tréville Zehntausende Dukaten im Jahr: Er ist also ein großer Herr. Er hat genauso angefangen wie du. Geh zu ihm hin mit diesem Brief und halte dich an ihn, um genauso viel zu erreichen wie er.'"

ALEXANDRE DUMAS

Kapitel 1

Dem Leben auf der Spur

Der innere Riss

Im Frühjahr des Jahres 1990 verschwand Chris McCandless. Ohne seinen Eltern Lebewohl zu sagen. Der 22-Jährige aus wohlhabender Familie hatte gerade sein vielversprechendens Studium beendet. Karriere, Erfolg und Wohlstand warteten auf ihn. Doch Chris hatte anderes im Sinn. Warum sollte er sich einer karrierefixierten Leistungsgesellschaft ergeben, die ihm schon jetzt vorkam wie eine Zwangsjacke? Und das freiwillig? Karriere zu machen sei nur eine minderwertige Erfindung des 20. Jahrhunderts, ließ Chris seine Eltern nachdrücklich wissen. Eher Last als Vorteil. Und so spendete Chris sein Erspartes, ungefähr 24.000 US-Dollar, kurzerhand einer Hilfsorganisation. Anschließend stieg er in seinen alten gelben Datsun und machte sich auf den Weg hin zu seinen Träumen. Symbolisch für sein neues Leben gab er sich selbst unterwegs den Namen: Alexander Supertramp.

Er fuhr in den Südwesten Amerikas. Dann ging es per Anhalter weiter, nachdem er sein Auto bei einer plötzlichen Überschwemmung verloren hatte. Mit einem Kanu paddelte er nach Mexiko. Er arbeitete in den endlosen Kornfeldern von South Dakota. Sein Weg führte ihn immer weiter weg von der Zivilisation. Oft blieb ihm nur eine kleine Ration an Essen und Trinken. Doch trotz aller Strapazen folgte Chris seinem Traum: Leben – mit groß geschriebenem L.

Sein Vater Walt hatte eine große Rolle dabei gespielt, dass Chris diesen Weg einschlug. Nicht dass Walt ein schlechter oder gewalttätiger Vater gewesen wäre. Walt war ein brillanter NASA-Gelehrter. Und Billie, Chris' Mutter, war seine große Liebe und zweite Frau. Mit keinem der Kinder hatte Walt so viel gespielt und unternommen wie mit Chris. Und dennoch lag auf der Beziehung ein Schatten. In seiner Studienzeit, während einer Reise, hatte Chris entdeckt, dass sein Vater immer noch zu seiner ersten Frau ging, obwohl er bereits lange mit Billie zusammenlebte. Walt hatte also eine Zeit lang heimlich von zwei Tafeln gegessen. Viele Jahre war das her, doch Chris hatte den Verrat seines Vaters nie richtig verkraftet. Alles, was sein Vater sagte und tat, wurde von Chris an dieser Untreue gemessen. Chris wollte nicht so werden wie er. Darum zog es ihn in die Weite. Auf eine persönliche Reise. Eine Suche nach Sinn und nach sich selbst. Oder war es doch eine Flucht?

Entdeckungsreise

Unterwegs lernte Chris einen alten Mann mit Namen Franz kennen. Ihm schrieb er folgende Zeilen:

„Das Grundlegendste der menschlichen Geisteskraft ist das Verlangen nach Abenteuer. Die Lebensfreude fließt aus unserer Berührung mit dem Neuen, und dadurch gibt es keinen größeren Genuss, als einen sich immer wieder verändernden Horizont vor dir zu sehen und jeden Tag unter einer anderen Sonne zu laufen."

Chris war getrieben vom inneren Kampf mit seinem Vater, der ihn letztlich in die raue und unberührte Natur Alaskas führte. Ihr setzte er sein Herz aus. Allein und nur auf sich gestellt.

Im April 1992 gelangte Chris in den Denali National Park. Dort entdeckte er einen verlassenen Linienbus aus dem vorigen Jahrhundert. Eine Minengesellschaft hatte ihn zurückgelassen, nachdem sie versucht hatte, einen Weg durch die Wildnis zu bahnen. Vielen Jägern und Abenteurern hatte er seitdem als Biwak gedient. Auch Chris bezog den Bus. Er richtete dort sein Leben ein. Fortan ging er Enten und Stachelschweine jagen, und eines Tages erlegte er sogar einen Elch.

Je schöner sich das Leben für Chris in der Wildnis gestaltete, desto knapper wurde mit dem Wechsel der Jahreszeiten das Angebot an Nahrung. Chris entschied sich, wieder in die Zivilisation zurückzukehren. Doch der Rückweg war ihm verschlossen. Der Fluss Teklanika war durch das Schmelzwasser so stark angeschwollen, dass es ihm unmöglich war, ihn zu überqueren. Notgedrungen kehrte Chris zum Bus zurück. Sein Gesundheitszustand wurde immer schlechter.

Am 6. September 1992 kamen zufällig sechs Jäger an dem alten Bus vorbei. Sie fanden dort einen Brief:

„S.O.S. Ich brauche Hilfe. Ich bin verwundet, fast tot, und zu schwach, um von hier wegzugehen. Ich bin ganz allein. Das ist kein Scherz! In Gottes Namen, bleib hier, um mich zu retten. Ich bin in der Nähe, um Beeren zu suchen, und komme heute Abend wieder zurück.
Danke, Chris McCandless.
August?"

Bemerkenswert, oder? Der Brief war unterschrieben mit Chris McCandless. Offensichtlich hatte Chris beschlossen, seinen echten Namen wieder anzunehmen. Und der Brief war mindestens eine Woche alt. Irgendwann im August hatte er ihn geschrieben. Doch wo steckte Chris?

Ein neuer König

Chris' Reise hatte viel zu tun mit der vielschichtigen Beziehung zu seinem Vater. Die Bibel beinhaltet eine ganze Reihe von Geschichten, die davon erzählen, wie Männer in jungen Jahren Vater-Sohn-Konflikte oder -Krisen erlebten. Mose zum Beispiel wuchs ohne seinen leiblichen Vater auf. Josef wurde von seinem Vater derart verwöhnt, dass ihn seine Brüder dafür hassten. Und David galt in den Augen seines eigenen Vaters als gering und unbedeutend. Jener Mann, über den die Bibel später sagt, er war ein „Mann nach dem Herzen Gottes".

Im ersten Buch Samuel nimmt die Geschichte von David ihren Anfang: Der Prophet Samuel, ein von Gott berufener Mann, hatte den Auftrag bekommen, in das kleine Dorf Bethlehem zu reisen, um dort den neuen König von Israel zu salben. Bethlehem war damals nichts weiter als ein kleines Bergdorf in der Nähe von Jerusalem. Nicht zu vergleichen mit der heutigen Stadt, die als Geburtsort Jesu weltbekannt ist. Bethlehem war klein und unbedeutend, wie Rondeshagen bei Lübeck. Die Nachricht, dass sich der große Prophet Samuel nach Rondeshagen begab, um dort einen neuen König zu salben, verbreitete sich wie ein Lauffeuer. Das ganze Dorf war in heller Aufregung.

Der Zeitpunkt für die Salbung war ebenso gut wie schlecht. Israel befand sich mitten in einer Krise. Moralisch war das Volk nahezu ausgehöhlt. Jeder tat, wozu er Lust hatte. Es gab weder Einheit noch Heiligkeit, geschweige denn Perspektive. Nur einen König hatte man – Saul. Allerdings entsprach sein Charakter keineswegs dem Glanz seiner Krone. Probleme genug, sollte man meinen. Doch auch politisch gab es Herausforderungen: die Philister. Israel stand diesen militärisch überlegenen Feinden gegenüber wie Mäuse Elefanten. Die Philister hegten ein Monopol auf Eisen, wohnten in Städten und rasten in gepanzerten Streitwagen herum. Die Israeliten hingegen besaßen kaum Eisernes, lebten meist in Zelten und rannten mit Heugabeln bewaffnet zu Fuß über das Schlachtfeld. Und dann war da noch die Sache mit den Riesen. Mitten in dieser Krise hatte Samuel einen neuen König zu salben.

Nachdem Samuel in Bethlehem eingetroffen war, lud er die Dorfältesten und einen Mann namens Isai samt all seiner Söhne zu einem Festmahl ein. Was keiner von den Gästen ahnte: Jeder von ihnen sollte Zeuge werden, wie ein Vater seinen Sohn aufs Tiefste verletzte. Samuel wusste, dass sich unter den Söhnen Isais der neue König Israels befinden sollte. Daher bat er Isai, ihm seine Söhne vorzustellen. Isai ging der Reihe nach vor. Doch immer wieder hörte Samuel deutlich Gottes Stimme: „Dieser ist es nicht!“ Alle sieben gingen an Samuel vorbei. Der Auserkorene war nicht unter ihnen.

Samuel verstand die Welt nicht mehr. Hatte er Gott missverstanden? Wohnten vielleicht noch andere Isais in Bethlehem? Völlig verzweifelt fragte er Isai, ob dies wirklich alle seine Söhne waren. Der alte Mann errötete und zupfte ein bisschen nervös an seinem Bart. „Hm, tja, wie soll ich das jetzt sagen, ich habe noch einen Sohn, den *haqqaton*, er ist draußen bei den Schafen.“

David, der Hobbit

Isai hatte acht Söhne, nicht sieben! Ausgerechnet an dem Tag, von dem jeder junge Mann träumte, dem Tag der Entscheidung, der Möglichkeiten, des Lebens, überging Isai seinen eigenen Sohn. Für das Dorf Bethlehem war die Salbung des neuen Königs die Sternstunde und Geburt eines neuen Zeitalters. Die weitere Geschichte und Bedeutung des Dorfes macht sich an diesem einen Augenblick fest und teilt sich in die Periode vor und nach Samuels Besuch. Isai war es nicht einmal die Mühe wert, angesichts dieses Höhepunkts seinen jüngsten Sohn herbeizurufen. Noch schlimmer: Im Kreis der Anwesenden, seiner Söhne, Samuel und den Dorfältesten, stellte Isai seinen Sohn hin als den „*haqqaton*“.

Das war kein nettes Wort. Es bedeutete so viel wie der Kleine, die Witzfigur, der Hobbit. Und es war das erste Wort, das nach der Bibel ein Mensch über David sagte.

Der Hobbit – ausgesprochen vom eigenen Vater.

Der Hobbit – ausgesprochen über einen Sechzehnjährigen, den die jüdische Gesellschaft mit zwölf Jahren offiziell zum Mann ernannt hatte.

Der Hobbit – ausgesprochen über einen Mann, der bereits Löwen und Bären besiegt hatte.

Manche denken, David sei nicht gerufen worden, weil er weit weg auf dem Feld Schafe hütete. Aber David war nicht so weit entfernt. Samuel sagte: „Alles schön und gut, aber wir essen nicht, bevor David hier ist." Und siehe da, innerhalb kürzester Zeit wurde David hervorgezaubert, umgeben von einer Wolke Schafsgestank.

Das war der Beginn von Davids Geschichte: herabgewürdigt, erniedrigt, übergangen im wichtigsten Moment seines Lebens durch seinen eigenen Vater. Das zeichnet einen Mann.

Aschenputtel

Möglicherweise hatte Isais Verhalten noch einen anderen Hintergrund. Vielleicht war David ja das Produkt eines Ausrutschers seines Vaters gewesen? Zweimal erwähnt die Bibel, dass David rötlich war. Offensichtlich sah er anders aus als seine Brüder. Auch nennt die Bibel nirgends den Namen von Davids Mutter, obwohl dieser bei anderen Königen stets aufgeführt wurde. Wider Erwarten wurden seine Brüder auch nicht Heeresführer, sondern Abisai, Joab und Asael, Davids Cousins. Und Jesaja sprach in einer Ankündigung über die Geburt Jesu prophetisch über einen Spross, der aus dem abgehackten Stamm von Isai hervorkommen wird, einen „Spross aus seinen Wurzeln". Ein „Spross" ist ein wilder Trieb, der neben dem Stamm aus den Wurzeln wächst. Er hat dieselben Wurzeln, aber ist deutlich anderer Herkunft. Andererseits bedeutet der Name David „Geliebter". David musste also auch irgendwie gewollt gewesen sein durch seinen Vater und/oder seine Mutter.

Wie dem auch sei, David erscheint in der ersten Szene, die wir über ihn lesen, als das Aschenputtel der Familie. Ein (Stief-)Sohn mit sieben älteren Brüdern, die ihn nicht leiden können, und mit einem Vater, der nicht das Geringste für ihn übrighatte. Isai würdigte David durchgehend als den Hobbit herab. Sein jüngster Sohn war ein Schafhüter. Mehr nicht.

Der innere Riss

Viele Männer spüren einen Riss in ihrem Leben. Er wurde ihnen zugefügt durch den eigenen Vater. Der amerikanische Schriftsteller und Redner John Eldredge beschreibt in seinem Bestseller „*Der ungezähmte Mann*" diesen Riss als „*Vaterwunde*". Und Benediktinerpater Anselm Grün nennt das gleiche Phänomen „*innerliche Zerrissenheit*". Ob der Schmerz nun in der Beziehung zum Vater oder zur Mutter oder zu einem älteren Bruder liegt, viele Männer sind konfrontiert mit einem tiefen seelischen Schmerz.

Mir (Henk) erzählte einmal ein Mann: „*Mein Vater fand Dinge immer wichtiger als mich, zumindest gab er mir immer das Gefühl. Einmal saß ich wackelnd auf meinem Stuhl und fiel um. Das Erste, was mein Vater kontrollierte, war, ob keine Macken in den Boden geschlagen waren. Danach fragte er erst, wie es mir ging.*"

Ein anderer erzählte mir (Henk): „*Mein Vater arbeitete immer. Sechs Tage die Woche, morgens, mittags, abends. Wenn er nicht arbeitete, spielte er Fußball. Sonntag war sein einzig freier Nachmittag. Dann lag er schlafend auf dem Sofa. Er liebte Fußball. Ich kann mich allerdings nicht erinnern, dass er sich je eins meiner Spiele angeschaut hat.*"

Theo und ich könnten endlos viele solcher Geschichten erzählen. Geschichten von herzlosen Vätern mit viel zu losen Händen oder Füßen. Geschichten von trinkenden, nicht kommunizierenden oder abwesenden Vätern. Und Geschichten von kranken oder dominanten, verschwenderischen oder manipulierenden Müttern.

Reden ist Leben, Schweigen ist Tod

Wie gehst du mit einem solchen Riss in deiner Geschichte um? Wie verarbeitest du negativ Erlebtes? Und wie verhinderst du, dass dich das Geschehene lähmt und Ziele deines Lebens verfehlen lässt?

Daniel P. McAdam, ein renommierter Psychologe der US-amerikanischen Northwestern University of Illinois, behauptet, zwei Punkte seien wichtig, um ein Trauma zu verarbeiten und gestärkt daraus hervorzugehen. Zuerst müsse man der Wunde ehrlich gegenübertreten und sie benennen. Anschließend sollte die schmerzliche Erfahrung der Wunde mit anderen Menschen geteilt werden – durch Gebet, Gespräch oder andere Formen. Diese Empfehlungen McAdams sind nichts anderes als das, was David damals getan hat. In Psalm 27,10 betete er:

„Wenn Vater und Mutter mich verstoßen, nimmst du, Herr, mich doch auf."

Wie fühlte sich David durch seinen Vater und seine Mutter behandelt? Im Stich gelassen. Allein. Verraten. Dieser Schmerz stand ihm vor Augen. Seine Gefühle darüber kleidete er in die Form eines Gebets. Und damit tat er genau das Richtige, er behielt seinen Schmerz nicht für sich, sondern teilte ihn, und zwar mit Gott.

Beide Empfehlungen McAdams sind in diesem einen Vers enthalten. Sich so zu verhalten, war für David keine einmalige Sache. Immer wieder ging er so vor. Seinem inneren Schmerz über die Beziehung zu seinen Brüdern gab er beispielsweise in Psalm 69,9 Raum:

„Meine nächsten Verwandten wollen nichts mehr mit mir zu tun haben, selbst meinen Brüdern bin ich fremd geworden."

Den Schmerz vor Augen führen, ihn benennen und teilen – das ist der Schlüssel zum Leben. Erinnerst du dich noch an den Brief, den die Jäger am 6. September am Bus von Chris fanden? Schon vorher hatten sie einen seltsamen Geruch rund um den Bus bemerkt. Als sie in den Bus sahen, wussten sie, warum. Dort lag Chris. In seinem Schlafsack. Er war tot.

Die Menschen, die Chris McCandless während seiner zwei Jahre dauernden Suche erlebt hatten, erzählten alle, dass Chris nichts über seine Familie oder seine tiefsten Motive loswerden wollte. Chris hatte beschlossen, seinen Schmerz allein zu lösen. Diese Entscheidung führte ihn auf tragische Weise in den Tod.

Wenn du beschließt, deinen Schmerz und deine Probleme für dich zu behalten, wirst du sterben. Buchstäblich. Bildlich. Der Weg zum Leben hingegen geht nur darüber, dass du dir selbst gegenüber ehrlich bist und deine Geschichte erzählst.

David war ehrlich zu sich und sprach über seine Vergangenheit. So konnte Gott anfangen in seinem Leben zu arbeiten und Schmerzen der Vergangenheit in Kraft und Stärke zu verwandeln. Dass das geschehen ist, macht seine weitere Geschichte deutlich. Kurz nachdem David Zuflucht vor König Saul in einer Grotte in der Wüste Adullam gefunden hatte, bekam er Gesellschaft von Hunderten anderer Flüchtlinge, darunter seine Eltern und Brüder. Sie kamen zu ihm auf der Suche nach Hilfe und Schutz.

Was würde David tun? Würde er es ihnen jetzt heimzahlen? Würde er sich rächen? Nein. David brachte seine Eltern bei einem befreundeten König in Sicherheit und nahm seine Brüder unter seinen Schutz. Er versorgte sie und er vergab ihnen.

Meine Geschichte

Als meine (Henk) Mutter mit mir schwanger war, hat mein leiblicher Vater uns verlassen. Verschiedene Gründe hatten dafür eine Rolle gespielt. Die Folgen waren: Ich wurde als Sohn einer alleinstehenden Mutter geboren und hatte keinen Kontakt zu meinem leiblichen Vater. Als ich zwei Jahre alt war, heiratete meine Mutter den Mann, den ich Vater nenne. Meine Mutter bekam mit ihm vier weitere Kinder, und wir bildeten zusammen eine große, glückliche Familie. Allerdings nagte jahrelang der Gedanke an mir, dass mein leiblicher Vater einfach so fortgegangen war. Als Jugendlicher war ich zeitweise sehr wütend auf ihn, hatte er ja mich und meine Mutter im Stich gelassen. Meine ganze Gefühlswelt bestand aus einer seltsamen Mischung. Auf der einen Seite erlebte ich Familienglück mit liebevollen Eltern, auf der anderen

Seite existierte ein spürbares Loch, das durch den Verlust meines leiblichen Vaters entstanden war.

Als Ruth, meine Frau, mit unserem ersten Kind schwanger war, wuchs in mir das Verlangen, meinen leiblichen Vater kennenzulernen. Monatelang suchte ich nach ihm. Letztlich fand ich seine Adresse heraus. Hans (nicht sein richtiger Name) war inzwischen pensioniert und wohnte in Limburg. Ich schrieb ihm einen Brief, in dem ich ihn fragte, ob er sich mit mir treffen wolle. Mein Brief war der erste Kontakt, den es je zwischen uns gegeben hatte. Hans antwortete mir mit einem Brief. Er willigte ein. Wir verabredeten uns für ein Treffen in einem Restaurant in Amersfoort. Ich war als Erster dort und war unglaublich nervös. Hans kam an, und wir umarmten uns ungeschickt.

Zwei Dinge waren mir mit diesem Treffen wichtig: Ich wollte Hans vergeben für die Tatsache, dass er mich im Stich gelassen hatte. Vielleicht plagten ihn ja Gewissensbisse. Ich wollte, dass er seine letzten Jahre auf Erden in Frieden verbringen konnte. Außerdem wollte ich ihn kennenlernen. Ich wollte wissen, wer er war und ob wir eine Beziehung miteinander aufbauen könnten.

Das Gespräch verlief enttäuschend. Hans hatte meine Vergebung nicht nötig. Einen weiteren Kontakt fand er okay. Doch an≈seinem Verhalten spürte ich nicht, dass er mich wirklich wollte. Irgendwie hatte ich gehofft, dass er mich gerne kennenlernen wollte, dass er bereit wäre, das Risiko einzugehen, bei mir eine Grenze zu überschreiten. Hans aber nahm keine Risiken auf sich. Es war meine erste und einzige Begegnung mit ihm.

Was ist deine Geschichte?

Wie lautet deine Geschichte? Wir alle haben eine Geschichte. Wir sind eine Geschichte. Wir tragen unsere Geschichte mit uns herum wie eine Schnecke ihr Haus. Unser Leben heute ist eine Reaktion auf unsere Vergangenheit und gleichsam der Ausgangspunkt für unsere Zukunft.

Psychologen haben lange gedacht, der Mensch sei eine Ansammlung von Eigenschaften und Verhaltenskombinationen. Derzeit kommen allerdings immer mehr Forscher zu dem Schluss, dass der Mensch in erster Linie eine Geschichte ist und seine eigene Geschichte lebt. Ausgehend von dieser Geschichte entstehen Eigenschaften und Verhaltensmuster.

Unsere Geschichte ist letztlich in ihrem Kern aufgebaut als Reaktion auf ein paar Personen aus unserer direkten Umgebung. Menschen, die für uns bestimmend sind und die uns geprägt haben. Für die meisten sind das Vater, Mutter, Bruder oder Schwester. Unsere Geschichte geht hervor aus dem Verlangen, von ihnen akzeptiert, geliebt, gesehen zu werden. Oder sie ist der Versuch, Schmerz und Wunden aus der Vergangenheit einen Platz zu geben.

Unsere tiefsten Motive und größten Träume haben oft weniger mit Gott zu tun, als wir zugeben wollen.

„Schrecke nie zurück vor der Gelegenheit und suche unermüdlich nach Abenteuern. Ich habe dich gelehrt die Waffen zu gebrauchen. Du hast Muskeln aus Eisen und eine Faust aus Stahl; versäume keine Gelegenheit für ein Duell, umso weniger, da duellieren verboten ist und darum dafür ein doppelter Mut notwendig ist, um es zu tun. Ich habe dir, mein Sohn, nichts zu geben als fünfzehn Dukaten, mein Pferd und den guten Rat, den du soeben gehört hast. (…) Nutze dies alles zu deinem Vorteil und lebe lang und glücklich.‘“

ALEXANDRE DUMAS

Kapitel 2

Bindungen lösen

„Für meinen Vater“

Wenn irgendwo auf der Welt exzellente Sportfilme gedreht werden, dann ist das in Hollywood. Darum fragte ich (Henk) einmal ein paar amerikanische Freunde, welcher der beste Sportfilm sei. „Rudy“, antworteten sie einmütig. Der Film erzählt die wahre Geschichte von Daniel „Rudy“ Ruettiger, Sohn eines Fabrikarbeiters aus Joliet, einer kleinen Stadt in Illinois. Ein einfacher Hirte aus Bethlehem.

Rudy war, wie sein Vater und seine Brüder, eingefleischter Fan des Footballteams von Notre Dame. Und Rudys Herz kannte einen Traum: American Football zu spielen für die Universität von Notre Dame. Das bedeutete nichts anderes, als eine sündhaft teure Ausbildung zu beginnen, um in einem der besten Footballteams des Landes zu spielen. Es war Rudys Traum. Ein schöner Traum. Realistisch gesehen waren Rudys Voraussetzungen alles andere als vorteilhaft. Mit seinen 1,68 Metern war er viel zu klein für diese Sportart. Außerdem hatte er nur wenig Talent. Und für die Uni fehlte Rudy nicht nur das Geld, sondern auch die guten Noten, um für ein Stipendium infrage zu kommen. Sein Vater und seine Brüder versuchten daher immer wieder, ihm den Traum auszureden. Er wäre nicht geboren, um Footballspieler zu werden. Er solle endlich anfangen, genauso wie sie, sich vom wirklichen Leben in der örtlichen Stahlfabrik schleifen zu lassen. Rudy aber weigerte sich, seinen Traum aufzugeben. Nicht nur das, er ging ihn sogar aktiv an. Er beendete die Beziehung mit seiner Freundin und reiste nach Notre Dame. Seine Motive fasste er so in Worte:

„Seit ich ein kleiner Junge war, habe ich davon geträumt, hier zur Schule zu gehen. Jahrelang haben mir alle erzählt, dass dies unmöglich sei. Mein ganzes Leben haben Menschen mir gesagt, was ich tun oder lassen sollte. Ich habe immer auf sie gehört und geglaubt, was sie sagten. Aber das will ich nicht mehr."

Über einen Umweg, das Studium an einer kleineren Universität, erhielt Rudy ausreichend gute Noten, um an die Universität seiner Träume zu wechseln. Doch der Anfang in Notre Dame gestaltete sich schwierig. Er hatte kein Geld für ein Zimmer und schlief notgedrungen im Materialschuppen des Footballteams. Doch seinem Traum kam er immer näher, denn er wurde sogar Teil des Teams. Und das, obwohl sich seine körperlichen Voraussetzungen keineswegs verbessert hatten. Er schaffte es anders als erwartet. Nicht über Talent, sondern durch Kampfkraft. Er wurde Trainingsspieler für das Stammteam und nahm dafür regelmäßig Schrammen, Beulen, Prellungen und Blut in Kauf. Sein Einsatz war sagenhaft. Er wurde zu einem wichtigen Mann für das gesamte Team. Allerdings stellte ihn der Trainer nicht bei Spielen auf, da er einfach zu klein war für die echte Arbeit.

Während seines letzten Studienjahrs in Notre Dame nahm Rudy all seinen Mut zusammen und fragte den Trainer, Coach Ara, ob er denn nicht wenigstens ein Spiel im Trikot auf der Bank miterleben könnte. Sein Grund?

„Mein Vater liebt Notre-Dame-Football über alles in der Welt. Er glaubt nicht, dass ich im Team bin, da er mich während der Spiele nie auf der Bank sitzen sieht. Nächstes Jahr, mein letztes Jahr, würde ich ihm gerne dieses Geschenk machen: Es würde mir sehr viel bedeuten, wenn Sie mich in der nächsten Saison für ein Spiel mit dem Team auf das Feld auflaufen lassen würden."

Coach Ara fragte, ob dies sein einziger Grund war. Rudy hielt einen Moment inne und antwortete:

„Nein. Es ist für jeden, der mir erzählt hat, dass es unmöglich sei, für Notre Dame zu spielen. Für meine Brüder, die Jungen aus der Schule und die Kerle, mit denen ich in der Stahlfabrik gearbeitet habe. Sie können nicht zum Training kommen und sehen, dass ich zum Team gehöre."

Der Coach versprach ihn aufzustellen, aber kurz darauf verließ der Coach das Team. Der neue weigerte sich, das Versprechen seines Vorgängers zu erfüllen. Daraufhin setzten sich die wichtigsten Spieler des Teams für Rudy ein. Mit Erfolg. Im allerletzten Heimspiel bekam Rudy die Ehre, das Team aufs Spielfeld zu führen. Als Rudys Vater zum ersten Mal in seinem Leben das Stadion von Notre Dame betrat, um seinen Sohn zu sehen, sagte er: „Das ist das Schönste, was meine Augen je gesehen haben." Rudy gehörte zum Team. Spielminuten bekam er allerdings nicht. Doch plötzlich begannen Notre-Dame-Spieler Rudys Namen zu skandieren, und das Publikum übernahm den Ruf. Tausende Kehlen riefen „Rudy, Rudy, Rudy". Der Trainer konnte nicht anders, er stimmte der Masse zu. In der letzten Minute des Spiels durfte Rudy aufs Feld. Für zwei Plays. Im letzten brachte er sogar den gegnerischen Quarterback mitsamt Ball zu Boden. Nach dem Schlusspfiff hoben seine Mitspieler Rudy auf ihre Schultern und trugen ihn über das Feld – eine Ehre, die nach Daniel „Rudy" Ruettiger in Notre Dame niemandem mehr zuteilgeworden ist.

Regentschaft der Waisen?

Der Drang, seinem Vater oder seinen Brüdern zu beweisen, was in einem steckt, kann einen Mann zum Äußersten treiben. Die Geschichten von Chris und Rudy zeigen, wie ihre Beziehung zum Vater sie veranlasst hat, radikale Entscheidungen zu treffen. Sie wurden dazu getrieben, große Opfer zu bringen. Und sie sind da nicht die Einzigen.

Vor einiger Zeit hat sich eine groß angelegte Studie mit der Frage beschäftigt, warum manche Menschen brillant werden.

Der Psychologe Eisenstadt und weitere Forscher wählten dazu aus Enzyklopädien die tausend Persönlichkeiten aus, die in der Menschheitsgeschichte die größte Aufmerksamkeit erhalten hatten. Und sie suchten nach Übereinstimmungen. Ihr Ergebnis war ebenso unerwartet wie überraschend: Die großartigsten Persönlichkeiten der Menschheitsgeschichte waren wesentlich jünger Waisen geworden als Menschen, die Durchschnittliches geleistet hatten. Die Ergebnisse waren so erstaunlich, dass die Forscher selbst die Frage aufwarfen: Wird unsere Welt von Waisen regiert?

Menschen wie Dante Alighieri, Jean Jaques Rousseau, Edgar Allen Poe, Dostojewski, Tolstoi, Voltaire, Wordsworth und viele andere verloren in ihren Kinder- oder Jugendjahren einen oder beide Elternteile. Eine Gemeinsamkeit, die sich wie eine Linie durch die Geschichte zieht: Zehn der zwölf römischen Kaiser, ebenso Napoleon, die Mehrheit der Nobelpreisgewinner und etwa 60 Prozent der britischen Premierminister hatten einen frühen Verlust von Vater und/oder Mutter zu verarbeiten.

Warum ragen Waisen derart heraus? Einen der Gründe dafür sehen Psychologen darin, dass Menschen bei Schmerz oder Verlust überkompensieren. Sie wollen der Welt und insbesondere sich selbst zeigen, dass ihr Leben etwas bewirkt, dass sie gewollt, gewünscht und wichtig sind. Kummer kann in der Tat zu einem wahrhaft starken inneren Antrieb werden. Allerdings gelingt es nicht jedem Menschen, sein Trauma in derart positive Energie zu verwandeln. Manch einen lähmt das Geschehene, es stürzt sein Leben in Bitterkeit.

Einer der tausend untersuchten „Größten der Erde“ war der französische Schriftsteller Alexandre Dumas („Die drei Musketiere“). Mit vier Jahren verlor er seinen Vater. Sein Meisterwerk über die Heldentaten der Elitetruppe des französischen Königs gibt einigen Literaturwissenschaftlern zufolge Dumas’ eigene Ambitionen und Träume wieder. Die Geschichte des ungehaltenen jungen Mannes D'Artagnan sei seine eigene, sagen sie. Auch im Leben von D'Artagnan spielt der Vater eine große Rolle. Er steckt als treibende Kraft hinter den Motiven seines Sohnes, der eines Tages nach Paris aufbricht, um ein Musketier am Hofe des Königs zu werden. Denn D'Artagnans Vater hatte einst neben Herrn De Tréville gewohnt, ehe dieser Anführer der Musketiere wurde. Und nun schickte D'Artagnans Vater seinen Sohn zu Kapitän De Tréville, damit er das werden sollte, was er selbst nie erreicht hatte. Vater D'Artagnan sieht in seinem Sohn die Möglichkeit, seinem missglückten Leben doch noch den nötigen Glanz zu verleihen. D'Artagnan wagt sich also in ein besonderes Abenteuer: Er will Musketier werden. Für wen? Für König Ludwig XIII.? Nur für ihn? Natürlich nicht.

Leben als der ältere Sohn

Viele Männer wissen, was es bedeutet, Träume zu hegen. Oft haben diese Träume auf die eine oder andere Art etwas mit ihrem Vater oder ihrer Mutter zu tun, auch wenn einigen Männern das gar nicht so bewusst ist. Vielleicht waren sie als Kind oder später als Jugendlicher konfrontiert mit einem schwachen und nachgiebigen Vater, und sie haben sich selbst versprochen: „Ich werde nicht so schnell aufgeben wie mein Vater." Sie wurden über die Jahre zu starken Männern, die niemals aufgeben. Sie können hart zu sich selbst sein, um ihre Ziele zu erreichen. Leider sind sie dabei manchmal auch hart gegenüber den Menschen in ihrem direkten Umfeld. Ihrer Frau. Ihren Kindern. Ihren Eltern. So wie Chris, der seine Familie einfach so verließ. Oder Rudy, der für seinen Traum die Beziehung mit seiner Freundin aufgab.

Andererseits wissen viele Männer auch, was es bedeutet, wegen der Eltern oder Geschwister Träume aufzugeben. „Das ist für Leute wie uns nicht möglich. Sei einfach normal, dann bist du schon verrückt genug." Rudys älterer Bruder besaß mehr Football-Talent als Rudy. Doch er hörte auf seinen Vater und wählte das Leben als Arbeiter in der Stahlfabrik. Seinen Traum aber, Footballspieler zu werden, hatte er nicht aufgegeben. Er bestand die ganze Zeit weiter, tief in seinem Innern. Nur lebte dieser Traum kaum noch, er wurde unterdrückt. Die zynischen Bemerkungen gegenüber Rudy erzählen davon. Rudys älterer Bruder hatte auf seinen Vater gehört und war zu Hause geblieben, zu einem sehr hohen Preis. Denn das, was seinem Leben Flügel verleihen wollte, lebte gefangen in einem Käfig.

Viele Männer leben diese Geschichte. Es ist die Geschichte des älteren Sohns aus dem biblischen Gleichnis vom verlorenen Sohn. Der jüngere Bruder zieht los und jagt seinen Träumen nach. Der ältere bleibt zurück und probiert, seine Idee vom Leben mit den Erwartungen des Vaters zu verwirklichen. Zwar ist der ältere zu Hause, aber er ist es nicht in seinem Herzen. Deshalb verliert er sein Herz an Wut, Groll und Bitterkeit. Jeder Tag unter der Routine auf dem Landgut seines Vaters verändert ihn. „Hätte nur mal ich mir einen Fehler erlaubt", sagt er sich. Und am Ende des Gleichnisses ist der ältere Sohn weiter weg von zu Hause als der jüngere.

Manche Männer besteigen Berge und erreichen hohe Gipfel. Andere brechen auf halbem Wege ab und kehren um. Nicht selten haben all diese Entscheidungen mit unserer Geschichte zu tun – und irgendwie mit unserem Vater, unserer Mutter und unseren Brüdern.

Für wen predigst du eigentlich?

Mein (Henks) Traum ist es, ein international bekannter Redner und Autor zu werden. Ich möchte kommunizieren, Menschen inspirieren und das Leben teilen – so breit und so tief wie möglich. Rudy wollte eines Tages seinen Vater, seine Brüder und Klassenkameraden sehen lassen, was in ihm steckte. So kam auch ich eines Tages zu dem Punkt, an dem ich feststellte, dass bei mir verschiedenste Motive durcheinander waren.

Der Auslöser war ein Gespräch mit einem Kommunikationsexperten. Wir saßen in einem gemütlichen Restaurant in Apeldoorn, mit Blick auf das Nationalmuseum „Paleis het Loo", und genossen ein vorzügliches Mittagessen. Wir unterhielten uns über den Einfluss von Predigten und meine Abschlussstudie, die ich über die verändernde Kraft von Predigten schrieb. Mitten im Gespräch sah mich der Kommunikationsexperte plötzlich scharf an und fragte:

„Für wen predigst du eigentlich? Und für wen machst du diese Studie?"

Ich startete gut, nämlich christlich: „Nun, an erster Stelle mache ich das für Gott. Zumindest möchte ich das. Und zufällig ist Reden eins der wenigen Dinge, die ich kann. Darum will ich mich darin weiterentwickeln."

Der 63-jährige Kommunikationsexperte sah mich mit einem Blitzen in seinen silbergrauen Augen an. Er wartete auf eine ehrlichere Antwort.

„Aber wenn ich drüber nachdenke", sagte ich, „dann wünsche ich mir, dass mein Vater stolz auf mich ist. Nach einer Predigt können mir hundert Zuhörer Komplimente machen, aber derjenige, von dem ich eigentlich eins hören will, ist mein Vater."

Es wurde still. Die silbergrauen Augen sahen mich an. Dann sagte mein Gegenüber:

„Also predigst du für deinen Vater, oder? Wenn ich im Raum sitze, dann predigst du nicht für mich, du predigst nur für deinen Vater, auch wenn er gar nicht dort ist."

„Nun, das weiß ich nicht, ich will ja auch für Gott predigen", setzte ich entgegen.

„Ich sehe dir an, dass du das nicht schön findest, was ich dir sage", stellte der Kommunikationsexperte fest.

„Woran erkennst du das?", fragte ich ihn.

„Du hast eben mit deinem Finger in deinem Auge gerieben, was bedeutet, dass du dem eigentlich nicht ins Auge sehen willst, was ich dir sage."

„Ich finde es tatsächlich nicht schön zu hören", gab ich zu, „aber ich bin trotzdem froh über diese Erkenntnis, denn jetzt kann ich daran arbeiten."

Es ist tatsächlich so. Ich wünsche mir, dass mein Vater (nicht mein biologischer Vater, über den ich im vorherigen Kapitel erzählte, sondern der Mann, den ich seit meinem zweiten Lebensjahr meinen Vater nennen darf) stolz auf mich ist. Punkt. Und ich denke, es ist gut so, dass ich mir darüber sehr bewusst bin. Ich lebe nicht nur allein für Gott. Ich lebe auch für ein paar Menschen, deren Meinung unglaublich wichtig für mich ist.

Ich (Theo) kenne genau denselben Punkt aus meinem Leben. Meine ersten Predigten habe ich immer meinem Vater, der ebenfalls Prediger ist, zur Korrektur geschickt. Ich traute mich nicht, das Podium zu betreten, ohne vorab seine Zustimmung erhalten zu haben. Es klingt sehr fromm zu sagen, dass du tust, was du tust, weil Gott es von dir verlangt. Ist es nicht viel weiser zuzugeben, dass die Wahrheit über dein Leben ein Stück facettenreicher ist? Solange du dir selbst vormachst, nur Gott sei die Quelle all deiner Motive, erschlägst du damit jegliche Diskussionen über deine Motive. Angenommen, deine Partnerin stellt eine deiner Entscheidungen infrage, wem widerspricht sie dann? Dir oder Gott? Wenn du wirklich davon ausgehst, Gott sei der Einzige, durch den du dich leiten lässt, ist die Chance groß, dass du Menschen in deinem Umfeld (unbewusst) leiden lässt. In dem Moment aber, wo du erkennst, dass ganz verschiedene Motive dich antreiben, gibst du dir selbst die Möglichkeit, näher an Gottes Bestimmung für dein Leben zu gelangen. Das bringt Ehrlichkeit hervor, dir selbst gegenüber wie auch den Menschen in deinem Umfeld. Wenn dann deine Frau und gute Freunde nach deinen tiefsten Motiven fragen, warum du dich in den Auftrag, die Arbeit oder die endlosen Arbeitswochen investierst, darfst du ehrlich antworten. „Vielleicht tue ich das nur, um mir selbst oder meinem Vater etwas zu beweisen" könnte eine deiner möglichen Antworten sein. Warum also solltest du das

Glück deiner Frau oder deiner Kinder opfern, nur um dein Verlangen, von deinem Vater akzeptiert zu werden, zu erfüllen?

Vater und Mutter verlassen

Erste und letzte Worte haben immer eine besondere Bedeutung. So sind auch die ersten Kapitel der Bibel nicht bloß nette Beschreibungen über den Beginn des Lebens auf dem Planeten Erde, sie zeigen auch auf, wie die Dinge im Innersten zusammenhängen. Gottes Schöpfung erzählt uns, dass alles Leben in sich wertvoll ist und der Mensch an ihrer ersten Stelle steht. Der Sündenfall gibt uns Einsicht, wie es zu dem fundamentalen Bruch in der Beziehung zwischen Gott und den Menschen kam. Und auch über das Wesen des Mannes werden in den ersten drei Kapiteln essenzielle Dinge genannt.

„Darum wird ein Mann seinen Vater und seine Mutter verlassen und seiner Frau anhangen, und sie werden sein ‚ein' Fleisch."

Es ist ein bekannter und bemerkenswerter Text. Nur warum steht dort nicht: Darum sollen *Mann und Frau* ihren Vater und ihre Mutter verlassen und einander anhängen und zusammen ein Fleisch sein? Warum muss gerade der Mann seinen Vater und seine Mutter verlassen? Was ist mit der Frau und ihren Eltern? Hätte die Bibel nicht auch angesichts mancher Schwiegermutter etwas über die Mutter-Tochter-Beziehung sagen müssen? Wie auch immer man darüber denken mag, der Text in 1. Mose 2 bleibt einseitig. Offensichtlich fand Gott es notwendig, nur die Männer anzusprechen.

Viele meinen, die Beziehung zwischen einem Mann und seinen Eltern habe nicht allzu viel Einfluss auf das Leben eines Mannes. Die Bibel sieht das anders. Sie gibt einen Rat gerade in diese Beziehungsebene hinein: „Verlass deinen Vater und deine Mutter!", lautet ihre Empfehlung. Und bilde mit deiner Frau eine Einheit. Vom Beginn eures gemeinsamen Ehebundes an ist sie wichtiger als alles, was dein Vater und deine Mutter finden, denken oder fühlen. Der Rat zielt also nicht so sehr auf das Vergrößern des geografischen Abstands. Es geht vielmehr um das Loslassen der oft unausgesprochenen, unbewussten Erwartungen zwischen Eltern und Sohn. Und um das Trennen von der steuernden Rolle, die Eltern im Leben ihres Sohnes haben. Hier ein paar Beispiele, wie sich das darstellen kann:

Sah dein Vater in dir einen Nichtsnutz? Baust du heute erfolgreich Unternehmen auf, um zu beweisen, dass er unrecht hatte? Arbeitest du deswegen so viel, dass deine Frau bzw. Familie darunter leidet?

Verlass deinen Vater und deine Mutter!

War dein Vater ein schwacher Mann? Hast du dir selbst versprochen, ein starker Mann zu werden? Bist du so stark geworden, dass du nicht nur deine eigenen Grenzen, sondern auch die deiner Frau und Kinder überschreitest?

Verlass deinen Vater und deine Mutter!

War dein Vater ein sorgenvoller Mensch? Hat er dir immer vor Augen geführt, dass du keine unverantwortlichen Entscheidungen treffen und kein großes Risiko eingehen darfst? Traust du dich darum nicht, dem Traum nachzujagen, der irgendwo tief im Keller deines Herzens schlummert?

Verlass deinen Vater und deine Mutter!

Sich selbst lösen

Die Bibel ruft uns Männer dazu auf, unsere neue Familienform über die alte zu stellen. Wenn du geheiratet hast, nimmt deine Frau den Platz deiner Eltern ein. Für viele Männer ist dieser Wechsel allerdings so groß, dass sie sich nicht trauen ihn zu vollziehen. Obwohl sie verheiratet sind und Kinder haben, bleiben sie mit ihrem Vater oder ihrer Mutter verbunden, weil sie (unbewusst) um seine bzw. ihre Anerkennung kämpfen. Zahllose Männer haben so ihre Frau und Kinder für ihre Sehnsucht geopfert, endlich die Erwartungen ihrer Eltern zu erfüllen.

„Alle Unternehmer sind im Wesen unsichere Männer“, haben Geschäftsleute mir mehrmals versichert. Was ist der Grund dafür, dass sie große Betriebe aufbauen, teure Autos fahren und nie zufrieden sind mit dem, was sie haben? Meistens gestehen einige mehr oder weniger: „Mein Vater.“ So wie ein Mann, der mir (Henk) einmal erzählte:

„Endlich konnte ich ein schönes Auto kaufen. Wie stolz ich war! Nun konnte mein Vater sehen, dass ich etwas erreicht hatte. Ich zeigte meinem Vater den Wagen, und alles, was er sagte, war: ‚Und jetzt sorg dafür, dass du ihn auch in Zukunft fahren kannst.‘“

Bei manchen Männern ist die Dominanz ihres Vaters oder ihrer Mutter sehr deutlich zu spüren. Warum diese Männer eine Kopie oder gerade ein Gegenpol ihres Elternteils geworden sind, ist geradezu offensichtlich.

Vielleicht haben dich deine Eltern gut behandelt und auch frei dein Leben gestalten lassen. Trotzdem kann es sein, dass du als ihr Sohn sie doch in deinen inneren Entscheidungen stets mit einbeziehst. Du kannst dich von deinem Vater und deiner Mutter erst richtig lösen, wenn du dir selbst eingestehst, dass du eigentlich noch fest mit ihnen verbunden bist. Und wenn du ehrlich mit deinen Eltern über deine Triebfedern und Motive ins Gespräch gehst, kannst du erfahren, dass es mehr Raum gibt, als du dir selbst in deinem Innern gönnst.

In unserer Geschichte hätte der Junge mit dem Jutesack auf seinen Vater hören können. So wie der ältere Sohn im Gleichnis vom verlorenen Sohn. Dann hätte er den Gipfel des Berges nie erreicht. Der Stier, ein Bild für die Wut und die Aggression des Jungen, war irgendwo in seinem Innersten am Brodeln geblieben. Und der Rabe, Symbol des Todes und der Einsamkeit, hatte ihn nicht verlassen. Der Junge stand vor einer der wichtigsten Entscheidungen seines Lebens: „Bleibe ich ein Junge oder werde ich Mann? Selbst wenn dies bedeuten sollte, während des Mannwerdens in einem tosenden Sturm ums Leben zu kommen.“ Der Junge entschied sich für den schwierigsten Weg und fand sein Leben.

„‚Aber du gehörst nicht zu den Unsrigen‘,
sagte Porthos.
‚Das ist wahr‘, antwortete D’Artagnan.
‚Ich trage nicht die Uniform, wohl aber das Herz.
In meinem Herzen bin ich Musketier, das fühle ich,
mein Herr, und das treibt mich dazu.‘“

ALEXANDRE DUMAS

Kapitel 3

Geliebt von Gott

„Ich will dich"

Jeder von uns hat einen leiblichen Vater. Er kennt dich von klein auf. Er hat dich großgezogen und für dich gesorgt. Er war dir in jungen Jahren Vorbild und ist der Mann, der dich im Leben ermutigt. Wenn du so aufgewachsen bist, darfst du dich glücklich schätzen. Vielleicht aber gehörst du auch zu denjenigen, die ihren Vater nur kurz oder gar nicht kennengelernt haben. Du weißt im Grunde gar nicht, wer und wie dein Vater ist. Vielleicht hat auch ein anderer Mann diese Rolle bei dir ausgefüllt, positiv oder in einer Art, an die du dich lieber nicht erinnern möchtest. Vielleicht nennst du deinen Vater auch nur „Erzeuger", weil es Dunkles gibt, das alles überschattet, was an Respekt, Würde und Grenze zwischen Vater und Sohn eigentlich hätte existieren müssen.

Wie mag Jesus sich bei Josef gefühlt haben?

Von seinem himmlischen Vater lebte er getrennt, zumindest was das Räumliche betraf. Sein himmlischer Vater hatte ihn selbst, in Menschengestalt, als Baby in die Arme eines irdischen Ziehvaters gegeben: Josef, ein einfacher Zimmermann aus Bethlehem. Er war es, der den Sohn Gottes an der Seite von Maria großzog und sein Leben auf dieser Erde maßgeblich beeinflusste. So sehr, dass Jesus, wie in dieser Zeit üblich, in seine Fußstapfen trat und den Beruf seines Vaters übernahm.

Die Bibel überliefert uns wenig über das Verhältnis zwischen Jesus und seinen Angehörigen. Die Beziehungen müssen mitunter sehr ambivalent gewesen sein. Zwischen Jesus und seinen Eltern lief es nicht immer rund. Bereits in jungen Jahren gab es Auseinandersetzungen. Als die Familie einmal nach Jerusalem gereist war, blieb der zwölfjährige Jesus absichtlich im Tempel zurück. Erst drei Tage später entdeckten ihn seine Eltern. Er saß im Gotteshaus und lehrte. Jesus hatte es nicht für nötig empfunden, seinen Eltern Bescheid darüber zu geben, dass er sich dort noch länger aufhalten wollte. Er war einfach geblieben. Maria und Josef waren zutiefst besorgt und reagierten wie wohl alle Eltern, die nach einer längeren Suche ihr verirrtes Kind wiederfinden:

„Kind [...], wie konntest du uns nur so etwas antun? Dein Vater und ich haben dich überall verzweifelt gesucht!“

So reagiert eine Mutter, die Todesängste durchlitten hat. Jesus schien jedoch kein Verständnis für ihre Sorgen zu haben und antwortete vorwurfsvoll:

„Warum habt ihr mich gesucht? [...] Habt ihr denn nicht gewusst, dass ich im Haus meines Vaters sein muss?“

Das klingt unverschämt, oder? Ist es nicht nachvollziehbar, dass Josef und Maria die Antwort Jesu nicht verstanden? *„Im Haus meines Vaters?“* – gab es denn im Tempel eine Zimmermannswerkstatt? Und worüber hatte unser Kind eigentlich so lange mit den Schriftgelehrten gesprochen?

Die Geschichte vom zwölfjährigen Jesus im Tempel ist die einzige Geschichte, die wir über die Jugendjahre Jesu kennen. Eine Geschichte, die deutlich macht, wie Jesus sich von seinen Eltern emanzipiert, wie er plötzlich eine Distanz aufbaut. Er verlässt Maria und Josef, um die wichtigste Beziehung in seinem Leben aufzubauen und zu pflegen – die Beziehung zu seinem himmlischen Vater.

Nach diesen Ereignissen verschwindet der irdische Vater von Jesus ins Abseits. Zumindest berichten die Evangelien nicht mehr über Josef. Weder Matthäus, Markus, Lukas noch Johannes erwähnen ihn. Vielleicht ist er kurze Zeit danach gestorben. Doch der Tod eines Vaters hält einen Mann nicht davon ab, in seine Fußstapfen zu treten. Wahrscheinlich hat Jesus seine Jugend weiter nach dem Willen des vermutlich verstorbenen Josef ausgerichtet.

Die Situation im Tempel sollte nicht die einzige bleiben, bei der Jesus Maria vor den Kopf stößt. Ihre Unterhaltung während der Hochzeit zu Kanaan muss für sie als Mutter ebenso schmerzhaft gewesen sein. Die beiden befanden sich mit ein paar Nachfolgern auf der Feier, als plötzlich der Wein ausging. Maria war davon überzeugt, dass Jesus helfen könnte, auch wenn er noch kein einziges Wunder getan hatte. Erwartungsvoll wandte sie sich an ihn:

„‚Sie haben keinen Wein mehr.' Jesus spricht zu ihr: ‚Was geht's dich an, Frau, was ich tue?'"

„Frau" – das klingt in unseren Ohren wie eine Zurechtweisung. Distanziert. Kalt. Lieblos. *„Was geht's dich an ..."* – in englischen Bibelübersetzungen steht an dieser Stelle: „You must not tell me what to do" (Du sollst mir nicht sagen, was ich tun soll). Mit dieser Aussage schaffte Jesus Raum, eine Distanz, zwischen sich und seiner Mutter. Er war kein kleiner Junge mehr. Ihr Verhältnis hatte sich geändert und vor allem Maria musste sich daran gewöhnen.

Ein anderes Mal lehrte Jesus in einem überfüllten Haus. Seine Mutter und seine Brüder standen draußen und fragten, ob sie ihn sprechen könnten. Als ihn andere auf seine Familie aufmerksam machten, fragte er nur:

„Wer ist meine Mutter und wer sind meine Brüder?"

Selbst am Kreuz, in der Stunde seines Todes, wahrte Jesus, obwohl er sich nichtsdestotrotz liebevoll sorgte, die Distanz zu seiner Mutter:

„Als nun Jesus seine Mutter sah und bei ihr den Jünger, den er lieb hatte, spricht er zu seiner Mutter: Frau, siehe, das ist dein Sohn!"

Warum verhielt sich Jesus gegenüber seiner Familie so distanziert? Ich (Henk) glaube, Jesus zeigt uns damit ein wichtiges Paradoxon des Lebens: Gott öffnet zwar unser Leben für Beziehungen, aber oberste Priorität sollte immer die persönliche Beziehung mit Gott haben. Wenn du diese Beziehung gut leben willst, nimmt sie viel Raum ein, sodass andere Beziehungen dafür zurückstecken müssen. Nur bitte versteh das nicht falsch! Jesus fordert dich nicht auf, deine Familie zu verlassen. Es sei denn für einen kurzen überschaubaren Zeitraum, damit du, zum Beispiel in einer Stillewoche, in aller Ruhe deine Beziehung mit dem Vater im Himmel pflegen kannst. Jesus machte nichts anderes. Regelmäßig entzog er sich dem Rahmen seiner Familie, um seinen Blick auf den Himmel und die eine wahre Beziehung klarzukriegen. Aus diesen Zeiten mit dem Vater entstanden wiederum Beziehungen mit Menschen, die Gott auf seinen Weg brachte. Der niederländische Priester und Autor Henri Nouwen fasst es so zusammen:

> *„Jesus hat oft Nein zu seiner Familie sagen müssen, um vollmündig Ja zu seinem himmlischen Vater sagen zu können."*

Das Genesis-Prinzip

Schaffe Raum für Gott in deinen Beziehungen! Darum geht es, wenn Jesus schockierende und radikale Worte wie diese formuliert:

> *„Wer seinen Vater oder seine Mutter, seinen Sohn oder seine Tochter mehr liebt als mich, der ist es nicht wert, mein Jünger zu sein."*
>
> *„Wenn jemand zu mir kommt und hasst nicht seinen Vater, Mutter, Frau, Kinder, Brüder, Schwestern und dazu sich selbst, der kann nicht mein Jünger sein."*

Im ersten Vers geht es um Familienbeziehungen, im zweiten speziell um die Frau als Partnerin des Mannes. Selbst da, in der kleinsten Einheit, der Ehe mit deiner Frau, braucht es Raum und Zeiten des Abstands. Warum? Damit du deine Beziehung mit Gott pflegen kannst. Sie sollte an erster Stelle stehen. Denn aus dieser Zeit heraus wird der Vater im Himmel dich beschenken. Er wird dich leiten, deine Partnerschaft zu gestalten. Er wird dir deutlich machen, wie du deiner Frau dienen kannst. Und er wird dir zeigen, wie du sie lieben kannst, so wie er es sich gewünscht hat.

Das Funktionieren des Genesis-Prinzips: „Darum wird ein Mann seinen Vater und seine Mutter verlassen und seiner Frau anhangen (...)“, hängt unmittelbar zusammen mit deiner Beziehung zu Gott. Darum ist es so wichtig, zuerst die Gottesbeziehung in der persönlichen Zeit mit dem himmlischen Vater zu gestalten. Sie wird dich in allen Lebensbereichen bereichern. Zwar isoliert Jesus dich als Nachfolger, er macht dich zu einem Einzelgänger, aber nur eine Zeit lang. Denn aus der wichtigen und alles übertreffenden Zeit mit dem Vater im Himmel, aus dieser Verbindung heraus, wirst du neu und auf die richtige Art und Weise ins Leben einsteigen. Nachfolge, so radikal sie auch klingen mag, ruft niemals dazu auf, in der eigenen Umwelt einen einsamen heiligen Krieg zu leben. Sie ist eine Einladung, teilzuhaben an einer ungestümen und innigen Liebesbeziehung mit dem Vater. Aus ihr erst entspringen Liebe, Kraft und der Wille für alle unsere anderen Beziehungen.

Jesus ist gut, aber nicht sicher

Ich (Theo) habe wunderbare Eltern. Ich weiß, dass sie mich lieben. Schon mein ganzes Leben lang beten sie täglich für mich. Ihnen verdanke ich, dass ich zu lieben und geliebt zu werden vermag. Dafür bin ich ihnen sehr dankbar. Aber ich nehme noch mehr von zu Hause mit. So wie jeder Mensch erinnere ich mich an ungeschriebene Werte und Normen, Erwartungen und Haltungen: „Lebe verantwortungsvoll! Sei sorgfältig! Begründe ausführlich deine Entscheidungen! Gut ist sicher! Sicher ist gut!“ Das waren alles gute Leitsätze, die sich fördernd auswirkten auf meine Entwicklung als Person. Ich stellte jedoch später fest, wie wichtig es ist, sich über diesen Einfluss bewusst zu sein, sonst können solche Leitsätze auch hinderlich sein.

Vor ein paar Jahren sagte Henk einmal zu mir: „Gut ist wichtig für dich. Du willst gerne der beste Junge in der Klasse sein, oder?“ Autsch! Damals ließ ich mir das nicht anmerken, aber seine

Bemerkung traf voll ins Schwarze. Zu allem Überfluss setzte er mit einer weiteren Frage nach: „Wann hast du zum letzten Mal einen großen Fehler gemacht?“ Ich schwieg. Mir fiel auf, dass ich in meiner Vergangenheit kaum größere Fehler gemacht hatte. Ich musste an die Worte meiner Eltern denken: „Sicher ist immer gut. Gut ist immer sicher“, und ich gab mit den Füßen scharrend zu: „Keine Ahnung, Henk.“

Mir wurde zum ersten Mal so richtig klar, wie unbewusst der Einfluss von zu Hause ist. Er bestimmt unser Leben, wie man mit Menschen umgeht und Situationen bewältigt. Sowohl fördernd als auch bremsend. Sollte sich dieser Einfluss etwa auch auf meine Gottesbeziehung ausgewirkt haben?, fragte ich mich. Und mir wurde klar, um zu einer leidenschaftlicheren und innigeren Beziehung mit Gott vorzustoßen, war es für mich notwendig, unbefangener zu leben. Lange Zeit hatte ich probiert, mein Leben mit Gott so gut wie möglich zu gestalten. Oft dachte ich, mein Engagement für Gott wäre ungenügend oder ich wäre nicht gut genug. Ich war glücklich, mir endlich darüber bewusst zu sein. Durch die Einsicht in meine Kinder- und Jugendjahre konnte ich daran arbeiten. Und ich durfte wachsen in Gnade, Unbefangenheit, Impulsivität und mich weiterentwickeln. Ich bin froh darüber.

In der Nachfolge verlangt Jesus manchmal, dass wir radikal unmögliche und unmöglich radikale Dinge tun. Oft bleibt wenig Zeit, um über solche Dinge nachzudenken. Die Jünger kannten das nur allzu gut: „Gebt ihr ihnen zu essen!“ – „Steig aus deinem Boot!“ – „Bleibt wach und betet!“ – „Nicht siebenmal, sondern siebzigmal siebenmal sollst du vergeben.“

Jesus ist gut, aber alles andere als sicher. Das Leben mit ihm ist herausfordernd, überraschend und in gewissem Sinne lebensgefährlich, denn es stellt dein bisheriges Leben infrage und auf den Prüfstand. Es kann sein, dass du manchmal nicht nur dich selbst über Bord werfen musst, sondern auch alles, was du mitbekommen hast: deinen Hang zu Sorgfältigkeit, Vorsicht,

Rationalität, Sicherheit. Alles Dinge, die uns gut erscheinen. Wir haben diese oder andere Leitgedanken von zu Hause mitbekommen. Sie erscheinen uns richtig und wichtig, um unser Leben zu führen und unseren Glauben zu gestalten. Doch so wertvoll sie auch sein mögen, geben sie wirklich Antwort auf das, was Jesus von uns erwartet? Ich muss manchmal die Augen schließen, meine innere Handbremse lösen und meinen Verstand auf null setzen. Warum? Damit meine Beziehung zum himmlischen Vater an erste Stelle rückt, ich neu mein Leben ausrichte und das Leben erkenne, das er für mich vorbereitet hat.

Ich will dich

Für Jesus hatte die Beziehung zu seinem himmlischen Vater oberste Priorität. Er wusste, was sein Vater über ihn dachte. Johannes erzählt uns in dem monumentalen Prolog seines Evangeliums, wo Jesus war, bevor er auf die Erde kam, um unter uns Menschen zu wohnen: an der Brust des Vaters.

Bitte stell dir jetzt nicht das Bild eines Kindes vor, das auf dem Schoß seines Vaters sitzt und an dessen Brust lehnt. Vielmehr steckt dahinter das Bild zweier Personen, die während einer Mahlzeit zu Tisch liegen, so wie es zur Zeit Jesu üblich war. Sie sind einander zugewandt, suchen den Augenkontakt und führen miteinander ein inniges Gespräch, von Herz zu Herz.

Jesus befand sich in dieser unmittelbaren Nähe seines Vaters. Er lebte am Herzen Gottes. Leidenschaftlich, innig und immer im Gespräch. Dort wohnte er, bis er auf die Erde kam. Und damit änderte sich vieles. Doch durch seine Menschengestalt verlor Jesus nicht das Gespür, sensibel für die Dinge seines himmlischen Vaters zu sein. Bereits als Zwölfjähriger war er durchdrungen von der Tatsache, dass der Tempel, das Haus seines Vaters, der beste Ort auf Erden ist. Er, der Sohn Josefs, des Zimmermanns, war kein gewöhnlicher jüdischer Junge. Niemand hatte Gott je gesehen, doch dieser Junge redete ihn an mit „mein Vater“. Er war bei ihm gewesen. Er kannte den himmlischen Vater persönlich, und es verlangte ihn danach, das Herz seines Vaters unter die Menschen seiner Zeit zu bringen. Das war sein höchstes Ziel. Er war ein Mann mit einem Auftrag, mit einer klaren Zielvorstellung. Doch noch ehe er einen Satz predigte oder ein Wunder tat, wurde er getauft. Der Heilige Geist kam in Form einer Taube auf ihn herab, der Himmel öffnete sich und die Stimme sagte:

„Dies ist mein geliebter Sohn, der meine ganze Freude ist."

Es war die Stimme des Vaters, die dem Sohn sagte, wer er ist: der Geliebte. Der Vater betonte, wie einzigartig die Beziehung zwischen ihnen beiden ist. „Du bist mein Sohn", auf dich lege ich meinen Ruf, auf dir ruht meine Salbung, dir gehört meine Liebe. Das stand am Anfang von Jesus, von all seinem Wirken und Tun. Jesus zog anschließend in die Welt hinaus, mit dem Bewusstsein, dass er zutiefst von Gott geliebt ist. Er war Vaters Liebling.

Dieses Bewusstsein bewirkte, dass er so leben konnte, wie er lebte. Das war sein Geheimnis. Und es blieb nicht bei dem einen Ruf. Zeit seines Lebens erschallte dreimal eine Stimme aus dem Himmel. Jedes Mal bestätigte sie die Liebe des Vaters zu seinem Sohn.

Dasselbe darfst auch du für dein Leben als Fundament wissen: Noch bevor du etwas tust, leistest oder dein Äußerstes gibst, ist da Gottes Stimme, die dir sagt: „Ich liebe dich, mein Sohn." Sei dir dessen bewusst! Es gibt nichts Schöneres als die Einsicht:

Er.

Will.

Mich.

Wahrscheinlich musst du das mehr als einmal hören. Als Menschen müssen wir ständig an die Wahrheit, die über unserem Leben steht, erinnert werden. Darum noch einmal:

Du bist innig von deinem Vater im Himmel geliebt.

Joey

Gegenüber von mir (Henk) wohnt Joey, ein achtjähriger Junge. Joey ähnelt ein bisschen dem englischen Fußballer Wayne Rooney, nur ist er etwas kleiner. Brutaler Kopf, kurze Stoppeln, Ohrringe, ein Gebiss, in dem man Fahrräder parken kann, und immer bereit für Unfug. Regelmäßig klingeln Mütter bei Joey an der Tür. Sie beschweren sich, dass er ihren Sohn zusammengeschlagen hat.

Joey wohnt zu Hause mit seiner Mutter und zwei älteren Schwestern. Sein Vater ist letztes Jahr Weihnachten weggelaufen. Mit im Haus wohnen auch zwei Kampfhunde. Wenn die beiden rausgelassen werden, behalte ich meine Töchter immer besonders im Auge.

Menschlich gesehen sind das Zutaten für ein schwieriges Leben. Meine Frau Ruth und ich weigern uns allerdings, uns damit zu begnügen. Wir beten für Joey und seine Familie. Allerdings hatten wir in der Vergangenheit nicht viel Kontakt mit Joey und seiner Mutter. Vor ein paar Monaten änderte sich das.

Es begann mit einem Sponsorenlauf der Grundschule, die sowohl unsere älteste Tochter als auch Joey besucht. Für einen guten Zweck sollte ein Parcours abgelaufen werden, und zuerst durften die jüngsten Kinder starten. Zahlreiche Eltern feuerten ihren Nachwuchs lautstark an. Mit Chris im Kinderwagen und Emma an der Hand holperte ich eine Runde mit Manoa mit. Es war eine tolle Atmosphäre.

Anschließend war die ältere Klasse dran, in der auch Joey mitlief. Ich sah mich um und stellte fest, dass niemand gekommen war, um Joey anzufeuern. Kein Vater. Keine Mutter. Joey rannte und gab alles. Er schlug sich durch das Feld. Als er an mir vorbeikam, rief ich: „Joey, Joey, auf geht's! Du bist super!“ Joey hörte, dass sein Name fiel, und er sah auf. Zum Himmel. Wer rief da seinen Namen? Wer ermutigte ihn? Mit neuer Kraft lief er weiter. Bald darauf kam er wieder näher, und ich begann wieder zu rufen:

„Joey, Joey, auf geht's!" Und wieder schaute er sichtlich verwundert zu den perlweißen Wolken. Wieder war da die sonderbare Stimme. Die Stimme aus dem Himmel.

Ein paar Tage später sagte ich zu unseren Mädchen: „Kommt, wir gehen rüber zu Joey und geben ihm alle unsere ‚Gogos' („Gogos" sind Plastikspielpuppen, die wir bei einer Sammelaktion unseres Supermarkts bekommen hatten.)." Manoa und Emma waren, so wie es sich für echte Damen gehört, nur an den goldenen Gogos interessiert. Die restlichen bewahrten wir in einer großen Dose auf. Sie fanden die Idee ein bisschen aufregend und gingen gerne mit. Wir klingelten. Eine der Schwestern öffnete die Tür. Auf unsere Bitte hin wurde Joey gerufen, und wir schenkten ihm unsere Gogos. Er wusste nicht, wie ihm geschah. So viele Gogos. Sie waren alle für ihn.

Ein paar Wochen später fuhren wir in Urlaub. Noch nie hatten wir unser Auto so sorgfältig gepackt. Die Fahrräder waren schon auf dem Dach, und ein Wägelchen hatten wir auch dabei. Es konnte nichts mehr schiefgehen. Mittags um zwei luden wir die Kinder ins Auto. Ich setzte mich ans Steuer, drehte den Schlüssel – nichts. Mir wurde warm, und ich probierte es noch einmal. Wieder nichts. In diesem Moment kam Joeys Mutter mit ihren Kindern nach draußen. Seit der Stimme aus dem Himmel und den Gogos war unsere Beziehung deutlich besser geworden, aber mit Joeys Mutter hatten wir noch nie wirklich geredet. Jetzt sah sie mich, wie ich schwitzend probierte, das Auto in Gang zu kriegen. Sie fand es interessant, blieb stehen und Ruth kam mit ihr ins Gespräch. Es wurde ein gutes, tiefes Gespräch. Joeys Mutter erzählte zum Beispiel, dass Joey, seit sein Vater sie verlassen hatte, nicht mehr in seinem eigenen Bett schlief. Er verbrachte die Nächte in dem Körbchen mit den Kampfhunden oder im Zimmer seiner Schwestern oder Mutter.

Zwischenzeitlich hatte ich die Pannenhilfe gerufen. Und nachdem das Gespräch beendet war, kam eine andere Nachbarin zu mir. Sie ist eine sehr gläubige Frau, eine Schwester aus unserer

Gemeinde. Sie sagte: „Henk, es klingt vielleicht komisch, aber ich glaube, dass du das Auto noch mal starten solltest. Ich denke, dass dies alles geschehen musste, damit ihr mit Joeys Mutter ins Gespräch kommen konntet. Los! Setz dich noch einmal ins Auto und probiere es!"

Tja. Was macht man da? Ich bin Gemeindeleiter. Wenn jemand Glauben besaß, dann musste ich das wohl sein. Gehorsam setzte ich mich also wieder in das Auto, auch wenn ich mich ein bisschen dumm fühlte. Ich drehte den Schlüssel und ...

... die Pannenhilfe hat uns letzlich geholfen.

Ruhen an Gottes Herz

Es beginnt alles mit einer Stimme aus dem Himmel. Gott sieht mehr in dir als den, der du bist, wie du dich fühlst und was andere über dich denken. Er sieht in dir jemanden, der einen Unterschied in dieser Welt machen kann. Jemand, der einen Auftrag hat, dem als Mann Verantwortung in seiner Kirche übertragen wird. Doch ehe das geschieht, wünscht er sich, dass du dich mit ihm auf einer anderen Ebene triffst. Jesus lädt dich zu einer echten, tiefen Beziehung mit ihm ein. Für Männer ist es oft nicht einfach, dieser Einladung zu folgen. Denk nur an Adam. Nachdem er gesündigt hatte, verbarg er sich vor Gott. So machen das Männer. Wir spielen Verstecken. Aber Gott suchte nach ihm. Was waren seine Worte? „Adam, komm her? Du hast alles kaputt gemacht und jetzt sieh zu, wie du es löst"? Nein. Gottes Stimme hatte eine andere Botschaft: „Adam, wo bist du? Ich will dich."

Warum versteckst du dein Herz vor dem Rufen Gottes?
Schämst du dich? Hast du die Einladung noch nicht tief an dein Herz durchdringen lassen?
Fühlt es sich unangenehm an, über sich selbst nachzudenken als einen Geliebten des Geliebten?

Alles, was weniger ist, als in intimer Gemeinschaft mit dem himmlischen Vater zu sein, macht das Christentum zu einem mechanischen Geschehen, bis hin zu einem Haufen trockener Totengebeine. Der US-amerikanische Pastor A. W. Tozer hat einmal gesagt:

„Die Lebensauffassung der menschlichen Rasse wird sich ändern, wenn jeder Mensch glauben kann, dass wir unter einem freundlichen Himmel leben und dass Gott, obwohl er in Kraft und Majestät erhoben ist, sich nach unserer Freundschaft sehnt."

Glaubst du, dass sich Gott leidenschaftlich nach deiner Freundschaft sehnt?

Beten in der 3. Person Singular

Jemand, der dies mit Herz und Seele glaubte, war David. Er war ein Kämpfer, aber auch ein Dichter. Er konnte nicht nur mit dem Schwert umgehen, sondern auch mit der Harfe. Seine Muskeln waren gehärtet, aber sein Herz war weich und lebendig. Für Gott. Nichtsdestotrotz fühlte David – wie viele andere Männer – die Vaterwunde. Was er allerdings entdeckte, war, dass gerade in der Intimität mit dem himmlischen Vater diese Wunde heilen und der Schmerz verschwinden konnte. Von ihm stammen die Worte:

„Du zeigst mir den Weg, der zum Leben führt. Du beschenkst mich mit Freude, denn du bist bei mir. Ich kann mein Glück nicht fassen, nie hört es auf."

Aus der innigen Beziehung mit Gott heraus konnte David seinen Eltern Gnade erweisen und sich integer verhalten in einer Welt voller Feindschaft. David lernte, die richtige Balance zwischen seinen eigenen und Gottes Träumen zu finden und reine von mehrdeutigen Motiven zu unterscheiden. Treffend kommt das zum Ausdruck in Davids Reaktion auf ein Nein Gottes:

David hegte den Traum, soweit wir beurteilen können, aus reinen Motiven heraus, einen Tempel für Gott zu bauen. Warum sollte das ein schlechter Plan sein? Schließlich konnte David es nicht ertragen, in einem schöneren Haus als Gott zu wohnen. Er wollte das ändern. Natan, der Prophet, reagierte entgegenkommend auf Davids Vorhaben. Aber dann griff Gott ein. Er wies Natan zurecht und ließ David durch ihn wissen, dass Gott (noch) keinen Tempel haben wollte. Auch machte Gott deutlich, dass der Plan Davids genau dieser war: ein Plan Davids. Nicht Gottes. Auf Davids Initiative eingehen wollte er daher nicht. Vielmehr wollte er selbst jemanden bitten, seinen Tempel zu bauen.

Wie reagiert David auf das Nein Gottes? Er hätte seinen eigenen Willen durchsetzen können, so wie viele Männer das tun. Er hätte alles opfern können, um seinen Traum wohl oder übel zu realisieren. Er hätte sich selbst verlieren und zu einem Tyrannen entwickeln können. Aber nichts von alldem geschah. Warum? Davids erste und wichtigste Beziehung war seine Beziehung mit Gott. Er hatte genügend Zeit in der Nähe des himmlischen Vaters verbracht, um zu erkennen, dass Gott immer nur das Beste mit ihm vorhatte, auch wenn er selbst noch nicht wusste, was geschehen würde.

Nachdem er die Botschaft Natans gehört hatte, zog er sich in das Heiligtum zurück und fiel auf die Knie. Er erniedrigte sich selbst. Der König saß auf dem Boden, wie ein kleines Kind bei seinem Vater auf dem Schoß. „Wer bin ich?“, betete er. Und dann überliefert uns die Bibel das beeindruckendste Gebet aller Zeiten:

„Was kann David noch mehr zu dir sagen? Du kennst deinen Knecht, Herr, Herr.“

David nennt sich selbst, in seinem eigenen Gebet, David. Er betet über sich selbst in der 3. Person Singular. Kleine Kinder sprechen so über sich, wenn sie vor größeren Menschen stehen und ihnen etwas über sich erzählen. Und große Männer tun das genauso, wenn sie sich selbst vor dem allmächtigen Gott begreifen.

Die Bibel sagt, dass wir in Christus „zur rechten Hand des Vaters sitzen“. So wie David bei Gott im Heiligtum saß, darfst du bei deinem himmlischen Vater sitzen. Durch die innige Gemeinschaft mit Jesus kann Davids Erfahrung zu deiner werden. Du nimmst Platz an der Brust des Vaters. Schmerzhafte Verletzungen, geschlagen durch distanzierte, passive, autoritäre, misshandelnde, abwesende oder beschuldigende Väter, Mütter, Trainer, Lehrer oder andere Autoritäten, können dort heilen. Und bist du erst einmal an diesem Ort, dem Herzen des Vaters, soll die Stimme immer deutlicher klingen und tiefer zu dir durchdringen:

„Dies ist mein geliebter Sohn, der meine ganze Freude ist.“

Der große Mann wird zu einem kleinen Jungen und dadurch wird gerade der kleine Junge in uns zu einem großen Mann. Dieses Paradoxon macht deutlich, dass der Junge von seinem Jutesack erlöst wird und den Adler sehen darf.

„„D'Artagnan! D'Artagnan!', rief sie.
,Bist du es? Hierher, hierher!'
,Constance! Constance!', antwortete der junge Mann. ,Wo bist du? O Gott!'
Im selben Augenblick wich die Tür der Zelle, mehr durch einen Tritt, als dass sie geöffnet wurde; einige Männer stürmten zugleich herein. Madame Bonacieux war, ohnmächtig sich zu bewegen, in einen Stuhl niedergefallen. D'Artagnan warf eine noch rauchende Pistole, die er in der Hand hielt, zu Boden und fiel an den Füßen seiner Geliebten nieder; Porthos und Aramis, die ihre blanken Degen in der Faust hielten, bewahrten sie in ihrer Scheide.
,O, D'Artagnan, mein geliebter D'Artagnan! Bist du nun doch endlich gekommen, hast du mich nicht betrogen, bist du es wirklich?'
,Ja, ja, Constance, endlich sind wir wieder beieinander.'"

ALEXANDRE DUMAS

Kapitel 4

Für die Liebe kämpfen

Bereit sein zu sterben

Was genau lief eigentlich schief beim Sündenfall im Garten Eden? Eva wurde von der Schlange dazu verleitet, eine Frucht vom Baum der Erkenntnis zu pflücken. Sie aß von ihr, und das Böse war geschehen. Auf den ersten Blick sieht die Situation danach aus, als ob die Frau den Sündenfall auf ihre Kappe zu nehmen habe. Dieser Ansicht folgte man jahrhundertelang in der Kirchengeschichte. Evas Handeln wurde oft als Beweis für die vermeintliche Verdorbenheit der Frau herangezogen. Aber wo war eigentlich Adam, ihr Mann, als der Sündenfall passierte?

Zweifellos hielt er sich irgendwo im Garten Eden auf, aber nicht dort, wo er hätte sein sollen. Die Bibel schreibt in 1. Mose 2,15, dass Gott dem Mann den Auftrag gegeben hatte, den Garten Eden „zu bebauen und zu bewahren". Das hebräische Wort, das Luther mit bewahren übersetzte, beinhaltet auch „erhalten" und „beschützen". Der Mann sollte also sein Zuhause, seinen Hof – den Garten Eden –, nicht nur kultivieren, sondern auch bewachen. Doch wovor? Gerade erst war doch die Schöpfung zum Leben erwacht. Sollte es etwa schon Feinde geben? Adam hatte nicht einmal eine Frau an seiner Seite. Allerdings irrte bereits die Macht der Finsternis umher. Auch hatte Gott Tiere voneinander unterschieden: „Tiere des Feldes", „Vögel" und „wilde Tiere". Vor ihnen, vor allem den wilden, sollte Adam den Garten schützen.

Eins der wilden Tiere hatte es geschafft, in Adams Garten einzudringen – die Schlange.

Irgendwo hatte es eine undichte Stelle gegeben.

Irgendwo hatte er einen Fehler gemacht.

Irgendwo war er nachlässig geworden.

Und das nicht nur einmal. Adam passierte sogar mit offenen Augen ein dicker Fehler. Denn nachdem Eva mit der Schlange gesprochen und von der Frucht gegessen hatte, reichte sie ihrem Mann, „der bei ihr war", den Rest der Frucht. Adam stand direkt neben Eva. Er war nur eine Armlänge weit entfernt. Er sah zu, wie die Schlange seine Frau verführte. Und er schwieg.

Die Sünde der Nachlässigkeit

Wir treffen hier auf das Problem vieler Männer: Außerhalb der eigenen vier Wände fühlen wir uns stark. Wir sind gut darin, uns selbst und unseren Kollegen täglich auf der Arbeit zu beweisen, wie sehr wir mit allem klarkommen. Aber der Sorge um Haus und Hof lassen wir oft ihren Lauf. Die Folge: Es entstehen Lücken in der Verteidigung. In unsere Häuser schleichen sich listige Ottern und verbreiten dort ihr Gift. Und was tun wir? Wir stehen direkt neben unseren Frauen und sehen zu, wie sie mit dem Alltag kämpfen, sich abmühen und sich selbst dabei verlieren. Wir schweigen, während unsere Kinder vom rechten Weg abkommen und Richtungen einschlagen, die nicht gut für sie sind. Und ja, wir sind gut darin, einer ganzen Menge Menschen die Schuld dafür zu geben, wenn die Dinge schiefgehen. Doch alles begann mit nur einer Frage: Wo warst du, Adam?

Er stand daneben und sah zu.

Er schwieg, als er hätte reden müssen.

Und als Gott ihn zur Verantwortung rief,
beschuldigte er seine Frau.

Nachlässigkeit ist eine Sünde. Auch an anderen Stellen macht die Bibel das deutlich, zum Beispiel im Gleichnis von den anvertrauten Talenten (Matthäus 25,14–30): Nur einer der drei Knechte, denen der Herr unterschiedlich viele Talente (Gold- oder Silberstücke) anvertraut hatte, wurde am Ende „in die äußerste Finsternis" geworfen. Im Gegensatz zu seinen beiden Kollegen hatte er nichts unternommen, sein Talent zu vervielfachen. Er hatte das Risiko gescheut, mutig zu sein, und sein Talent einfach in der Erde vergraben. Am Ende war der Herr zornig über seinen Knecht, denn Apathie entfacht Gottes Zorn.

Zu viele Männer verhalten sich heutzutage wie dieser Knecht. Ähnlich wie der Vogel Strauß stecken sie ihren Kopf in den Sand, wenn es um Verantwortung geht, wenn Gefahr droht oder wenn etwas gesagt werden muss.

Ein irritierender Bibelabschnitt

Unzählige Male habe ich mit Männern und Frauen in Seminaren zur Ehevorbereitung den Bibeltext Epheser 5,21–33 gelesen. Den Text, in dem die Frau dazu aufgerufen wird, ihrem Mann untertänig zu sein, und der Mann den Auftrag erhält, seine Frau zu lieben. Nicht selten ruft dieser Abschnitt, wie erwartet, Widerstand bei den Frauen hervor.

Untertänig sein – ist das noch zeitgemäß? Heute, in unserer postmodernen Gesellschaft, ist es doch schon lange klar, dass Mann und Frau gleichgestellt sind, oder? Jedes Mal sitzt der Mann dann etwas bedröppelt neben seiner Frau und versucht sie zu beschwichtigen: „Ich sehe das auch nicht so wie dieser Text. Aber, Schatz, bitte beruhige dich ein bisschen. Das hier ist ein Ehevorbereitungsgespräch."

Ich habe mich oft gewundert über die Reaktionen, sowohl die der Frau wie auch die des Mannes. Wenn nämlich einer über Epheser 5 aufschrecken sollte, dann der Mann. Für ihn steckt in diesem Text über die Ehe die tatsächliche Herausforderung. Denn dass der Frau gesagt wird, sie solle sich ihrem Mann unterordnen, ist nun nichts wirklich Neues – auch wenn sich viele Frauen daran stoßen und schnell emotional reagieren. Der vorige Vers macht deutlich, warum:

„Ordnet euch einander unter; so ehrt ihr Christus."

Alle sollten sich einander unterordnen. Jeder seinem Nächsten. Ihr Frauen, ordnet euch also anderen Frauen unter, genauso wie ihr Männer anderen Männern. Anschließend konkretisiert Paulus das Ganze noch einmal für die Ehe: Mann, sei deiner Frau untertänig! Frau, sei deinem Mann untertänig. Warum? Weil du so Jesus Christus ehrst!

Paulus verkündet also keine Neuigkeiten, wenn der darauffolgende Vers das bereits Bekannte nur noch einmal konkretisiert, dass Frauen ihrem Mann untertänig sein sollten. Der Satz führt einfach seinen Gedankengang fort. Anders ausgedrückt könnte die Stelle heißen: Seid einander untertänig aus Respekt. Jeder vor jedem. So ehrt ihr Jesus. Und, Frauen, das gilt auch für die Beziehung mit eurem Mann.

Aus Ehrfurcht für Jesus

1958 reiste der Prediger David Wilkerson nach New York, um auf der Straße Jugendlichen von gewalttätigen Banden das Evangelium zu verkündigen. Er kam mit Nicky Cruz, dem Anführer der gefürchteten Mau-Mau-Gang, in Kontakt. Jedoch wollte der nichts von Wilkerson wissen. Trotzdem suchte der hagere Prediger Nicky regelmäßig auf. Bei einem der Besuche schlug Nicky Wilkerson ins Gesicht, bespuckte ihn und drohte ihm mit dem Tod. Trotz alledem ließ David nicht locker. Immer wieder ließ er Nicky wissen, dass Jesus ihn lieb hatte. Einmal sagte er sogar: „Nicky, du kannst mich erstechen. Du kannst mich in Stücke hacken und sie hier auf der Straße verteilen. Aber dann wird jedes Stück rufen: ‚Jesus liebt dich.'"

Nicky fand letztlich zum Glauben an Gott, genauso wie viele andere Bandenmitglieder. Heute predigt er selbst das Evangelium, dass Jesus die Menschen liebt.

Jesus liebt uns. Seine Liebe ist bedingungslos. Am Kreuz starb er mit ausgebreiteten Armen für die Nickys, Joeys und Rudys dieser Welt. Er gab dort sein Leben hin für dich und mich. Und diese außerordentliche Tat der Liebe macht jeden Menschen wertvoll: die Frau an der Kasse des Supermarktes, die Nachbarn, die Kollegen auf der Arbeit, ...

Was macht das mit dir, wenn du weißt, dass Gottes Sohn aus Liebe alles für diese Menschen gab? Sollten wir dann nicht diese Menschen mit größter Hochachtung behandeln? Sollte diese Wahrheit nicht größer sein als unsere Gedanken über einen Menschen? Sollten wir uns nicht mal hinterfragen, wie wir mit diesen Geliebten Gottes umgehen?

Ordnet euch einander unter; so ehrt ihr Christus. Dass eine Frau sich ihrem Mann unterordnet, dahinter verbirgt sich wirklich nichts Außergewöhnliches. Ihr Auftrag ist relativ einfach: Sie soll ihren Mann mindestens genauso wertvoll finden wie alle anderen Menschen. Aber Tatsache ist, dass wir Männer unseren Frauen genug Anlass geben, die Achtung gegenüber uns zu verlieren. Vielleicht ist das auch der Grund dafür, warum die Bibel die Frauen noch einmal extra dazu aufruft und in gewisser Weise also ermutigt, die Autorität des Mannes zu akzeptieren.

Die echte Herausforderung

Mit dem Auftrag an die Frau betont Paulus also eine Sichtweise. Sie zielt nicht darauf ab, Ärger auszulösen. Wer sie so versteht, hat noch nicht Jesu Liebe für die Menschen, geschweige denn für sich selbst verstanden. Die tatsächliche Herausforderung von Epheser 5 betrifft vielmehr den Mann:

„Ihr Männer, liebt eure Frauen so, wie Christus seine Gemeinde liebt, für die er sein Leben gab.“

Neben dem Auftrag, seiner Frau untertänig zu sein, gleichwie seine Frau ihm untertänig ist, erhält der Mann noch einen zweiten dazu. Er ist viel größer: Liebe deine Frau!

Jemanden zu lieben ist bekanntlich auf vielerlei Art und Weise möglich. Paulus macht daher gleich deutlich: „... so, wie Christus seine Gemeinde liebt, für die er sein Leben gab." So soll ein Mann seine Frau lieben.

Hast du darüber schon einmal nachgedacht, dass deine Frau es wert ist, dass du für sie stirbst? Bist du dazu bereit, dein eigenes Leben für ihres herzugeben? Und weiß sie, dass du so über sie denkst? Was würde geschehen, wenn sie bis in die Haarspitzen davon überzeugt ist, dass du dich, wenn's drauf ankommt, für sie opfern würdest? Sofort. Ohne zu zögern. Weil du sie so wertvoll und besonders findest. Und was würde mit deiner Frau passieren, wenn du bis zu diesem Moment, an dem du wirklich die Chance hast, für sie zu sterben, ihr jeden Tag in zahlreichen kleinen Dingen zeigst, dass sie diejenige ist, die deinem Leben allen Glanz verleiht?

Ich (Henk) bin von Natur aus kein Kampfhahn, aber ich habe einmal gekämpft. Nun ja, fast. Mit einem groß gewachsenen Griechen. Er hatte einen gewaltigen Schnurrbart. An den erinnere ich mich, weil er damals einen starken Eindruck auf mich gemacht hatte.

Unter der Leitung dieses Griechen hatten meine Frau und ich an einer Art Jeep-Safari in den Bergen teilgenommen. Ruth steuerte das erste Fahrzeug, ich das letzte. An einem steilen Stück ging auf einmal der Motor von Ruths Wagen aus. Sie probierte alles, um mit dem Jeep wieder nach oben zu fahren – bis Rauch aus dem Motor kam. Als der große Grieche sah, was mit seinem Fahrzeug passierte, sprang er aus dem Wagen und lief hinüber zu Ruth. Doch anstatt ihr Tipps und Hilfe zu geben, fing er an sie zu beschimpfen. Sein großer Schnurrbart fing dicht vor dem Gesicht meiner Frau an zu beben, die währenddessen immer noch ihr Bestes gab.

Ich stieg aus und rannte auf den großen Griechen zu. Es war mir egal, dass er fand, Ruth hätte seinen Jeep anders behandeln müssen. Niemand durfte so unverschämt meine Frau anschreien. Fast hätte ich mit ihm gekämpft.

Letztlich sah ich ein Blitzen in den Augen des großen Griechen. Vermutlich schätzte er es, dass ich bereit war, ihn aus Liebe zu meiner Frau in sein unrasiertes Gesicht zu schlagen. Griechen mögen so etwas. Ehrlich gesagt muss ich gestehen, dass ich gedroht hatte, seinem Chef zu sagen, wie unverschämt er Kundinnen behandelte. Wie auch immer, nachdem er sich entschuldigt hatte, konnte ich meine Fäuste wieder einstecken.

Und Ruth? Wow! Sie himmelte mich mit leuchtenden Augen an. Frauen finden es unsagbar schön, wenn du bereit bist, etwas für sie zu riskieren. Wenn du bereit bist, dich mit deinem Leben für sie einzusetzen. Oder sei es auch nur, dass du dich für sie mit einem nach Oliven und Knoblauch stinkenden großen Griechen schlägst.

Ich (Theo) kann da mitreden. Auch ich hätte beinahe mit einem Griechen gekämpft, der meine Frau in einer misslichen Lage für ungeschickt gehalten hatte. Allerdings trug er keinen Schnurrbart. Und es gab noch einen Unterschied. Der Schlag, den ich ihm geben wollte, wäre vollkommen zu Unrecht gewesen. Ich will es erklären:

Harmke (meine Frau) und ich haben eine Zeit lang in der griechischen Stadt Thessaloniki gelebt. Eines Tages erhielt ich in meinem Büro einen Anruf. Es war Harmke. Sie hörte sich nicht sehr glücklich an. Sie stand mit unserem Auto vor einer Ampel und konnte nicht weiterfahren. Der Motor qualmte (später sollte sich herausstellen, dass der Keilriemen gerissen war). Nirgends konnte sie an den Rand fahren, da die Straße eng war. Und dann versuchten die anderen Autofahrer auch noch, sich hupend einen Weg vorbei an unserem Auto zu bahnen.

Nach ihrem Anruf spürte ich das Adrenalin in mir aufkommen. Zusammen mit Gregoris, einem griechischen Kollegen, fuhr ich so schnell wie möglich zu Harmke. Als wir bei ihr eintrafen, wartete sie auf dem Bürgersteig sitzend im strömenden Regen. Sie erzählte mir, dass zu allem Überfluss ein griechischer Mann sie die ganze Zeit von der gegenüberliegenden Seite aus wild gestikulierend beschimpfte. Ich war schon weg. Mit großen Schritten überquerte ich die Straße, bereit, dem Herrn Griechen zu erzählen, dass er sich wohl über das Verkehrshindernis ärgern durfte, aber dass er sich meiner Frau gegenüber benehmen sollte. In meinem besten Griechisch fragte ich ihn ärgerlich, was sein Problem wäre. Mein Satzbau war wohl nicht korrekt, denn schon bald übernahm Gregoris die Leitung des Gesprächs. Erneut begann der Grieche wild zu gestikulieren. Bis Gregoris anfing lauthals zu lachen. Und er sagte: „Weißt du, was er Harmke sagen wollte? ‚Komm schnell in meinen Laden, hier ist es schön warm und trocken, dann musst du nicht im strömenden Regen warten, bis Hilfe kommt.'"

Diese Situation lehrte mich ein paar wichtige Lektionen:

Lektion eins: „Beende dein Sprachstudium, bevor du ins Ausland ziehst."

Lektion zwei: „Kenne die Kultur. Verstehe, dass ein Grieche mit seinen Händen redet und nicht reden kann, ohne zu schreien."

Und Lektion drei: „Suche solche Situationen öfter auf, denn deine Frau findet es prächtig, wenn du dich so für sie einsetzt."

An dieser Stelle wollen Henk und ich übrigens kurz loswerden, dass unsere beiden Frauen viel besser Auto fahren als wir. Und ja, diesen Satz haben wir ohne jede Form von Zwang niedergeschrieben.

Wenn deine Frau weiß, dass du bereit bist, Verantwortung für sie zu übernehmen, für sie zu sterben, geht es nicht mehr um die Frage, wer der Herr im Hause ist. Damit beschäftigen sich nur Paare, die nichts darüber verstanden haben. Ruth und Harmke wissen, dass wir ihr Glück und das unserer Kinder niemals für unsere Ambitionen opfern würden. Und umgekehrt gönnen uns Ruth und Harmke Freiräume, um unsere Träume verwirklichen zu können.

In der Beziehung mit deiner Frau und deiner Familie wirst du regelmäßig vor Entscheidungen stehen. Meist geht es dabei um nur eine Frage: Welche Richtung wollen wir einschlagen?

Sich gegenseitig untertänig zu sein, ist der Schlüssel, diese Frage zu beantworten. Wie verhältst du dich? Mit aufopfernder Liebe für deine Frau und Familie wirst du die Tür öffnen, Entscheidungen in partnerschaftlicher Einheit und auf der Basis eines gemeinsamen Sinnes zu treffen.

Liebe, die schöner macht

Lieben kann man ganz unterschiedlich – seelisch, körperlich, göttlich. Die Bibel unterscheidet diese drei Arten und gebraucht unterschiedliche Worte dafür. Über die Art und Weise, wie Christus seine Gemeinde liebt, berichtet der Epheserbrief: bedingungslos, göttlich, sich verschenkend. „Agape" lautet das griechische Wort für diese Form der Liebe. Es steht an dieser Stelle im griechischen Textabschnitt des Neuen Testaments. Und an uns Männer ergeht folgender Auftrag:

„Ihr Männer, liebt eure Frauen, wie auch Christus die Gemeinde ‚geagaped' hat (...)."

Auch wird Agape in dem bekannten Bibelvers Johannes 3,16 gebraucht:

„Denn Gott hat die Menschen so sehr ‚geagaped', dass er seinen einzigen Sohn für sie hergab. Jeder, der an ihn glaubt, wird nicht zugrunde gehen, sondern das ewige Leben haben."

Agape gibt und verschenkt sich. Sie ist die höchste, edelste Form der Liebe. Und Agape ist bereit, für das Gegenüber ihrer Liebe zu sterben. Nicht nur das: Agape macht auch den anderen immer schöner. Epheser 5 erzählt davon: Christi Liebe hat die Gemeinde gereinigt, geheiligt und strahlend schön gemacht, ohne Flecken oder Falten. Agape lässt den anderen erstrahlen, macht ihn einzigartig und führt verborgene Schönheit zutage. Diese Art der

Liebe liebt nicht, weil Menschen schön oder außergewöhnlich sind. Agape macht schön und außergewöhnlich.

Männer, liebt eure Frauen auf diese Art und Weise, dass sie immer schöner werden!

Du kannst an Frauen erkennen, wie sie von ihrem Mann geliebt werden. Schau ihnen einfach in die Augen. Eine Frau, die von ihrem Mann geagaped wird, besitzt eine besondere Ausstrahlung. Sie verbreitet eine göttliche Glut, ein Funkeln von Liebe, so intensiv, dass auch ihre Umgebung etwas von dieser Liebe aufnimmt.

Doch Agape ist nicht nur Frauen vorbehalten. Auch uns Männern wurde sie zuteil. Jesus starb am Kreuz für uns Menschen, als wir noch Sünder und Feinde Gottes waren. Er kam zu uns, während wir im stinkenden Morast der Sünde versanken. Er zog uns aus diesem Verderben und wusch uns rein.

Seine Liebe machte uns liebenswert.

Seine Agape machte uns sauber.

Seine Gnade machte uns begehrenswert.

Seine Liebe, die Agape, führte uns in das Bild eines Menschen, wie er letzlich von Gott her gemeint und gedacht ist.

Nehmen wir einmal an, du hast eine Frau, die dich immer wieder enttäuscht. Sie will nicht das, was du willst. Sie ist zynisch, kritisch und nörgelt immer an irgendetwas herum. Was würde passieren, wenn du morgen früh aufstehst und sie wach küsst mit dem festen Vorhaben, sie zu „agapen“? Du würdest sie ermutigen, ihr erzählen, was du alles schön an ihr findest, ihr die Tür aufhalten und sie mit ihrer Lieblingszeitschrift verwöhnen. Was würde mit deiner Frau geschehen? Vielleicht würde sie denken: „Was ist denn mit meinem Mann los? Das ist schön! Ich sollte ihm zeigen, dass er merkt, dass mir das gefällt.“ Langsam, aber sicher wird sie dir glauben, was du sagst. Mehr und mehr wird sie ihre Haltung ändern und sich in dem Maß verhalten, wie sie sich von dir geliebt und begehrt weiß.

Dass Agape so „funktioniert“ und wirkt, haben wir bereits im vorigen Kapitel gesehen, am Beispiel des himmlischen Vaters, wie er seinem Sohn gegenüber seine Liebe äußerte. Noch bevor der Sohn überhaupt irgendetwas tun konnte, wusste er sich bereits geliebt. Diese bedingungslose Liebe machte Jesus zu dem, der er war. Und Jesus gab diese vollkommene Liebe an die Menschen weiter. Seine Jünger beispielsweise wurden durch sie zu den Menschen, die sie letztlich waren.

Fragen, die das Busmädchen hätte stellen müssen

Manche Männer haben in ihrem Leben bereits eine Menge Frauen erobert und prahlen damit vor anderen. Sie denken, sie zeigen dadurch, wie stark und mutig sie sind. Traurig aber daran ist, dass sie selbst meist gar nicht erkennen, wie armselig sie tatsächlich sind. Denn ihnen fehlt die Stärke, einer Frau treu zu bleiben. Sie sind zu feige, sich zu binden. Und da sie weder Stärke noch Mut besitzen, einer Frau zu geben, was sie wirklich verdient, suchen sie Schutz in zahlreichen flüchtigen Abenteuern. Sie halten sich selbst und ihre Umgebung zum Narren mit einer Illusion von Liebe, Kraft und Mut.

Als ich (Henk) einmal mit dem Bus fuhr, saß hinter mir ein junges Paar. Die beiden waren ungefähr 14 oder 15 Jahre alt. Sie erzählten sich, was sie gleich alles miteinander tun würden, wenn sie im Zimmer des Mädchens angekommen waren. Ich bekam ein wenig rote Ohren, denn sie wollten echt eine ganze Menge Dinge miteinander tun.

Was wäre, wenn das Mädchen nicht all diese Dinge mit dem Jungen tun würde, sondern ihn erst fragen würde: „Wer bist du eigentlich? Bist du stark? Bist du mutig? Würdest du für mich kämpfen? Bleibst du mir treu? Bin ich dir so wertvoll, dass du dein Leben für mich geben würdest?“

Und was wäre, wenn sie erst nach einer positiven Antwort auf all diese Fragen mit dem Jungen all diese Dinge tun würde? Der

Junge aus dem Bus wäre dann schon lange kein Junge mehr. Denn Antworten auf die großen Fragen brauchen Zeit, ein paar Jahre vielleicht. Der Junge aus dem Bus wäre dann ein Mann. Und dieser Mann würde dann dem zur Frau herangewachsenen Mädchen in Gegenwart seiner Familie und Freunde versprechen, dass er stark genug sei, ihr für immer treu zu sein, und mutig genug, für sie zu sterben. Die beiden würden einen Bund miteinander schließen. Und im Schutz dieses Bundes, ihrer Ehe, würden sie all die Dinge miteinander tun können, die sie an jenem Nachmittag im Bus schon miteinander geplant hatten. Nur wären all diese Dinge dann nicht mehr Ausdruck einer Suche nach etwas, das sie beide nicht haben. All diese Dinge wären dann vielmehr ein Fest dessen, was sie an- und ineinander gefunden haben.

Nimm deinen Auftrag, den dir anvertrauten Garten zu bewachen, todernst! Werde als Mann, der diese Verantwortung hat, aktiv! Verbring deine Abende nicht apathisch vor dem Fernseher oder allein mit deinem Hobby. Du bist gefragt, dein Haus zu bauen, deine Familie zu schützen und Initiative zu ergreifen. Auch gegenüber deiner Frau. Aus der wichtigsten Beziehung mit deinem himmlischen Vater, aus dieser Stärke heraus, darfst du sie überraschen mit Liebe, ihre Schönheit erblühen lassen, wie eine junge Blume, und sie in die Geheimnisse des Lebens einweihen. Wenn du deine Frau auf diese Weise „agapest“, wirst du keine Schlange in deinem Garten finden.

Mach jetzt einen neuen Anfang, diesem Auftrag nachzukommen! Vielleicht ist es dazu notwendig, dass du eine Sünde oder Nachlässigkeit vor Gott bekennst. Prüfe das! Und bitte Gott dich zu leiten, auf dem Weg, deine Frau mehr und mehr zu lieben.

*„So sah man sie Arm in Arm fortlaufen,
wobei sie die ganze Breite der Straße benötigten
und jeden Musketier, dem sie begegneten,
ansprachen, sodass es letztendlich ein förmlicher
Triumphzug wurde. D'Artagnan schwamm
buchstäblich in Wonne; er lief zwischen Athos und
Porthos, in zärtlicher Umschlingung."*

ALEXANDRE DUMAS

Kapitel 5

Echte Freundschaft leben

Ich mache dich zu meinem König

Freundschaft – ich kenne niemanden, der sich nicht danach sehnt. Allerdings haben ihn nur wenige Männer wirklich – einen richtig guten Freund. Vielleicht kursieren deswegen Sprüche wie: „Frauen haben Freundinnen. Männer haben Kollegen."

Echte Freundschaft unter Männern ist eine Rarität. Leider. Viele Männer verlieren heutzutage ihre Freundschaften, weil sie im Hamsterrad der Karriere jagen. Andere Männer wiederum wollen Freundschaften schließen, aber benehmen sich dabei wie Igel. An ihr Inneres lassen sie niemanden wirklich heran. Nichtsdestotrotz ist und bleibt die Kraft einer lebendigen Freundschaft etwas Außergewöhnliches. Einen Freund zu haben ist nicht nur „schön" und „wichtig", sondern lebenswichtig. Und eine Freundschaft zu pflegen ist eine wertvolle geistliche Disziplin, genauso wichtig wie Beten, Bibel lesen oder Geben. Denn wer eine Beziehung zu anderen Männern in seinem Leben zulässt, gibt Gott die Möglichkeit, dadurch zu leiten und zu segnen. Was alles an Wertvollem in der Freundschaft zu einem anderen Mann steckt, zeigt beispielhaft die biblische Geschichte von David und Jonatan:

Nach dem Sieg über den Riesen Goliath brach für David eine schwere Zeit an. Er wurde an den Hof Königs Saul gerufen und erhielt dort eine wichtige Position in dessen Armee. Seine Erfolge sprachen schnell für ihn. David wurde populär. Irgendwann zu populär für Saul. Getrieben von Eifersucht wollte er David aus dem Weg schaffen. Sechs Attentate verübte er, die allesamt misslangen, ehe letzten Endes David die Flucht ergriff. Gehetzt wie ein wildes Tier trieb er sich von da an in der Wüste herum. Insgesamt zehn Jahre lang wurde er verfolgt von einem wahnsinnigen König. Zehn Jahre, die er auf der Flucht verbrachte. Zehn Jahre, in denen das Versprechen Gottes „Du wirst der neue König“ nicht wahr wurde.

Wie hättest du dich in dieser Zeit verhalten? Wärst du Gott treu geblieben? Etliche Male bot sich David die Gelegenheit, das Heft in die eigene Hand zu nehmen und sich mit Gewalt zu nehmen, was Gott ihm einst durch den Propheten versprochen hatte: die Königsherrschaft. Aber David wartete. Er flüchtete. Und er vertraute Gott. Sogar als ihm Saul zweimal direkt in die Hände fiel, weigerte er sich, seine Chance zu nutzen. Stattdessen rang er mit Gott, mit sich selbst und mit seinen Feinden, denen von innen wie von außen. Und er gewann. Am Ende der Geschichte, nach all den Jahren, ging er kraftvoll aus der langen Wüstenzeit hervor. Durchflutet vom Geist, gestärkt im Glauben und bereit für das vor ihm liegende Werk.

Warum war das so? Was hatte David, was Saul nicht hatte? In der Bibel lesen wir, dass Saul seine Regentschaft genauso gut wie David begann. Der Geist Gottes kam über ihn, ergriff ihn und schenkte ihm ein neues Herz. Auch besaß Saul etliche Qualitäten, die ein König so braucht: Er war stark, mutig, initiativ und glaubte an Gott. Optimale Bedingungen also für einen guten Start. Aber Saul endete bei einer Hexe. Was ging bei ihm schief?

Saul war immer allein. Er hatte keine Freunde, keinen Kreis von Helden oder Gefährten um sich herum. Ihn umgab keine Brüderschaft, keine starke Freundschaft mit anderen Männern. Seine Geschichte ist die eines einsamen Kerls. Einer, der selbst seine Entscheidungen traf, seinen Schmerz verarbeitete und seine Streitigkeiten austrug. Saul hatte einfach keine Ratgeber, keine Vertrauten, keine Freunde.

Die größte Freundschaftsgeschichte der Bibel

David ähnelte Saul. Auch er hatte ein neues Herz bekommen, und der Geist Gottes lag auf ihm. Und er war ebenfalls mutig, vielseitig und begabt, und er glaubte an Gott. Allerdings gab es einen eklatanten Unterschied zu Saul: David hatte einen Freund. Nicht nur irgendeinen. Mit Jonatan hatte er die wohl beste und berührendste Freundschaft, von der die Bibel berichtet.

Die Freundschaft zwischen den beiden entstand, als für David ein neuer Lebensabschnitt begann: Nachdem er die Salbung zum König empfangen hatte, waren seine Tage gezählt, an denen er weiter Schafe hüten sollte. Ihn erwarteten nun andere Aufgaben: Er wurde an den königlichen Hof eingeladen, um König Saul Harfe vorzuspielen. Später streckte er mit seiner Schleuder den Riesen Goliath nieder. Doch trotz allem war und blieb er der einfache Kerl aus Bethlehem: ein Hirte mit einer Schleuder, einem haarigen Mantel und einer Harfe. Er konnte singen, spielen und schleudern. Und mit seinen 18 Jahren hegte er wie jeder andere junge Mann Träume und hatte genauso seine Wunden.

Saul war beeindruckt, wie David den Riesen Goliath ausgeschaltet hatte, und empfing ihn zu einer Audienz. Jonatan, Sauls Sohn und Thronfolger, war zugegen, als David empfangen wurde. Er war ein bewährter Kämpfer. Sein Mut und seine Kampfkunst waren legendär. Mit seinen 30 Jahren stand er in der Blüte des Lebens. Seine Statur war heldenhaft, ähnlich wie US-Schauspieler Brad Pitt in seiner Rolle als Achilles im Spielfilm „Troja“. Und dieser erfahrene Kämpfer fand in dem jungen gläubigen Hirten auf Anhieb einen Freund fürs Leben:

„Nach diesem Gespräch traf David Jonatan, den Sohn des Königs. Vom ersten Augenblick an liebte Jonatan David sehr, ja, er liebte ihn mehr als sein eigenes Leben. Saul behielt David nun am Königshof und ließ ihn nicht mehr nach Hause zurückkehren. David und Jonatan schlossen einen Bund und schworen sich ewige Freundschaft. Jonatan sagte: ‚David, du bist mir so lieb wie mein eigenes Leben!‘ Dann zog er den Mantel und die

Waffenrüstung aus und schenkte sie David, dazu noch sein Schwert, den Bogen und den Gürtel. David unternahm unter Sauls Befehl verschiedene Feldzüge. Wohin Saul ihn auch schickte, überall war er erfolgreich und kam als Sieger zurück. So machte Saul ihn schließlich zum Oberbefehlshaber seiner Truppen. Im ganzen Volk war David beliebt, und auch alle Untergebenen des Königs schätzten ihn."

Kurz nachdem sie ihre Freundschaft geschlossen hatten, musste David in die Wüste flüchten. Seine zehn Wüstenjahre begannen mit der Freundschaft zu Jonatan, und sie endeten mit ihr. In 2. Samuel 1 lesen wir, wie David über seinen verstorbenen Freund klagte:

„Durchbohrt liegt Jonatan auf deinen Bergen, Israel. Mein Bruder Jonatan, wie schmerzt mich dein Verlust! Du warst mir lieber als der größte Schatz der Welt. Niemals kann die Liebe einer Frau ersetzen, was deine Freundschaft mir bedeutet hat."

In der Wüstenzeit, den Jahren der Verzweiflung, Verwirrung und des Streits, hatte es für David immer einen Lichtpunkt gegeben. Eine Person, die ihm Halt gab. Einen Freund, der ihn nicht vergessen ließ, dass Gott Liebe ist. Jonatan erinnerte David, inmitten der brutalen, feindschaftlichen Öde, in der das Recht des Stärkeren gilt, daran, dass Liebe, Freundschaft und Friede weiterbestehen, dass Gott treu ist und sein Versprechen nicht vergisst. Er machte ihm immer wieder deutlich, dass es Dinge im Leben gibt, die der Mühe wert sind durchzuhalten.

Auffällig an der Freundschaft zwischen den beiden ist, dass sie einseitig zu sein schien: Jonatan gab, David empfing. Als der Ältere von beiden war Jonatan David zwölf Jahre voraus. Er war Thronfolger und die Etiquette des Hofes gewohnt. Das Leben hatte ihm bereits viel Schliff verliehen. Jonatan liebte David wie sein eigenes Leben, und er hegte eine innige Verbindung zu ihm. Als er die Freundschaft schloss, gab er David ein Versprechen, seinen Mantel und seine Waffenrüstung (1. Samuel 18,4).

David hingegen war nicht in der Lage, viel zu geben. Materiell gesehen besaß er außer seiner Schleuder und Hirtentasche nichts. Und auf Lebenserfahrung konnte er nun wirklich nicht zurückblicken. Sein soziales Netzwerk bestand aus Schafen. Ab und zu schauten auch mal ein Löwe oder Bär vorbei. Doch die meiste Zeit hatte David nur sich selbst, seine Träume, Erwartungen und Wunden. Und natürlich schlummerte in ihm das große Geheimnis: „Ich bin gesalbt." Hinzu gesellten sich später noch die Herausforderungen, in der Wüste zu überleben. Aber das Einzige, was David seinem Freund Jonatan schenken konnte, war sein verwundetes, verwirrtes, gläubiges Herz. Und das war für Jonatan genug. Mehr als genug.

„Du bist mein König"

Mit seinem Versprechen, dem Bund, bekannte Jonatan eigentlich vor David: „Ich mache dich zu meinem König. Ich erkenne Gottes Salbung auf deinem Leben. Du bist besonders und ich weiß deinen Wert zu schätzen." Wie viel muss David das bedeutet haben? Niemand anderes hatte bislang an seinem Äußeren vorbeigesehen. Niemand sonst hatte ihn so behandelt. Und nun gab es plötzlich Jonatan, der einen Bund mit ihm schloss: „Wir gehören zusammen. Wir bleiben einander treu."

Von diesem Moment an hatte David einen Vertrauten am Hof. Er hatte einen „friend in high places". Durch ihn hatte er direkten Zugang zum König. Für Jonatan wurde das Leben dadurch nicht einfacher, eher komplizierter. Die kommenden Jahre taumelte er ständig hin und her zwischen der Loyalität zu seinem Vater und dem Bund mit seinem Freund. Doch nirgends sah man ihn straucheln. Er blieb treu, sowohl David als auch seinem Vater. Er besuchte David in der Wüste und gleichsam starb er im Kampf an der Seite seines Vaters. Jonatan war stets bereit, den schwierigsten Weg zu gehen. Es war der Weg für die Freundschaft.

Nach seinem Versprechen überreichte Jonatan David seinen Mantel. Das klingt nett, so wie: „Jonatan gab David seine Winterjacke." Dahinter verbirgt sich aber eine weitaus größere Geste. Damals war ein Mantel viel mehr als ein bloßes Kleidungsstück. Jeder Mann bekam im Laufe seines Lebens einen einzigen Mantel geschenkt, meist vom Vater. Dieser Mantel stand symbolisch für das Mannsein. Nicht nur das: Der Mantel war auch die irdische Wiedergabe eines himmlischen Plans. Das hebräische Wort für Mantel ist „addereth" und bedeutet: Ehre, gewaltig, Großes, Mantel. Der Mantel stand also symbolisch für die Größe und Ehre einer Person.

Als Josef von seinem Vater Jakob einen schöneren und größeren Mantel bekam als seine Brüder, da waren diese nicht eifersüchtig auf ihn, weil er eine bessere Jacke bekam als sie. Ihr Schmerz lag in der Tatsache, dass ihr Vater Jakob ihrem jüngeren Bruder Josef eine größere Salbung und eine höhere Position zuteilte als ihnen.

Auch jeder Priester erhielt damals einen Mantel. Es war ein heiliger Mantel, angefertigt nach himmlischem Vorbild, so wie Gott es Mose gezeigt hatte. Das Tragen dieses Gewands machte den Priester zum Priester. Die Salbung für die Aufgabe, die Kraft und Größe des Amtes, das alles war in dieses Kleidungsstück eingewebt.

Als der Prophet Elia seinen Mantel seinem Nachfolger Elisa überreichte, war der Sinn dahinter weitaus größer, als etwas zu haben, um warm und trocken zu bleiben. Mit der Weitergabe des Mantels drückte Elia aus, dass er nun seine göttliche Salbung, seine prophetische Gabe und seine Größe an Elisa weitergab.

Jonatan besaß einen Mantel, und er sollte nie wieder einen neuen bekommen. In diesem Mantel steckte sein Leben: seine zukünftige Königsherrschaft, sein Mut, sein Charakter, seine Größe als Person, seine göttliche Salbung. Mit der Gabe des Mantels an David vermachte er ihm all das. Es war sein ganzes Leben.

Auch das dritte Geschenk, das Jonatan David gab, ist von besonderer Bedeutung. Er vermachte ihm seine Waffenrüstung, mitsamt Schwert, Bogen und Schild. Ein wertvolles Geschenk, denn im israelitischen Herr herrschte keineswegs ein Überfluss an Waffen. Ein paar Jahre vor der ersten Begegnung zwischen Jonatan und David besaß die Armee Israels nur zwei Schwerter: eins für Saul und eins für Jonatan. Das Monopol der Philister auf das Schmieden von Eisen hatte diese ungleiche Situation geschaffen. Die Armee der Philister war bestens ausgestattet mit Schwertern, Speeren und Streitwagen, während die Israeliten mit Schleudern, Heugabeln und ein paar Schwertern unterwegs waren. Nur die tapfersten Helden und besten Streiter erhielten ein Schwert. Es war selten, kostbar und für einen Krieger genauso wichtig wie seine Frau.

Jonatan schenkte David seine komplette Rüstung. Das Schwert war für nahe Ziele, der Bogen für weit entfernte. Und der Gürtel hielt die Waffen beieinander und befähigte den Krieger beweglich zu kämpfen. Jonatans Rüstung passte David wie angegossen. Ganz anders als die Waffenrüstung Sauls, die David vor dem Kampf gegen Goliath probiert hatte. Offensichtlich waren Jonatan und David von gleicher Statur.

Drei Geschenke – welch ein unerwarteter Segen! Jonatan verschenkte sich und sein Leben an David. Er erhob ihn sozusagen auf seine Schultern und sagte: „Nimm meinen Platz ein! Du darfst von meinen Schultern aus leben und kämpfen. Ich gebe dir mein Leben, meine Zukunft, meine Kraft und meinen kostbarsten Besitz.“ Das ist wahre Freundschaft. Und in den darauffolgenden Jahren vertiefte sie sich mehr und mehr. Jonatan ließ nicht zu, dass David in der Wüstenzeit zu einem Einzelgänger wurde. Er blieb treu an seiner Seite.

Einsam an der Spitze?

„Es ist einsam an der Spitze“, sagen Menschen manchmal. Das ist gut möglich. Aber das muss nicht sein. Einsamkeit an der Spitze hat oft damit zu tun, dass keine Freundschaft zugelassen wurde. Oder sie wurde geopfert auf dem Altar des persönlichen Erfolgs. Saul ist ein Beleg dafür, dass man an der Spitze einsam sein kann. Die Folgen sind verheerend. David und Jonatan hingegen zeigen, dass eine Freundschaft auch an der Spitze Bestand haben und gepflegt werden kann.

Vor ein paar Jahren fühlte ich (Henk) mich einsam. Ich hatte damals eine Spitzenposition und leitete verantwortlich die Sportarbeit von „Athletes in Action“. Zudem war ich noch Gemeindeleiter. Hauptsächlich war ich damit beschäftigt, Reden zu halten, Leitung zu geben und anderen Menschen voranzugehen. Freundschaften traten mit der Zeit langsam, aber sicher in den Hintergrund. „Einsamkeit gehört zu diesem Fach“, dachte ich. Bis ich in einer Männergruppe mein Herz öffnete.

Pieter Cnossen, einer der anderen Mitgründer unserer 4ten-Musketier-Bewegung in den Niederlanden, kam daraufhin auf mich zu und sagte: „Ich werde dafür sorgen, dass du nicht mehr einsam bist. Ich werde dein Freund sein.“ Er hielt Wort. Immer wieder besuchte er mich, half mir bei handwerklichen Arbeiten oder wir zogen gemeinsam los. Er investierte sich in mich und Gott schenkte mir einen Freund.

Pieter war über eine lange Zeit für mich da gewesen. Einige Jahre später war ich für ihn da. Er und seine Frau Hanna hatten auf tragische Weise ihr erstes Kind, Joas, verloren. Noch am selben Tag suchte ich Pieter und Hanna auf. Wir beteten zusammen, weinten gemeinsam, und wir redeten miteinander. Pieter und Hanna baten mich, den Trauergottesdienst zu halten. Seite an Seite nahmen wir Abschied von Joas. Von Pieter hatte ich wertvolle Freundschaft empfangen, einige Jahre später durfte ich ihm ein wertvoller Freund sein.

Wem kann ich Freundschaft geben?

So läuft das im Leben. Es gibt eine Zeit des Empfangens und eine Zeit des Gebens. Fünfzehn Jahre nach Beginn seiner Freundschaft mit Jonatan brach für David die Zeit des Zurückgebens heran. David war auf dem Gipfel seiner Macht angekommen, er herrschte in Jerusalem und hatte Israel in ruhiges Fahrwasser gelotst. Hin und wieder rechnete er zwar mit den Philistern ab, doch konzentrierte er sich nun darauf, etwas von dem, was er empfangen hatte, zurückzugeben. Die Zeit der Flucht und des Kämpfens war vorbei. Gott gab ihm Ruhe und die Möglichkeit zu teilen. Doch weder Saul noch Jonatan lebten noch. Da stellte sich David die Frage:

> *„Ist noch jemand übrig geblieben von dem Hause Sauls, damit ich Barmherzigkeit an ihm tue um Jonatans willen?"*

Welch eine wunderbare Frage! Gibt es noch jemanden, dem ich etwas Gutes tun kann? Gibt es noch jemanden, für den ich ein Freund sein könnte? Kritiker könnten sagen: „Ein bisschen spät, dass David jetzt damit kommt." Da ist was dran. Aber besser spät als nie. Viel zu viele Menschen dringen zeit ihres Lebens niemals zu diesem Punkt vor. Hast du dir diese Frage je einmal gestellt: „Wem könnte ich meine Freundlichkeit beweisen"?

Am Tisch des Königs sieht niemand, dass du ein Krüppel bist

Ein Nachkomme Sauls war übrig geblieben: Mefi-Boschet, ein Sohn Jonatans. In der Bibel erfahren wir einige Details über diesen Mann: Mefi-Boschet war von Kindheit an ein Krüppel, an beiden Beinen war er gelähmt. Nachdem sein Vater Jonatan und Opa Saul von den Philistern ermordet worden waren, hatte es im Palast eine Panik gegeben. Die Bewohner befürchteten, die Feinde ständen vor der Tür, um die ganze Königsfamilie auszurotten. Voller Sorge schnappte sich die Amme den damals fünfjährigen Mefi-Boschet und flüchtete aus dem Palast. In der Eile strauchelte sie und ließ den Jungen fallen. Er brach sich dabei beide Beine. Offensichtlich verheilten die Brüche nicht gut, denn Mefi-Boschet blieb für den Rest seines Lebens ein Krüppel. Nicht nur dass Mefi-Boschet an diesem Tag seinen Vater und Großvater verloren hatte, er büßte auch jegliche Möglichkeit ein, ein selbstständiges Leben zu führen. Und später verlor er auch noch den Anspruch, König zu werden, denn anstelle seines Großvaters übernahm David den Thron. Den Thron, der eigentlich für ihn bestimmt war. Wäre alles nach menschlichem Drehbuch gelaufen, wäre Jonatan auf seinen Vater Saul gefolgt und Mefi-Boschet auf Jonatan. Aber alles war anders gekommen, und Mefi-Boschet versteckte sich in der Wüste von Lo-Debar, am anderen Ufer des Jordans. „Lo-Debar" bedeutet wörtlich: unfruchtbarer Grund. Dort wohnte Mefi-Boschet. Der Name des Dorfes fasst sein Leben symbolisch in Worte: unerfüllt, unfruchtbar, eine verwelkte Blume, geschaffen, um zu blühen, aber verdorrt in der sengenden Hitze des Lebens.

Auch heutzutage werden in weiten Teilen der Welt Menschen mit Behinderung in Ecken und Grotten abgeschoben. Niemand darf den Krüppel sehen, steckt oft als Gedanke dahinter. Aus Scham. Die Schande für die Familie wäre zu groß.

Und dann war da noch sein Name: Mefi-Boschet. Wörtlich übersetzt bedeutet er: „Siedende Schmach" bzw. „Verzweifelte Verwirrung". Das war Mefi-Boschet. Das Leben war ihm nicht wohlgesonnen. Alles war ein endlos schlechter Witz. Er war ein verkrüppelter Königssohn, versteckt in einem unfruchtbaren Wüstendorf, wo der junge Mann zu einem verzweifelten, verwirrten, verbitterten Einzelgänger aufwuchs. Wo er seine endlos eintönigen Tage verbringen sollte bis zu seinem Tode. Wie traurig kann ein Menschenleben sein?

Aber dann war da auf einmal Gott, der durch den Mund eines Botschafters von David sagte: „Mefi-Boschet, der König hat dich gefunden und will dich treffen." Mefi-Boschet starb in diesem

Moment sicherlich tausend Tode. Seine Vergangenheit hatte ihn eingeholt. David wollte ihn ermorden, dachte er, damit er selbst niemals mehr den Anspruch auf den Thron erheben könnte. So machten Herrscher das damals. So machen sie das auch heute noch.

Mefi-Boschet rechnete weder mit Davids Güte noch dem Ergebnis der Freundschaft seines Vaters. Es war der Tag gekommen, an dem David etwas von dem, was er empfangen hatte, zurückzahlen wollte. Aber Mefi-Boschet hatte davon natürlich keine Ahnung. Als er unter den Augen Davids herbeihinkte, beruhigte ihn dieser: „Hab keine Angst." Und David beschenkte Mefi-Boschet reichlich, mit Ländereien, Vieh, Dienern sowie einem Platz an seinem Tisch. Auf einmal erhielt der verbitterte Krüppel seine Würde zurück. Und Mefi-Boschets Schmerz sprach aus jeder Faser seines Wesens, als er erstaunt flüsterte:

„Wer bin ich, dein Knecht, dass du dich wendest zu einem toten Hunde, wie ich es bin?"

David nahm ihn auf. Mefi-Boschet bekam einen Platz am Hofe und wurde fortan behandelt wie einer der Königssöhne. Der Flüchtling von einst lag nun, wie damals üblich, am Tisch des Königs. Tag für Tag. Und niemand mehr nahm wahr, dass er ein Krüppel war. Am höchsten Tisch des Landes liegend war er nun den Großen und Mächtigen der Erde gleich.

Der ultimative Freund

In welcher Zeit befindest du dich? Stehst du unter großem Druck, ist jeder Tag ein Kampf für dich? Scheint Gott seine Versprechen erst in weiter Ferne zu erfüllen?

Schwelge nicht in deiner Einsamkeit, sondern teile sie mit anderen Männern! Und mit Gott! Öffne dich, um wahre Freundschaft zu empfangen!

Oder siehst du dich in einer anderen Phase? Will Gott dich gebrauchen, um andere mit Freundschaft zu beschenken?

Oder gehst du auf die Suche nach den im Verborgenen gehaltenen Krüppeln dieser Welt, um ihnen aus ihrem unfruchtbaren Leben an den Tisch des Königs zu verhelfen?

Vielleicht sagst du: „Ich selbst habe keinen Freund, wie kann ich dann jemandem Freundschaft geben?“ Vergiss nicht, dass es bereits jemanden gibt, der dir Freundschaft erwiesen hat, so wie Jonatan David. Jesus sagte:

„Ihr seid meine Freunde, wenn ihr tut, was ich euch gebiete.“

Jesus gibt uns das unglaubliche Vorrecht, seine Freunde zu werden. Aber Achtung: Es ist Freundschaft einer anderen Größenordnung. Mit Jesus befreundet zu sein, heißt, eine Freundschaft mit demjenigen zu pflegen, der alles Recht hat, unser Leben zu steuern, uns zu gebieten und zu leiten. Er ist unser König und unser Freund, und zwar genau in dieser Reihenfolge.

Jesus hat uns aus vollem Herzen seine Freundschaft geschenkt, so wie Jonatan sie David gegeben hatte. Und ähnlich wie Jonatan schloss auch Jesus einen Bund mit uns, und er gab uns Geschenke. Er versprach uns zunächst:

„Und siehe, ich bin bei euch alle Tage bis an der Welt Ende.“

Wenig später vermachte er uns Menschen seinen Mantel. Vor der Kreuzigung. Er nahm ihn ab und hing nackt am Kreuz, wo er uns Kraft, Würde und Größe verlieh. Er ging dabei noch viel weiter als Jonatan, denn er tauschte. Er tauschte seinen Mantel, die himmlische Größe, gegen unseren Dreck, er investierte seine Heiligkeit für unsere Sünde, er erfüllte uns mit seiner göttlichen Salbung und absorbierte all unsere Schwäche, er starb stellvertretend unseren Tod und gab uns sein Leben. Er bekleidete uns mit seinem himmlischen Mantel und starb in menschlicher Nacktheit. Er gab uns „weiße Kleider, um uns zu kleiden und unsere Nacktheit zu bedecken‘!“

Und genauso wie Jonatan seine Waffenrüstung David vermachte, stattete uns Jesus mit einer geistlichen Waffenrüstung aus. Er überreichte uns ein Schwert, sein Wort, damit wir nahe gelegene Ziele erreichen können. Mit seinem Evangelium können wir in unserer direkten Umgebung Menschen Rat geben, Gottes Kraft freisetzen und tief gehende Veränderung bewirken.

Mit dem Bogen, dem Gebet, können wir Ziele treffen, die weit entfernt liegen. Gerade wenn es um Veränderungen oder geistliche Aufbrüche geht, zum Beispiel im islamisch dominierten Mittleren Osten oder bei Christenverfolgungen in Nordkorea, ja, selbst in der geistlichen Welt. Unsere Gebete überwinden Grenzen und setzen Himmel und Erde in Bewegung, um Probleme oder Not zum Guten zu wandeln. Und zum Schluss reichte Jesus uns auch einen Gürtel. Den Gürtel der Wahrheit, der unsere Ausrüstung zusammenhält, damit wir beweglich kämpfen können. Ohne ihn würde etwas fehlen. Denn der größte Effekt der Sünde und Lüge liegt darin, dass er Menschen ihrer Freimütigkeit beraubt. Wir gehen schwermütiger durchs Leben, strahlen weniger aus und fühlen uns befangen. Durch den Gürtel der Wahrheit können wir selbst in Gottes Wahrheit und Reinheit bleiben und sie anderen zuteilwerden lassen. Lass daher keine Energie versacken in Unwahrheit oder Sünde! Halte deine Waffenrüstung intakt!

Freundschaft ist eine Geschichte des Gebens und Empfangens. Eine Geschichte wie die von David, Jonatan und Mefi-Boschet. Eine Geschichte wie die von Jesus und dir. Und von anderen. Eine der schönsten Arten, eine Freundschaft entstehen zu lassen oder sie zu vertiefen, ist, gemeinsam ein Abenteuer zu erleben. Das verbindet vor allem Männer. Gemeinsam etwas anzugehen, sich Herausforderungen und Widerständen zu stellen.

Probiere so etwas doch einmal aus! Begib dich zusammen mit anderen Männern auf ein Abenteuer, z. B. auf ein Charakterwochenende von „Der 4te Musketier“ (www.der4temusketier.de). Oder schließe dich mit ein paar Männern aus deiner Gemeinde zusammen. Oder unternimm etwas an der Seites eines Freundes. Oder …

Pieter, Jan, Theo und ich sind nun seit Jahren dicke Freunde, und wir sprechen uns regelmäßig einander zu: „Später, wenn wir alt und dick sind, sitzen wir unter einem Baum auf einer Bank. Dann werden wir, glücklich und gesättigt vom Leben, Geschichten von Abenteuern erzählen, die wir jetzt erleben."

Auf Abenteuer

Leben mit Jesus ist ein Prozess. Die Reise geht weiter. Wir ziehen weiter. Bewusster sind wir jetzt unterwegs mit der Geschichte, wie wir leben. Wir sind ehrlicher über unsere tiefsten Motive, freier und ruhiger durch die Resonanz der Stimme des Vaters im Tiefsten unseres Seins. Und unterwegs mit mehr Kraft, um zu lieben und Freundschaften aufzubauen.

Das Leben mit Jesus ist herrlich. Ein herrliches Kapitel, um weiter darauf zu bauen.

Die Einladung dazu kommt schnell. Es ist wieder von Neuem eine Stimme des Himmels zu hören, aber nun von der Erde aus: Jesus. Er fragt uns, ob wir an einer mysteriösen, weltumfassenden Mission teilnehmen. Einer Mission mit einer wunderbaren Dynamik: Im Geben werden wir empfangen. Indem wir Gottes Wille Form geben, werden wir selbst geformt nach Gottes Plan.

Das Abenteuer, zu dem Jesus uns einlädt, ist bei Weitem der beste Weg für einen Jungen, zu einem Mann zu werden. Stürme, Herausforderungen, Aufträge, Kämpfe sind keine schwierigen Unterbrechungen in unserem Leben. Es sind unerwartete Möglichkeiten, um durch die Realität des Lebens, aber letztlich durch Gott, den Vater, als Mann nach seinem Herzen geformt zu werden.

Das Abenteuer mit Jesus ist voller Meilensteine und Gelegenheiten, um zu entdecken, was du in deinem Jutesack mit dir schleppst und was dein Herz hat wachsen lassen. Jedes einzelne Mal wirst du wieder vor der Wahl stehen, als kleiner Junge oder als

Mann zu reagieren. Und jedes Mal muss die Entscheidung erneut getroffen werden.

Unser Leben ist eine Geschichte. In dieser Geschichte müssen wir uns immer wieder für eine Richtung entscheiden: den Weg nach unten zu nehmen, den Weg des kleinen Jungen oder weiter den Aufstieg zu beschreiten, den Weg des Mannes.

Mitten durch den Sturm.

„‚Nein aber!‘, rief Porthos, ‚es scheint hier etwas Besonderes vorzugehen.‘

‚Ja, wir verreisen‘, sagte Aramis.

‚Wohin?‘, fragte Porthos. (...)

‚Nach London, meine Herren‘, sagte D’Artagnan. (...)‚Übrigens, seid beruhigt, wir kommen sicher nicht alle vier in London an.‘

‚Warum nicht?‘

‚Weil höchstwahrscheinlich ein paar von uns unterwegs stecken bleiben.‘

‚Aber gehen wir denn auf einen Kriegszug?‘

‚Nun, und in einen gefährlichen noch dazu, das kann ich euch versichern.‘“

ALEXANDRE DUMAS

Kapitel 6

Das Abenteuer Glaube

Schlafend auf die andere Seite

Mit Jesus unterwegs zu sein, bedeutet ein Abenteuer in seiner Nachfolge zu erleben. Er lädt uns ein, Teil einer weltweiten Mission zu sein, die alle Eigenschaften eines großen Abenteuers besitzt: Sie führt bis ans Ende der Welt, und ihre Abenteurer müssen bereit sein, den unglaublichsten Gefahren die Stirn zu bieten. Sie ist kein einfacher Spaziergang, denn es stehen Leben auf dem Spiel. Mut, Durchsetzungsvermögen und Anstand sind gefragt. Die Wahrscheinlichkeit ist groß, dass sich unterwegs Gegner mit mythischen Proportionen in den Weg stellen: Teufel, Dämonen, Naturgewalten, Krankheiten, Mörder. Niemand weiß, wie diese Reise verlaufen wird, niemand kennt die ganze Route. Nur einige wenige kennen den nächsten Schritt. Das Unternehmen verlangt daher Einheit, Treue und Aufopferungsbereitschaft. Und eben weil es um unser echtes Leben geht, macht Jesus seine Freunde von Anfang an mit den Prinzipien dieses Abenteuers der Nachfolge vertraut und trainiert sie darin. In Markus 4,35–42 werden wir Zeuge eines solchen Trainings:

Auf die andere Seite

„An jenem Tag", so beginnt die Geschichte. Für die Jünger war es ein besonderer Tag gewesen, voll an inspirierenden Lehren, göttlichem Eingreifen und überwältigenden Wundern. Besser konnte das Leben nicht mehr werden, dachten sie. Als Jesu Freunde durften sie in unmittelbarer Nähe Anteil haben an seinem Ruhm und seiner Kraft. Aber der Satz geht weiter:

„An jenem Tag [...], als es Abend geworden war."

Es ist der erste Hinweis auf etwas Zukünftiges, das bald geschehen sollte. Der glorreiche Tag geht zu Ende, die Finsternis der Nacht bricht herein.

In diesem Moment kam Jesus mit einem seiner kreativen Einfälle daher: „Lasst uns über den See fahren!" Obwohl der Tag vorüber war, war allem Anschein nach noch nicht alle Arbeit getan. Jesus wollte ans andere Ufer, in die Gegend von Gardara. Dort herrschten Dämonen. Er hatte sie schon lange gesehen. Tausende Dämonen, die Besitz ergriffen hatten von zwei Männern. Sie terrorisierten die ganze Gegend. Weder Mensch noch Seil oder Kette waren der unglaublichen Kraft dieser zwei Männer gewachsen.

Der Moment war gekommen, die Finsternis dieser Gegend zu durchbrechen. Jesus steuerte in einem Boot über den See Genezareth direkt darauf zu. Er fürchtete sich nicht, weder vor dem Teufel noch vor dem „Meer", wie seine Jünger den See aufgrund seiner Größe oft nannten. Sie hegten ein zwiespältiges Gefühl zu dem Gewässer. Auf der einen Seite liebten sie das Meer, es sorgte für ihren Lebensunterhalt als Fischer. Auf der anderen Seite hatten sie, genauso wie alle anderen Menschen zur Zeit Jesu, Angst vor dem See. Wasser wurde seit jeher mit Chaos und den Mächten des Bösen in Verbindung gebracht. Und nun wollte Jesus aufbrechen – durch die Unheil verkündende Finsternis über das gefährliche Gewässer – hin zu dem von Dämonen beherrschten Landstrich Gardara. Das klang nach einem Abenteuer.

Wage die Überfahrt im richtigen Boot

Keiner der Jünger zögerte. Alle sprangen sie an Bord. Schließlich war es Jesus, der sie gefragt hatte. Ein paar Boote folgten ihnen sogar. Vermutlich hatten einige Menschen von den Plänen Jesu gehört, auf die andere Seite zu fahren. Sie alle steuerten in dieser Nacht über den See, als ein gewaltiger, todesbringender Sturm ausbrach. Jesus stoppte diesen Sturm durch einen einzigen Befehl. Und nachdem sich alles beruhigt hatte, sah man nur noch ein einziges Schiff: das Boot Jesu. Von den anderen fehlte jede Spur.

Hatten sie Schiffbruch erlitten? Waren sie schwer beschädigt worden? Hatten sie es noch in einen anderen Hafen geschafft? Oder waren sie bereits zurückgekehrt, ehe es zu spät für sie war? Hatten Menschen ihr Leben verloren? Wir wissen es nicht. Die Bibel berichtet darüber nichts. Eins aber wissen wir: Es gab nur ein Schiff, das ans andere Ufer kam.

Eines der wichtigsten Dinge bei einer abenteuerlichen Expedition ist: Sorge dafür, dass du im richtigen Boot sitzt, mit den richtigen Personen und der richtigen Ausrüstung. Als D'Artagnan sich auf die gefährliche Reise nach London begab, begann er die Reise mit seinen besten Freunden: Athos, Porthos, Aramis. Sie kannten sich, sie vertrauten sich und waren durch einen Eid miteinander verbunden: Einer für alle und alle für einen! Jeder von ihnen ritt auf einem Pferd, war trainiert, bedachte die Gefahr und war ausgerüstet mit allerlei Waffen.

Wenn du ein Abenteuer wagst, ist es wichtig, dass du die Überfahrt im richtigen Schiff wagst. Das Schiff Jesu war ein Segelschiff, ein Fischerboot. Es war weder groß noch klein. Ein seltsamer Mix aus Arbeit und Ruhe machte den Charakter dieses Schiffes aus, denn das Spiel des Windes verschaffte seiner Besatzung Arbeit. Es war ein Schiff, auf dem zusammengearbeitet werden musste: *Einer für alle und alle für einen*. Und so war dieses

Schiff mit seinen Begrenzungen, seinem Charakter und der ganzen Handhabe durch die Jünger Teil der Mission. Und nicht zu vergessen, das Wichtigste: Jesus hatte seinen Platz am Heck des Schiffes eingenommen, dort, wo das Ruder war.

Die Stürme in deinem Leben sind keine gewöhnlichen Stürme

Markus und Lukas beschreiben in ihren Evangelien den Sturm mit dem Wort: „Lailaps". Ein erfahrener Seemann hatte vor einem kleinen Sturm keine Angst, aber ein Lailaps war etwas anderes. Beim Lailaps strömt kalte Luft die Berghänge des Sees Genezareth herab, die anschließend gegen die warme Luft stößt, die über dem See hängt. Verheerende Wirbelstürme sind die Folge. Insofern veränderte sich die Atmosphäre rund um das Schiff Jesu in ein wütend wirbelndes Chaos. Doch damit nicht genug. Der Evangelist Matthäus nennt in seinem Buch denselben Sturm „Seismos". Das bedeutet Beben. Ein Seebeben. Das Schiff Jesu hatte es demnach in dieser Nacht nicht nur mit zahlreichen Wirbelstürmen zu tun, sondern auch mit einer verheerenden Wasseroberfläche. Lailaps und Seismos trafen zusammen. Ein „Jahrhundertsturm", wie man heutzutage sagen würde. Alle Mächte der Natur ballten sich zusammen, um das Schiff Jesu anzugreifen. Sollte Jesus hier etwa sterben?

Von Beginn seines irdischen Lebens an hatten es die Mächte des Bösen auf Jesus abgesehen: Herodes ließ alle männlichen Babys in Bethlehem ermorden und glaubte Jesus unter den Opfern. Der Teufel versuchte Jesus kleinzukriegen, als er ihn in der Wüste verführte. Die Schriftgelehrten probierten sechsmal, Jesus zu töten. Immer wieder forderten Dämonen Jesus und seine göttliche Macht heraus. Und nun war die Natur ein Werkzeug der Finsternis geworden, um Jesus auszuschalten. Der nächtliche Sturm auf dem See ballte alle Mächte des Bösen in sich, um Jesus zu vernichten. Und wir können davon ausgehen, dass solche

Stürme auch uns auf unserer Reise mit Jesus begegnen. Sie sind von derselben Art: Stürme, die keine normalen sind. Stürme, die uns alles abverlangen werden. Stürme, gegen die wir kämpfen auf Leben und Tod. Stürme, in denen die Mächte der Hölle alles aufbieten, um Gottes Leben aus uns herauszudrücken.

Flucht in sich selbst

Wie müssen sich die Jünger in dieser Nacht gefühlt haben? In einer winzigen Nussschale sahen sie ihr Menschenleben diesen gewaltigen Kräften ausgesetzt. Was mögen sie jetzt gedacht haben über die Idee, noch über den See zu fahren? Die einbrechende Finsternis? Den tobenden Sturm? Und über Jesus, der schon die ganze Zeit hinten im Boot schlief?

Auch das gehört zum Abenteuer der Nachfolge Jesu dazu: das Gefühl, du stehst alleine da. Es scheint, als hätte Gott dich im Stich gelassen, ausgerechnet in dem Moment, als du ihn am nötigsten hast. Wo der Druck in deinem Leben zunimmt, deine Ehe immer schwieriger wird, deine Arbeit dir immer mehr Probleme bereitet, deine Kinder dir entgleiten, die Krankheit vernichtend zuschlägt und das Böse zu triumphieren scheint, liegt Jesus schlafend auf dem Achterdeck.

Wäre Jesus tot gewesen, hätte es wohl kaum einen Unterschied gemacht. So tief und fest schlief er. Währenddessen taten die Jünger alles, um das Schiff über Wasser zu halten. Sie kämpften um ihr Leben. In ihrem blinden Überlebenstrieb schöpften sie Wasser, beschimpften sich gegenseitig und schrien Stoßgebete in die Nacht.

Schlagen nicht auch wir in Zeiten des Sturms oft wie wild um uns? Meist verwunden wir dabei diejenigen, die uns besonders nahestehen. Und irgendwann wiegt der Streit so schwer, dass manche von uns ganz sonderbar reagieren. Wir verschließen uns vor der Wirklichkeit. Wir ziehen uns in uns selbst zurück. Wir flüchten.

Ein deutscher Christ erzählte mal von seiner Kirche zur Zeit des Nationalsozialismus. Ihr Gotteshaus stand direkt an einem Bahngleis. Eines Sonntags, mitten im Gottesdienst, ertönte eine Dampfpfeife. Die Gläubigen hörten, wie eine Lokomotive näher kam und daraufhin das Rattern einer endlosen Reihe Viehwaggons. In den Waggons saßen Menschen, schreiend, heulend, bettelnd, hysterisch. Juden, die auf dem Weg in die Gaskammer waren. Das erste Mal, als der Zug vorbeifuhr, blieben die Gemeindemitglieder verwundert sitzen. Aber am darauffolgenden Sonntag, als sie erneut die Dampfpfeife hörten, blieben sie nicht mehr auf ihren Plätzen. Sie standen auf, und sie begannen zu singen. Je näher der Zug kam, desto lauter sangen sie. Sie sangen, um das Geschrei der Gefangenen nicht hören zu müssen. Das Ganze wurde zum Ritual: jeden Sonntag die Dampfpfeife, jeden Sonntag der Gesang. Später sagte der Mann über das Erlebte:

„Jede Nacht hörte ich im Schlaf die Dampfpfeife, hörte ich den Zug näher kommen ... Gott vergebe mir, Gott vergebe allen Menschen, die sich Christen nennen, aber nichts unternommen haben."

Gott vergebe allen Menschen, die sich in sich selbst zurückgezogen haben. Die vor sich selbst geflüchtet sind. Die mit Jesus im Boot ihre Augen vor dem Sturm und vor der Finsternis verschlossen gehalten haben. Menschen, die zu laut sangen, zu viel gearbeitet haben, zu viel Laufen gingen, zu viel tranken, zu viel Fernsehen geschaut haben. Gott vergebe all diesen Menschen. Und den Jungen, die das Flüchten immer weiter in ihrem Jutesack mit sich herumtragen.

Wie sieht es in deinem Boot aus? Hast du viel kaputt gemacht? Hast du Menschen verletzt, als du in Todesangst um dich herumgeschlagen hast? Gerade Menschen, die dir nahestehen? Deine Frau, deine Kinder, deine Verwandten oder Freunde? Schleppst du die Neigung zu flüchten, immer wenn es für dich schwierig wird, schon lange mit dir in deinem Jutesack herum? Und welche Abwehrmechanismen hast du entwickelt? Singst du laut, arbeitest du viel, surfst du viel im Internet?

Die ultimative Frage

Auf einmal kamen ein paar Jünger zu Sinnen. In ihrer Angst hatten sie zuerst nur Augen für sich gehabt, doch jetzt realisierten sie: „Was ist eigentlich mit Jesus? Er kann doch etwas tun! Zumindest kann er helfen, Wasser aus dem Schiff zu schöpfen. Es ist nicht die feine Art, schlafend zu ertrinken. Zumindest sollte man kämpfend untergehen, wie ein richtiger Mann."

Mitten im Sturm wankten sie zu Jesus hinüber, rüttelten ihn unsanft wach und schrien durch das laute Tosen:

„Meister, interessiert es dich nicht, dass wir untergehen?"

Ist das nicht die ultimative Frage?

Es ist die Frage, die in unserer Welt immer wieder zu allen Zeiten und an verschiedensten Orten erschallt. Die Frage aus den menschenverachtenden Konzentrationslagern. Die Frage aus einem zerstörten Haiti. Die Frage aus einem blutgetränkten Ruanda. Die Frage aus einem diktatorisch versklavten Nordkorea. Und es ist auch unsere ganz persönliche Frage: „Interessiert es dich nicht, dass ich vergehe?"

Warum Jesus eingriff

Jesus erwachte. Er rieb seine Augen, beobachtete die Situation und stand auf. Auf allen Bildern und Zeichnungen über das Geschehen dieser Nacht sieht man, wie Jesus nicht mehr am Heck steht, sondern sich am Mast festhält und den Fuß nach vorn setzt. Er übernahm die Leitung. Jesus stand mitten im rasenden Sturm.

An dieser Stelle wird dasselbe Wort gebraucht, das die Jünger später verwenden, wenn sie sich nach der Auferstehung zurufen: „Er ist wahrhaftig auferstanden! Er ist auferweckt!" Jesus war aus seinem Schlaf aufgestanden, aus seiner Bewusstlosigkeit, aus seinem Tod.

Jetzt stand er dort, die Hand am Mast, die Füße nach vorn gerichtet, den Sturm beobachtend mit einem göttlichen Funkeln in den Augen. Und mitten in die Dunkelheit, die ihn überwältigen wollte, richtete er ein Wort zum Himmel, zum Lailaps: „Schweig!" Und ein zweites nach unten, an die wilden, wütenden Wellen des Seismos: „Sei still!" – „Sei gemaulkorbt", steht dort wörtlich. Jesus verpasste dem aufgesperrten Maul des Wassers, das nach 13 menschlichen Körpern lechzte, einen Maulkorb.

Jesus hatte geschlafen, aber war sein Schlaf ein Zeichen von Schwäche gewesen? Nein, er war vielmehr Ausdruck und Zeichen seiner Kraft. Unbeirrt hielt Jesus die Fäden in der Hand. Er hatte die ganze Zeit die Kontrolle. So sehr, dass er selbst im wütenden Sturm die Ruhe besaß, zu schlafen. Er wusste, dass er nicht ertrinken würde, denn seine Zeit war noch nicht gekommen.

Auch wenn wir durch so manchen Sturm, den wir durchmachen müssen, in Panik geraten, Jesus tut das nicht. Er gerät durch unsere Probleme nicht aus der Ruhe. Er muss niemals kämpfen oder flüchten, denn er ist der Herrscher über Himmel und Erde, der Austreiber von Dämonen, der Heiler von Krankheit, der Veränderer von Menschen und der Stiller der Stürme.

Warum aber griff Jesus dann ein? Weil der Sturm ansonsten gewonnen hätte? Nein. Es ging nicht darum, dass Jesus seine Macht wiederbekam. Er hatte sie die ganze Zeit. Er griff ein, weil die Jünger es brauchten, um ihnen und uns zu zeigen, dass er alle Macht besitzt.

Vielleicht brauchst auch du einen solchen Moment. Irgendwo willst du mit Jesus ein Abenteuer erleben, aber die Stürme des Lebens überwältigen dich. Und Jesus? Soweit du es beurteilen kannst, liegt er schon lange schlafend auf dem Achterdeck. Bewusstlos. Begraben. Seine Rolle in deinem Leben ist ausgespielt. Dann ist es höchste Zeit, dass du Jesus wach rüttelst. Es geht nicht darum, was du sagst oder wie du es sagst. Falls nötig, geh mit der ultimativen Frage zu ihm: „Interessiert es dich überhaupt nicht, dass mein Leben so zerbrochen ist?" Vielleicht hat Jesus auf diesen Moment gewartet. Vielleicht wollte er durch dich wach gerüttelt werden. Um aufzustehen, um in deinem Schiff die Leitung zu übernehmen. Und um dich weiterzuführen in dem wunderbaren Abenteuer seiner Nachfolge, auf dem Weg des Ausbaus seines Königreiches.

Wenn dann wieder Ruhe eingekehrt ist, möchte er auch gerne noch etwas mit dir besprechen.

„Warum hattest du solche Angst?
Warum hattest du keinen Glauben?
Warum hast du deine Zuflucht in Kämpfen und der Flucht vor dir selbst gesucht?“

Seine Fragen sind weder vorwurfsvoll noch mitleidig oder verurteilend gemeint. Es sind aufrichtige Fragen. Liebevoll. Durchdringend. Sie wollen dir helfen, zu entdecken, was du alles in deinem Jutesack mit dir herumschleppst.

Nur meine Haut hat Angst

Max Meyers, Pilot bei der Mission Aviation Fellowship (MAF), erzählte einmal über einen Flug, den er mit vier Papua-Kriegern machte. Keiner von ihnen war je zuvor geflogen. Ausgerechnet in diesem Flug bekam Max es mit einem schweren Sturm zu tun. Als er einmal nach hinten schaute, sah er, wie drei der vier Papuas in Todesangst zueinandergekrochen waren. Ihre dunklen Köpfe waren grün vor Elend, und Angstschweiß lief über ihre Stirn. Der vierte Passagier allerdings war die Ruhe selbst.

„Hast du keine Angst?“, fragte ich ihn.

„Nur meine Haut hat Angst“, antwortete der Papua-Krieger. „Ich sehe die Berge. Sie sind so nahe. Ich sehe die Bäume und die Felsen, während wir vorbeifliegen. Ich sehe den Regen und höre das Prasseln auf dem Glas. Ich sehe die Wolken um uns herum. Alles, was ich sehe, macht mir Angst. Ich wusste nicht, dass dein großer Vogel so wackelt, wenn man darin fliegt. Es gibt hier sehr viel, um sich zu fürchten. Aber meine Angst ist gerade mal so tief wie meine Haut. Weißt du, ich kenne denjenigen, der die Berge gemacht hat. Ich kenne denjenigen, der die Felsen und die

Bäume geschaffen hat. Er hat zu mir gesagt, dass ich mich nicht fürchten muss, innen unter meiner Haut. Und er hat mir versprochen, mich nie im Stich zu lassen. Und darum habe ich keine Angst."

Hast du Jesus unter deiner Haut?

Mit Jesus unter deiner Haut, in deinem Leben, kannst du anders reagieren inmitten der Stürme des Lebens. Siehst du Jesus schlafen? Dann lege dich neben ihn. Lass den Sturm nur toben, lass die Hölle kreischen, lass den Wind heulen. Wenn Jesus Frieden hat, dann darfst du ihn auch haben.

Es ist die Lektion dieser Nacht. Eine Lektion, die du nur auf einer abenteuerlichen Expedition mit ihm lernst:

Bist du bereit, dein Vertrauen auf den schlafenden Jesus zu setzen?

Bist du bereit, den sicheren Hafen zu verlassen, durch den Sturm zu fahren, dein männliches Herz formen zu lassen?

Bist du bereit, das Abenteuer anzugehen – mit einem schlafenden Jesus?

Lieber lebendig als tot

Vergiss nicht: Ein schlafender Jesus ist nicht tot. Sogar ein gekreuzigter und begrabener Jesus tat im Grab des Josef von Arimathäa, was er wollte. Er regierte dort über die Gewalten. In diesem Zeitabschnitt, in dem wir ihn aus menschlicher Sicht für „tot" erklären, zermalmte Jesus der Schlange den Kopf, er raubte das Totenreich leer, zerbrach die Macht der Sünde über unser Leben und errang den größten Sieg aller Zeiten.

Jesus hat in seinem Tod mehr und größere Siege erreicht als alle Weltherrscher zeit ihres Lebens zusammen. Ich (Henk) stelle mir vor, dass der Teufel Jesu Tod zutiefst bereut haben muss. Hätte er ihn nur am Leben gelassen. Schon zu Lebzeiten ließ Jesus Satan erzittern. Mit seinem Tod und seiner Auferstehung aber machte er ihn zum Gespött in der gesamten unsichtbaren Welt. Lieber ein lebender als ein toter Jesus, muss sich bestimmt der Teufel gedacht haben. Denn lebend war er schon schlimm, tot aber war er ein Desaster.

Wer ist er?

„Wer ist er?" Mit dieser Frage und der Gänsehaut der Jünger endete die nächtliche Überfahrt. Sie hatten bereits vieles mit Jesus erlebt. Er hatte Kranke geheilt und Dämonen ausgetrieben, und sie bewunderten ihren Meister dafür bislang in etwa so: „Was kann Jesus viel. Was hat er doch für eine enorme Kraft." Dass er aber auch die Naturgewalten beherrschte, gehörte zu einer anderen Liga. Das in dieser Nacht Erlebte brachte sie auf eine tiefere Verständnisebene. Sie reisten vom „Was" zum „Wer". Vorbei an den Taten kamen sie zu seiner Person. Einer Person, mit der man besser keinen Streit bekommen sollte, der man gehorchen und folgen sollte – Richtung Gardara, in das durch Finsternis besetzte Gebiet.

Wenn Stürme sich in deinem Leben zusammenbrauen und tosen, erzähle Gott nicht, wie groß und gefährlich der Sturm ist. Erzähle besser dem Sturm, wie überwältigend und Ehrfurcht erweckend dein Gott ist. Sogar wenn er schläft.

„Am selben Abend teilte der Herr de Tréville die guten Neuigkeiten (dass D'Artagnan zum Musketier befördert werden sollte) den drei Musketieren und D'Artagnan mit. Er lud sie zugleich ein, am folgenden Tag bei ihm das Mittagsmahl einzunehmen. D'Artagnan war außer sich vor Freude. Wir wissen, dass es immer sein Lebenstraum gewesen war, Musketier zu werden. Auch seine drei Freunde freuten sich sehr."

ALEXANDRE DUMAS

Kapitel 7

Gewaltig werden

Jagen wie Nimrod

Einem schlafenden Jesus zu vertrauen, ist der erste Schritt in ein fantastisches Abenteuer. Du entscheidest dich, einen Weg einzuschlagen, der dich an ein großartiges Ziel bringen wird. Wenn du bereit bist, das Abenteuer anzugehen, wird dein Leben eine komplett neue Ausrichtung erleben. Du wirst von Jesus an Punkte geführt, die dich lehren, bereit zu sein, wenn es drauf ankommt, anderen zu dienen, ihnen etwas zu geben, Verantwortung zu übernehmen und dich für sie aufzuopfern. Damals nahm Jesus seine Jünger drei Jahre lang in das Schlepptau seiner Lehre. Warum sollte er heute anders verfahren bei dir? Er will auch dich mitnehmen, dich formen und verändern. Wie lange es auch dauern mag. Letztlich will er dich immer näher an das Ziel führen: dein Leben als Diener des Königs zu führen.

Was wirklich wichtig ist

Dabei ist es entscheidend, die verschiedenen Phasen der Nachfolge zu unterscheiden: Für die Jünger begann alles mit einer lebensverändernden Begegnung mit Jesus. Mit einem Mal stand ihr ganzes Leben auf dem Kopf. Zugleich fanden sie in der Nähe Jesu all das, wonach sie so lange verlangt und gesucht hatten: Ruhe, Inspiration und Sinn. Doch das machte ihre Nachfolge bei Weitem nicht stabil. Anfangs verließen sie Jesus sogar für einige

Wochen, um wieder fischen zu gehen. Doch Jesus beließ es nicht dabei und suchte seine Freunde erneut auf. Nur dieses Mal forderte er sie heraus, einen radikalen Schritt zu machen: „Komm, folge mir!“, lud er sie zum wiederholten Male ein. Petrus, Andreas, Jakobus, Johannes und die anderen ließen daraufhin ihre Arbeit, ihre Familie, ihr Haus und ihre Heimat zurück. Sie folgten Jesus nun ganz nach. Und wir stellen fest, dass Jesus den Jünger ganz am Anfang der Nachfolge zum Einzelgänger macht. Er verlangt radikale Entscheidungen.

In dieser ersten Phase sehen wir die Jünger weder etwas tun noch etwas sagen. Sie folgten, sahen und hörten zu. Neun Monate lang saugten sie die Basisprinzipien des Königreichs Gottes in sich auf. Erst dann war der Moment gekommen, dass Jesus sie erneut formell berief – als seine zwölf Jünger.

Von da an dirigierte Jesus seine Nachfolger immer mehr in den Vordergrund. Er schickte sie auf Reisen, bat sie Menschen zu versorgen, verlieh ihnen Kraft, Kranke zu heilen, und die Vollmacht zu predigen. Unter den Jüngern war die Freude über diese Dienste groß, ebenso das Klagen über die Misserfolge. Doch trotz ihres Hinfallens standen sie wieder auf. Vor allem aber lernten die Jünger von Jesus, was es bedeutet, mit Gott zu leben.

Letztlich gelangten die Jünger an das Geschehen, das die Welt für immer veränderte: die Kreuzigung Jesu und seine Auferstehung. Ihr Leben und alles Übrige war danach nicht mehr das Gleiche. Jesus erschien ihnen nur noch einige wenige Male und stieg nach 40 Tagen in den Himmel auf. Zehn Tage nach diesem Ereignis löste er sein Versprechen ein und schüttete den Heiligen Geist auf seine Jünger aus. Dieser übernahm nun stellvertretend die Aufgabe, die Nachfolger Jesu zu begleiten. Und das mit Erfolg: In Jerusalem entstand eine erste Gemeinde, eine Gemeinschaft von Gläubigen, von der sich trotz grausamer Verfolgung das Evangelium auf der ganzen Welt ausbreitete.

Der Punkt, den ich hier deutlich machten möchte, ist der folgende: Das Leben mit Jesus ist ein Prozess. Dabei ist deine Bekehrung nicht Gottes letztes Ziel. Und mit der Sünde abzurechnen auch nicht. Hin und wieder etwas dienen, helfen oder evangelisieren entspricht auch nicht Gottes letztem Ziel. Gottes Plan ist, dich zu einem Musketier auszubilden – zu einem Elitesoldaten des Königs, der aus der Dienstbarkeit heraus gibt, Verantwortung übernimmt und sich aufopfert.

Goldfische, Banksitzer und ewige Talente

Leider wachsen manche Christen nie über die Phase ihrer Bekehrung hinaus. Sie bleiben ein geistliches Jo-Jo: ein bisschen auf Jesus zu und wieder ein bisschen von ihm weg, ein bisschen auf Jesus zu und wieder weg. Es gibt keine Radikalität in ihrem Leben. Sie leben wie ein Goldfisch, der nicht aus seinem Glas will. Jedes Mal, wenn der Eigentümer des Aquariums in das Glas greift, um ihn in den Ozean zu bringen, wo er eigentlich zu Hause ist, springt er wieder zurück ins Glas, um weiter seine gewohnten Runden zu schwimmen.

Andere Christen bleiben in der ersten Phase der Radikalität stecken: Sie folgen Jesus, sehen und hören ihm zu, aber unternehmen nichts. Kirchen sind voll von ihnen. Sie sind Banksitzer: Menschen, die schon zahlreiche Predigten gehört haben, aber nicht einmal zehn davon praktisch umgesetzt haben. Ihr Kopf wird immer größer und voller, während ihre Muskeln des Glaubens fast völlig verschrumpeln. Es ist gefährlich, so zu leben, denn hauptsächlich thematisieren diese Christen Sünde und Schuld. Sie sind schlau und können haargenau darlegen, wo eine bestimmte Lehre schiefliegt, aber sie wissen nicht viel darüber, wie das Leben als Christ im Alltag gelingt.

Wieder andere sind bereit, das eine oder andere zu tun. Nur bitte nicht zu viel und nicht allzu verbindlich. Sie leben als ewiges Talent. Jeder sieht, dass sich etwas Besonderes in diesen

Menschen verbirgt, aber auf die eine oder andere Art kommt es nie zum Vorschein. Sie sind wie Aale in einem Eimer Schleim: einfach nicht zu fassen, denn sie wollen sich nicht festlegen. Viele junge Leute leben heute so. Auf der einen Seite liegt ihnen aufgrund vielfältiger Möglichkeiten die Welt zu Füßen, auf der anderen Seite stehen Familie, Hobbys und Verbindlichkeiten, die auch die nötige Aufmerksamkeit benötigen. Ihr Teller ist schon bis zum Rand gefüllt. Wie kann man da noch Zeit haben, um in der Kirche zu dienen oder Verantwortung im Reich Gottes zu übernehmen?

Stell dir mal vor, wie die Geschichte wohl ausgesehen hätte, wenn Petrus, Johannes und die anderen Nachfolger Jesu nicht bereit gewesen wären, Verantwortung auf sich zu nehmen?

Gibt es noch Musketiere?

Gott sucht Männer, die alles für ihn geben wollen. J. Oswald Sanders, einer der bekanntesten Leiter und Missionare der Überseeischen Missionsgemeinschaft, hat einmal gesagt:

> *„Die Bibel zeigt uns, dass Gott, wenn er jemanden findet, der bereit ist, Leitung zu geben, sich hinzugeben für Jüngerschaft und die Verantwortung für andere Menschen zu übernehmen, diese Person bis zum Äußersten gebrauchen wird."*

Was heißt das konkret?

Dienen – anstatt bedient und gesehen zu werden.

Geben – anstatt zu bekommen und zu horten.

Verantwortung übernehmen – anstatt vor ihr davonzulaufen.

Sich aufopfern – anstatt Selbstschutz und Scheinheiligkeit an den Tag zu legen.

Aber findet Gott genügend solcher Männer? Männer, die ein Musketier sein wollen? Gibt es noch Menschen, die es als Ehre empfinden, ihr Leben im Dienst des Königs zu leben? In der Bibel hören wir mehrere Male einen herzzerreißenden Notruf Gottes.

In Jesaja 6 darf der Prophet Jesaja einen Blick in den Himmel werfen. Er erblickt dort Ehrfurcht erweckende Engelswesen, erlebt die umwerfende Macht Gottes, und er hört dort die Stimme des Herrn fragen:

„Wen soll ich senden, und wer wird für uns gehen?“

Wer wird für uns gehen? Gott, der Vater, Jesus, der Sohn, und der Heilige Geist stellen diese Frage. Und es wird deutlich: Die Dreieinigkeit sucht Hilfe. In Hesekiel 22 lesen wir:

„Ich suchte einen Mann, der für das Land einen Schutzwall baut und die Lücken in den Mauern ausbessert, damit es gewappnet ist, wenn ich es zerstören will. Doch ich fand keinen. Darum lasse ich euch meinen Zorn spüren, er wird euch vernichten wie ein Feuer.“

Wollte Gott die Stadt verfluchen? Sie vernichten? Nein. Er wollte die Stadt beschützen und aufrichten, aber es war niemand da, der sich ihm zur Verfügung stellte und es als Ehre erachtete, Gottes Mitarbeiter zu sein. Und wieder in Jesaja steht:

„Er sah, dass niemand da war, und er entsetzte sich, weil niemand dazwischenging. Da brachte sein Arm ihm Hilfe und seine Gerechtigkeit unterstützte ihn.“

Nehmen wir einmal an, du hast in den letzten drei Jahren zehn Freunden beim Umzug geholfen. Es waren jeweils anstrengende Samstage gewesen. Du hättest sie dir auch schöner gestalten können. Doch du hattest die Zeit für deine Freunde übrig und trotz aller Anstrengung waren es im Nachhinein ja auch schöne Samstage gewesen. Nun willst du umziehen und benötigst Hilfe. Du rufst deine zehn Freunde an, doch keiner hat Zeit. Niemand von ihnen. Das Gefühl, das du im Moment der zehnten Absage fühlen würdest, verfielfältigt um Milliarden Menschen und auf Leben und Tod bezogen, muss Gott täglich spüren. Nach allem, was er für uns getan hat, nach Jesu Menschwerdung, nach dem Kreuz, nach der Auferstehung.

Und vielleicht fragt er sich: Besteht denn die ganze Menschheit nur noch aus Goldfischen, Banksitzern und ewigen Talenten? Wo sind Männer, die Musketiere sein wollen?

Die Frage, die daher an dich geht, lautet: Hast du das Herz? Hast du das Herz, zu dienen, zu geben, Verantwortung zu übernehmen und dich selbst aufzuopfern? Für Gott, den König?

Frag das später mal im Himmel

Stan Dale, ein Ex-Kommandant, hatte für sich den Ruf Gottes gehört, bisher unerreichten Stämmen Papua-Neuguineas das Evangelium zu bringen. Zusammen mit seiner Frau wollte er in den Dschungel gehen, um einem Stamm von Kannibalen von Gottes Liebe zu erzählen. Nachdem er mitten im Urwald mit bloßen Händen eine Landebahn für ein Flugzeug gebaut hatte, flog seine Frau zu ihm. Sie bekamen fünf Kinder und wohnten als Familie mitten unter den Stämmen, die ihnen feindlich gesinnt und für die Kinderopfer ganz normal waren. Zwei ihrer treuesten Papua-Freunde, die zum Glauben gekommen waren, wurden durch Mitglieder feindlicher Stämme ermordet. Und als Stan einmal ein paar Freunde aus einem Hinterhalt rettete, wurde er selbst von fünf Speeren getroffen. Nach seiner Genesung arbeitete er unermüdlich weiter, um Menschen zu Jesus zu führen. Eines Tages wurde er auf einer Erkundungstour mit seinem Begleiter von einem feindlichen Stamm überfallen. Mit mehr als 50 Speeren wurde Stan ermordet und anschließend aufgegessen.

Stan war Vater von fünf Kindern und Ehemann einer lieben wie tapferen Frau. Vielleicht fragst du dich, ob es von ihm verantwortungsbewusst war, so zu leben. Stelle diese Frage doch später mal den Papuas, die durch die Pionierarbeit von Stan und seiner Familie Gottes Gnade gefunden haben.

Stan hatte die Stimme gehört. Er war bereit, zu dienen, zu geben und den Preis zu zahlen. Er starb bei der Ausübung seiner Mission, und wie so oft in der Kirchengeschichte erwies sich das Blut eines Menschen, der um des Bekenntnisses seines Glaubens willen gelitten hat, als Saat für eine wachsende Kirche.

Hast du das Herz?

Das Herz von Pater Kuric

Vor einiger Zeit besuchte ich einen prächtigen Campus in Afrika. Es war ein großes Gelände mit hochgewachsenen Bäumen und Pflanzen. An diesem Donnerstagnachmittag spielten die Universitätsteams Fußball gegeneinander, auf einem sauber gemähten Feld. Mir zeigte sich ein Ort besonderer Schönheit – und einer Tragödie.

Ich war zu Gast an der „École Technique Officielle" (ETO) in Kigali, Ruanda. Beim Ausbruch des Völkermords, Anfang April 1994, suchten hier 2500 zu Tode verängstigte Menschen der Tutsi-Minderheit Zuflucht. Sie erhofften sich Schutz von den 90 belgischen UN-Blauhelmsoldaten, die auf dem Gelände stationiert waren. Der Campus wurde von Tausenden mit Kriegsfarben bemalten Hutus eingekreist. Mit Pfeifen, Buschmessern, Knüppeln und allerhand primitiven Waffen erhöhten sie den Druck auf die UN. Am 11. April, fünf Tage nachdem die ersten Flüchtlinge angekommen waren, bekamen die UN-Soldaten den Befehl, sich von dem Gelände zurückzuziehen.

Sie packten ihre Waffen ein, stiegen in ihre Fahrzeuge und fuhren weg. Noch während das letzte UN-Fahrzeug in Sicht war, strömten bereits Tausende mordgieriger Hutus auf das Gelände, um alle zu ermorden.

Der Film „*Shooting Dogs*" zeigt die Geschichte des ekelerregenden Massakers auf der ETO. In diesem Film spielt Pater Christopher eine wichtige Rolle. Als einziger Weißer weigert er sich, mit den UN-Militärs zu flüchten, und bleibt der lokalen Bevölkerung treu. Während er einige Kinder rettet, wird er ermordet. Nun gab es Pater Christopher in Wirklichkeit nicht. Aber diese Rolle war inspiriert durch Vjekoslav Kuric, einen kroatischen Priester. Er hatte sich als einer der wenigen Weißen geweigert, Ruanda während des Völkermords zu verlassen. Zeugen zufolge hat er Tausende Menschen vor dem Tod gerettet. „Ich habe mich dafür entschieden, nach Ruanda zu kommen, um das Königreich Gottes zu bauen. Ich will ihre Freude, ihr Leid und ihre Risiken teilen." Inmitten des Völkermords und danach wurde Kuric unzählige Male mit dem Tod bedroht, aber er gab sich weiter hin für die Ruandesen und baute sogar ein Krankenhaus. Am 30. Januar 1998 wurde er in Kigali erschossen.

Die UN-Soldaten und Pater Kuric erzählen Geschichten über das Herz. Die UN-Soldaten waren bereit zu dienen. Sie waren in Ruanda und taten, was sie konnten. Bis die Gefahr zu groß wurde. Als ihre Dienstbarkeit ihr eigenes Leben gefährdete, mussten sie gehen, mit allen Folgen, die das mit sich brachte. Pater Kuric hingegen blieb seinem Herzen treu, bis zum bitteren, glorreichen Ende.

Welche Geschichte erzählt dein Herz?

Vielleicht schickt Gott dich nicht zu den Papuas oder nach Ruanda. Es gibt genügend andere Menschen, die deine Hilfe benötigen.

Viele Männer treibt eine Frage um: Welches Ziel hat Gott mit meinem Leben? Ich bat einmal zehn Männer, sechs Wochen lang gemeinsam über diese Frage nachzudenken. Die Männer folgten der Einladung gerne und setzten sich mit einer ganzen Reihe Fragen auseinander, unter anderem: „Wofür lebe ich? Was sind meine Ziele hier auf der Erde?"

Eine Art, wie man Antworten darauf in Erfahrung bringen kann, ist, darauf zu schauen, was das Herz berührt. Eine andere zeigt sich in den rätselhaften Worten des Apostels Paulus:

> *„Was ich auch immer für euch erleiden muss, nehme ich gern auf mich; ich freue mich sogar darüber. Das Maß der Leiden, die ich für Christus auf mich nehmen muss, ist noch nicht voll. Und ich leide für seinen Leib, für seine Gemeinde."*

Fehlt etwas am Leiden Jesu? Scheinbar. Jesus hat getan, was er tun musste, und gleichzeitig benötigt es ein Extra an

Lebensenergie und Aufopferungsbereitschaft, um Jesu Leben in allen möglichen Situationen zum Ausdruck kommen zu lassen. Jesus ist vor 2.000 Jahren gestorben für alle Ruandesen, aber er brauchte einen Pater Kuric, um während der Albträume des Völkermords seine Liebe – durch Kurics Leiden – sichtbar zu machen. Jesus hatte den Preis für die Kannibalen im Urwald von Papua-Neuguinea schon lange bezahlt, aber er brauchte einen Stan Dale, der bereit war – durch sein Leiden – Jesus und seine Botschaft wirklich zu ihnen zu bringen. Um die Kirche zu dem zu machen, wie sie wirklich sein sollte, braucht Gott Männer und Frauen, die bereit sind zu leiden. Sie setzen so Jesu Werk fort und verwirklichen es an Orten, an denen die Kirche bislang unzureichend sichtbar ist.

Welchen Stein darf Gott auf dein Herz legen?

Während des Musketier-Wochenendes in Schottland 2010 stand am zweiten Tag ein Berg im Mittelpunkt unserer Wanderung: „Devil's Point". Der Weg zu diesem bedrohlich schwarzen Felsmassiv führte durch ein Tal mit hohen Bergrücken inmitten überwältigender Natur. Nach ungefähr sechs Stunden erreichten die Teams Devil's Point. Am Fuße dieses Berges steht eine Berghütte, in der Wanderer kostenlos übernachten können. Jedes Team hörte dort eine kurze Andacht, in der den Männern die Frage gestellt wurde, mit welchem Herzen sie in die Welt gehen wollen: mit dem der UN-Soldaten oder dem von Pater Kuric? Nach der Andacht suchte jeder Mann einen Stein. Dieser Stein symbolisierte die Last, die Gott ihm mitgeben durfte.

Welchen Stein darf Gott auf dein Herz legen?

Wo willst du mit Jesus leiden zum Bau seines Königreiches?

Die Männer suchten sich ihren Stein und durften einer nach dem anderen die Berghütte betreten. Darin brannte eine Fackel. Im Licht dieser Fackel waren großflächige Fotos sozialen Unrechts zu sehen. Armut. Gewalt. Teilnahmslosigkeit. Kinderarbeit. Krankheit.

Welchen Stein darf Gott auf dein Herz legen?

Die meisten Männer kamen weinend nach draußen. Anschließend durften sie, mit dem größten Stein in den Armen, Devil's Point besteigen und so Gott ihr Bekenntnis ausdrücken.

Welche Bastion des Teufels willst du niederreißen? Welchen Berg des Bösen willst du bezwingen? Wo willst du Gottes Herrlichkeit und Liebe durchbrechen sehen?

Die Männer kletterten und beteten. Sie kletterten und beteten sich den Berg hinauf. Auf halber Strecke konnten sie nicht mehr weiter. Von dort bis zum Gipfel gab es nur noch Schnee und Eis. Weiterzugehen wäre unmöglich und unverantwortlich gewesen. Die Männer bekamen daher zu hören: „Du bist bis hierhin gekommen. Klasse! Jesus hat den ganzen Berg bezwungen. Er ist an die Orte gekommen, wo wir nicht hinkommen können. Er hat das Böse überwunden."

Männer fanden an diesem Berg ihren Auftrag, ihre Bestimmung, ihre Vision. Für einen der Männer symbolisierte der Stein das Pflegekind, das er in der darauffolgenden Woche zum ersten Mal treffen sollte. Er beschloss, den Stein den ganzen Weg bis zum Basiscamp in seinem Rucksack mitzutragen. „Nach einiger Zeit fühlte ich das Gewicht des Steins nicht mehr", sagte er später. Zwei Monate nach dem Charakterwochenende erzählte er von seiner Pflegetochter und wie angstvoll er auf sie gewartet hatte. „Aber", sagte er, „wir sind nun zwei Monate weiter und dieses Mädchen sitzt für immer in meinem Rucksack. Ich spüre das Gewicht nicht einmal mehr. Der Stein ist nun eine Feder."

Ein anderer Mann erzählte, wie die Versorgung seines Sohnes, der an einer Autismusstörung leidet, jeden Tag neu ein Kampf ist. „Das ist der Stein, den Gott mir gegeben hat, und ich will ihn so gut wie möglich tragen. Ich will meinem Sohn dienen und ihn durch dieses Leben begleiten."

Was berührt dein Herz, und darf es dich etwas kosten?

Ein Musketier erzählte, dass sein Leben schon immer im Zeichen der Bequemlichkeit gestanden hatte. Nichts durfte zu viel Anstrengung kosten. Sein Leben musste komfortabel sein, ohne Sorgen, ohne Stress, ohne Probleme. Er tat nur die Dinge, die er als schön empfand, und vermied solche, die ihm eine zu große Herausforderung schienen. Nun, an diesem Berg angekommen, musste er auf die Suche gehen nach seiner Leidenschaft. Wogegen war er? Wofür trat er ein? Er entschied sich, einen schönen, großen Stein zu tragen. So groß, dass jeder ihn sehen konnte. Da er groß und stark war, würde er ihn ohne Weiteres tragen können. Er begann seinen Aufstieg zum Gipfel, doch der Stein war schwerer als erwartet. Auf halber Strecke hielt er inne. Er war ganz allein. Niemand war zu sehen.

„Und da kam mein Moment. Ich mühte mich dort mit dem schweren Stein in meinen Händen und dachte mir, dass ich genauso gut einen leichten Stein hätte mitnehmen können. Das wäre einfacher gewesen. Niemand würde jetzt mitkriegen, wenn ich meinen Stein einfach austauschen würde. Während ich darüber im Zwiespalt war, traf es mich plötzlich wie ein Donnerschlag. Das war mein Leben. Immer suchte ich den einfachsten Weg. Nichts durfte mich zu viel Mühe kosten. Immer griff ich zu einem leichteren Stein. Aber nun nicht mehr. Ich beschloss, meinen Stein zu behalten, und kämpfte mich weiter nach oben."

Nie wollte er in seiner Gemeinde viel Verantwortung übernehmen. Nach seiner Erfahrung am Devil's Point änderte sich das. Lag nun eine Herausforderung auf seinem Weg, würde er sie angehen. Ein paar Wochen später standen zwei Älteste bei ihm vor der Tür. Zögerlich fragten sie, ob er vielleicht darüber nachdenken wollte, das Amt eines Ältesten zu übernehmen. „Ich habe euch bereits erwartet", antwortete er. „Ich übernehme diese Aufgabe gerne." Darauf erzählte er den beiden verwunderten Ältesten, was ihn zu diesem Schritt bewogen hatte.

Jagen wie Nimrod

Wenn Gott einen Stein auf dein Herz legt, ist es wichtig, welche Form du dem Ganzen gibst. Nicht jeder muss predigen. Nicht jeder muss Missionar werden. Musketier zu sein bedeutet, dass du deine Fähigkeiten, Talente und die Kreativität, die Gott dir gegeben hat, optimal entwickelst und einsetzt. In 1. Mose 10 sehen wir, wie Gott es genießt, wenn jemand gut in seinem Fach ist:

„Kusch aber zeugte den Nimrod. Der war der Erste, der Macht gewann auf Erden, und war ein gewaltiger Jäger vor dem Herrn. Daher spricht man: Das ist ein gewaltiger Jäger vor dem Herrn wie Nimrod."

War Nimrod ein Priester? War er ein Autor frommer Bücher? War er ein pastoraler Mitarbeiter? Nein. Nimrod war ein Jäger. Er suchte ein Tier, wartete im Gehölz, verfolgte das Tier, erlegte es und zog ihm die Haut ab. Und Nimrod war nicht irgendein Jäger. Er war der beste der damaligen Welt. Er jagte so, wie Gott wollte, dass gejagt werden sollte. Er jagte so fantastisch, dass er Gottes Aufmerksamkeit damit erweckte. Gott schaute vom Himmel herab und sah Nimrod bei der Arbeit zu und dachte bei sich: „So ein Schuss, so viel Kraft, so viel Mut – prächtig! Was für ein Jäger ist dieser Nimrod." Seine Jagdkunst wurde sprichwörtlich: „Ein gewaltiger Jäger vor dem Herrn wie Nimrod."

Was ist dein Ding? Bist du gewaltig darin, Leitung zu geben? Zu verwalten? Unterricht zu geben? Mit Kindern zu arbeiten? Zu bauen? Zu transportieren? Zu musizieren? Egal was deine Sache ist, sorge nur dafür, dass du der Beste darin wirst, der du werden kannst.

Malcolm Gladwell, ein kanadischer Journalist und Unternehmensberater, untersuchte einmal, welche Faktoren einen Menschen in einem Bereich hervorragend werden lassen. Demnach brauchst du dafür etwa 10 000 Übungen oder, anders gesagt, zehn Jahre lang drei Stunden täglich.

Sorge dafür, dass du buchstäblich gewaltig wirst in deinem Metier! Lerne zu „jagen wie Nimrod".

Warte damit nicht mehr! Der beste Tag, um diese neue Phase der Nachfolge Jesu zu beginnen, ist heute. Immer wieder ermutigt uns die Bibel, etwas zu tun. Verschiebe das nicht, weise es nicht von dir. Du hast schon lange genug als Goldfisch, Banksitzer oder ewiges Talent gelebt. Nimm das Weglaufen vor der Verantwortung aus deinem Jutesack. Du darfst Verantwortung übernehmen. Du darfst zu den Elitetruppen des Königs treten. Du darfst handeln. Jetzt!

Wenn du deine sprichwörtlich gewordenen Fähigkeiten für den Stein einsetzt, den Gott auf dein Herz gelegt hat, achte auf dein Herz. Es könnte sein, dass neue Bücher geschrieben werden müssen. Über dich und dein Leben als Musketier. *Just do it.*

„‚Hey, was geschieht doch in dieser Stadt?‘,
sagte Athos. ‚Es wird Alarm geblasen.‘
Die vier Freunde lauschten und tatsächlich drang
der Trommelwirbel aus der Ferne zu ihnen durch.
‚Du wirst sehen, dass sie ein ganzes Regiment
auf uns hetzen‘, sagte Athos.
‚Du denkst doch nicht, dass du gegen ein ganzes
Regiment standhalten kannst?‘, fragte Porthos.
‚Warum nicht?‘, sagte der Musketier.“

ALEXANDRE DUMAS

Kapitel 8

Den Anfang wagen

Drei Musketiere

Seit Jahrhunderten ruft Gott Männer dazu auf, „zu jagen wie Nimrod". Männer, die als Musketier leben sollten. Einer von ihnen war Gideon:

Gottes Auftrag erging an Gideon in einer schwierigen Zeit. Seit sieben Jahren suchte eine Koalition grausamer Wüstenvölker Israel regelmäßig heim. Ihre Krieger fielen vernichtend und grausam über das Volk her. Sie stahlen den Männern ihre Ehre, raubten Frauen ihre Schönheit, entrissen Kindern ihre Zukunft und vernichteten die gesamte Ernte wie das Vieh. Erst als dieser Feind wieder hinter dem Horizont verschwunden war, krochen die Überlebenden des Überfalls aus den Grotten und Löchern hervor, in denen sie sich versteckt gehalten hatten. Sie waren müde und hoffnungslos.

Das Bittere daran war, dass die Israeliten sich die ganze Situation selbst eingebrockt hatten. Sie hatten auf den Götzen Baal gesetzt, den sie für den Gott des Sturms, Regens und des Wachstums von Pflanzen hielten. Aber Baal hatte sich nicht an die Vereinbarungen gehalten. Und sie verehrten Aschera, die Muttergöttin der Liebe, des Krieges und der Fruchtbarkeit. Aber auch sie war ihrer Vereinbarung nicht nachgekommen. Jedenfalls nicht im Sinne Israels. Zwar war Krieg gekommen, nur richtete er sich gegen Israel. Weder Tempelprostitution noch Kinderopfer hatten ihn verhindern können. Israel wurde bei lebendigem Leibe gerupft. Das Volk wurde erniedrigt bis auf die Knochen. Es war bitterarm und nackt. Verzweifelte Schreie hallten durch diese finstere Zeit in den Himmel hinauf, bis zu Gott. Er hörte das Rufen seines Volkes, und anstatt den Buchdeckel zu schließen, begann er ein neues Kapitel. Sein Bote, ein Engel, nahm unter einem Baum Platz und sprach zu Gideon:

„Der Herr steht dir bei, du starker Kämpfer! [...] Ich gebe dir einen Auftrag: Geh, und rette Israel aus der Gewalt der Midianiter!"

Als Gideon fragte, wie er das tun könnte, antwortete Gott:

„Ich helfe dir!"

Gideons Leben war von da an nicht mehr dasselbe.

Nicht verschieben, sondern anfangen

Zu jagen wie Nimrod, zu leben wie ein Musketier, zu handeln wie ein Held – diese Einladung liegt für jeden von uns bereit.

Welchen Stein hat Gott auf dein Herz gelegt? Welchem Auftrag wirst du nachgehen?

Einem Auftrag nachzugehen, ihn auszuführen, ist ein Unternehmen von überragender Bedeutung. Er beginnt, wie alles andere, mit einer Entscheidung. Dem Ja zum Anfangen. Dem Ja zum Handeln.

Schauen wir in Gideons Geschichte, scheint das Anfangen der schwierigste Teil seines Abenteuers mit Gott zu sein. Zwar qualifiziert ihn der Engel mit den Vorschusslorbeeren „tapferer Kriegsheld", aber deckt sich das tatsächlich mit unserem Eindruck? Denken wir bei „tapfer" an einen Mann, der aus Angst vor dem Feind seinen Weizen heimlich in einer Weinpresse drischt? Auch erwarten wir bei einem tapferen Mann nicht, dass er mit Fragen und Einwänden reagiert, wenn er vor einer Herausforderung steht. Oder dass er erst Zeichen erbittet, um sich einer Sache zu vergewissern. Doch all das tat Gideon. Zusammen mit zehn Männern führte er seinen ersten Auftrag aus, den Baal-Altar und die Statue der Aschera niederzureißen sowie den Prachtstier seines Vaters auf einem Altar für Gott zu opfern. Das Ganze war eine Nacht-und-Nebel-Aktion. Aus Angst. Gideon fürchtete sich vor den Menschen, seiner Familie und den Einwohnern der Stadt. Als Gott ihn später beauftragte, die Armee der Midianiter anzugreifen, bat er zunächst Gott um ein Zeichen. Zweimal breitete er ein Vlies geschorener Wolle aus, um sich Gottes Beistand zu vergewissern. War das ein Zeichen des Glaubens? Eher wohl das Gegenteil.

Etwas später ermutigte Gott ihn noch einmal durch einen Traum. Immer wieder streckte sich Gideon mit beiden Händen nach Gelegenheiten aus, die ihm einmal mehr bestätigen sollten, was Gott ihm bereits versprochen hatte: Du wirst siegen.

Warum war Gideon trotzdem ein tapferer Held? Warum bekam er einen Platz in der berühmten Galerie der Glaubenshelden in Hebräer 11? Was sah Gott in ihm?

Gott sah sein Herz. Gott wusste, dass Gideon seinen Auftrag angehen und ausführen würde trotz seiner Ängste. Das machte Gideon zu einem Helden.

Viele Männer wollen gerne für ihren Auftrag, ihre Vision, ihr Ziel leben, aber es passiert nichts. Warum? Sie haben Angst. Wir Männer fürchten uns davor, als ängstlich wahrgenommen zu werden. Deshalb verschließen wir uns oft. Wir ziehen uns dann hinter dicke Mauern zurück. Äußerlich mimen wir noch das Musterbeispiel an Kraft, während unser Inneres zittert wie ein zerbrechlicher Strohhalm. Wir verbergen uns hinter einer Maske von Tatendrang, Beherrschung und Kontrolle, während uns unsere Sehnsucht, als echter Mann angesehen zu werden, umtreibt. Das Tragische daran ist, dass wir nicht nur mit unserer Angst leben müssen, sondern auch mit der Angst, dass es irgendjemand herausfindet. Und du darfst sicher sein, früher oder später wird es jemand.

„Mich juckt es“

Ein paar Tage vor einem Musketier-Charakterwochenende klingelte mein Telefon. Jos, ein Makler aus unserer Gemeinde, wollte mich sprechen. Er sagte: „Hör gut zu, ich zweifele stark daran, ob ich dieses Wochenende mitmachen soll. Ich fühle im Moment totale Panik. Ich stecke komplett in meiner Arbeit und meiner Familie fest, ich fühle mich unglaublich unsicher und kann kaum klar nachdenken, geschweige denn Entscheidungen treffen. Vor allem aber habe ich ... Angst. Ich kann dieses Charakterwochenende nicht überschauen. Ich habe heute Abend sogar mit meinem Hausarzt und einem Psychologen gesprochen und ihr Rat war: ‚Wir raten dir nachdrücklich nicht mitzugehen!‘“

Jos weihte mich noch in ein paar Hintergründe ein, woraufhin ich ihn besser verstehen konnte. Trotzdem gab ich mein Bestes, ihn an Bord zu halten, und sagte: „Ich bin zutiefst davon überzeugt, dass du doch mitgehen solltest.“ Das meinte ich ehrlich. Daraufhin gab Jos zu, dass er Angst hatte, entlarvt zu werden. Dass er nicht länger den Schein wahren könne, alles unter Kontrolle zu haben. Er fürchtete, dass nun zum Vorschein kommen würde, was wirklich in ihm vorging, dass er zugeben müsse, im Wesentlichen todängstlich zu sein. Und das wollte er nicht.

Letztlich ging Jos doch mit, und er unternahm damit den wichtigsten Schritt zum Sieg über seine Angst. Während der Tour fing Jos an, in seinem Team ehrlich über seine Ängste zu reden. Auch seine Gefühle traten zum Vorschein, zum Beispiel gegenüber seinem Teamkollegen Jan. Jan ist Missionspastor in unserer Gemeinde, er predigt regelmäßig in den Gottesdiensten. Während des Charakterwochenendes suchte Jan den Kontakt zu Jos, um ihn zu ermutigen. Das ärgerte Jos, der alles daransetzte, ihm stets aus dem Weg zu gehen. Dann, kurz vor dem Höhepunkt des Wochenendes, als alle Männer erschöpft vor dem Kreuz niederknieten, geschah etwas Seltsames: Jan ging auf Jos zu und sagte: „Ich liebe dich, Bruder.“ Jos war sichtlich verdutzt, aber beschloss vollkommen ehrlich zu reagieren und sagte: „Dann muss ich dir etwas sagen, Jan. Mich juckt es jedes Mal, wenn ich dich sehe. Du irritierst mich die ganze Zeit auf eine äußerst unangenehme Art. Wenn du predigst, ärgere ich mich, nicht besser zu Hause geblieben zu sein." Jan war zutiefst erschrocken. Nie hätte er etwas davon gespürt oder darüber gewusst, erklärte er. Daraufhin kamen beiden Männern die Tränen und sie drückten sich wortlos. In dieser Umarmung lag alles: Vergebung, Befreiung und eine besondere Verbindung, die Jan und Jos nun miteinander hatten. Jan erzählt noch heute: „Jedes Mal wenn ich Jos sehe, bin ich stolz auf ihn, dass er so mutig gewesen ist, seine Gefühle in Worte zu fassen."

Ein Kennzeichen tapferer Helden ist, dass sie ihre Angst überwinden, indem sie ehrlich mit ihr umgehen. Das Charakterwochenende war für Jos ein Wendepunkt. Es veränderte sein Leben. Wo vorher Panik, Ratlosigkeit und Angst regiert hatten, zog nach dem Wochenende der Friede Gottes ein. Er gab Jos Kraft, das Leben Schritt für Schritt weiterzugehen.

Was hält dich zurück, eine neue Phase in der Nachfolge Jesu zu beginnen? Warum schiebst du sie auf oder hältst sie von dir fern? Wovor hast du Angst?

Hast du Angst, andere könnten entdecken, wer du wirklich bist? Befürchtest du kein guter Vater zu sein, weil du selbst keinen vorbildlichen Vater hattest? Bist du gehemmt, deine Arbeit zu verrichten, weil du keinen ehrlichen Chef hast oder Kollegen, die viel schneller sind als du? Machst du dir Sorgen, ein guter Ehemann sein zu können, weil du glaubst, nichts von Gefühlen zu verstehen?

Getrieben durch den Geist

Gideon begann seine Mission im Widerspruch zu seiner Angst. Aber der Moment, in dem Gideon wirklich anfing zu handeln, war der Moment, in dem das Horn geblasen wurde und er eine

Armee auf die Beine stellte. Es ist kein Zufall, dass zuvor der Satz steht:

„Da wurde Gideon vom Geist des Herrn ergriffen."

Gottes Geist fiel auf Gideon und packte ihn. Die wörtliche Übersetzung des Textes beschreibt es noch etwas stärker: „Der Geist des Herrn zog Gideon an." Wie ein maßgeschneiderter Anzug nahm Gottes Geist Besitz von Gideons ganzem Wesen. Gleichsam war er eine Waffenrüstung. Jeder, der es nun mit Gideon zu tun bekam, war konfrontiert mit Gottes Geist in ihm. Arme Midianiter! Ohne diesen kleinen Satz, dass Gottes Geist Gideon angezogen hatte, wäre Gideon aufgeschmissen gewesen. Es hätte keine geistliche Getriebenheit und wirkliche Leidenschaft gegeben. So auch wir: Ohne Gottes Geist würden wir „vernünftig" bleiben und nie anfangen, den Auftrag zu leben und der Zielsetzung nachzukommen, die Gott für uns vorgesehen hat. Oder so wie Kierkegaard feststellte:

„So ist unsere Zeit vor allem vernünftig, vielleicht ist uns das im Durchschnitt mehr als vorhergehenden Generationen bewusst, aber sie ist leidenschaftslos. Alle wissen eine ganze Menge, wir wissen alle, welchen Weg wir einschlagen müssen, und wissen, welche Wege wir einschlagen könnten, aber niemand will diesen Weg dann auch wirklich gehen."

Gibt es Lebensbereiche, in denen du Angst hast? Sei dann auf der Hut! Von den 32 000 Männern Gideons, die angetreten waren, um gegen die Armee der Midianiter zu kämpfen, wurden 22 000 wieder nach Hause geschickt. Warum? Weil sie Angst hatten. Sie waren nicht zufrieden mit ihrer Lebenssituation, besaßen aber nicht den Mut, wirklich etwas daran zu ändern.

Gottes Geist will Männer in die Welt schicken, Angst aber drückt sie in den Stuhl zurück. In welchen Gebieten deines Lebens brauchst du es, dass Gottes Geist der Liebe, Kraft und Besonnenheit jede Form der Feigheit vertreibt? Besprich das mal ehrlich mit anderen Männern, Brüdern des Glaubens!

Inspirationsquelle

Gideon stellte sich der Herausforderung – dem Kampf – mit allem, was er hatte. Das war auch nötig, denn 300 Mann gegen 135 000 aufzustellen, brauchte vollen Einsatz und gute Ideen. Gideon zeigte sich als brillanter Stratege, er wusste die Macht der Illusion und des Überraschungsmoments maximal auszunutzen. Und Gott gebrauchte das durch Gideon verursachte Chaos und ließ die Völker einander bekämpfen. Anschließend steht dort:

> *„Gideon rief die Männer der Stämme Naftali, Asser und Manasse zusammen, um die Midianiter zu verfolgen. Er sandte auch Boten zum Stamm Ephraim im Gebirge und ließ den Männern dort ausrichten: ‚Kommt herab, und stellt euch den Midianitern in den Weg! Besetzt die Wasserstellen bis nach Bet-Bara und die Übergänge des Jordan!' Die Ephraimiter folgten der Anordnung, sie nahmen zwei midianitische Fürsten, Oreb und Seeb, gefangen und töteten sie. [...] Danach nahmen sie die Verfolgung der Midianiter wieder auf."*

Männer, die ihre Angst besiegen und als tapfere Helden ihre Gaben im Dienst des Herrn einsetzen, inspirieren andere. Gideons Männer, die zunächst nach Hause gegangen waren, wurden nun wieder vollständig in den Kampf eingebunden. Sie folgten dem Auftrag, weil sie mitbekommen hatten, wie Gideon zuvor gekämpft hatte.

Männer sollten eine Inspirationsquelle für andere Männer sein. Inspirierst du andere?

Nicht zusammenbrechen, sondern weiterdienen

Nicht nur anzufangen ist notwendig, wenn es um das Ausleben deiner Mission geht. Genauso wichtig ist es weiterzudienen. Das bedeutet, dass du deinem Zuhause ein treuer Diener bleibst. Dass du kämpfst für das, was dir anvertraut ist. Dass du Wort hältst gegenüber denen, die es von dir verlangen. Dass du darauf achtest, dass die Dynamik des Friedens in deinem eigenen Haus nicht in Gefahr gerät, wenn dein Auftrag, deine Vision, nicht so aufgeht, wie du dir das vorgestellt hast.

Höre einmal Kindern von Gemeindeleitern, Predigern, Missionaren und Evangelisten zu, die der Kirche den Rücken zugewandt haben. Oft haben sie die Kirche verlassen, weil der Vater mehr Aufmerksamkeit, Liebe und Zeit für die verlorenen Seelen in der Welt hatte als für seine eigenen Kinder. Ähnliches gilt für Männer, die sich in ihrer Karriere verlieren. Nur hegen Kinder bei dieser Form der Abwesenheit ein anderes Gefühl.

Ein junger Mann vertraute mir (Theo) seine klaffende Vaterwunde an. Sein Vater war fast nie da gewesen. Jede Minute seiner Freizeit hatte sein Vater für die Kirche gearbeitet. Immer wieder hatte sein Sohn versucht, mit ihm darüber zu reden, aber die Botschaft seines Sohnes drang einfach nicht zu ihm durch. „Das ist nun einmal so", hatte der Sohn nur jedes Mal gehört.

Samma, der Löwe

Jemand, der den Kampf für das eigene Zuhause verkörpert, ist Samma, der Sohn von Age. Er ist einer der drei großen Helden Davids. Eines Tages hatten die Philister ihre Truppen bei Lechi versammelt, einer Stadt, die vermutlich im Stammesgebiet von Juda lag, an der Grenze zu den Philistern. Dort gab es einen Acker mit Linsen. Die Philister waren bis zu diesem Zeitpunkt den Israeliten überlegen gewesen. Unter David änderte sich das – unter anderem durch Kerle wie Samma.

Während das israelitische Heer flüchtete, postierte sich Samma auf dem augenscheinlich unbedeutenden Stück Land. Samma schätzte den kleinen Acker wert und kämpfte mit voller Inbrust für dieses Stück Land. Er kämpfte wie ein Löwe für sein Zuhause. Kein einziger Philister konnte ihn verjagen. Der Herr ehrte Sammas Anstrengungen, er schenkte Israel den Sieg.

Männer träumen oft von großen sichtbaren Erfolgen auf der Arbeit oder in der Kirche. Aber es ist notwendig, dass wir uns bewusst machen, dass der Dienst außerhalb einhergeht mit dem Dienst zu Hause, für unser Stück Land. Im Kleinen wie im Unsichtbaren. Oswald Chambers sagte einmal:

„Man kann glanzvoll eine Krise durchstehen, aber es ist etwas anderes, jeden Tag für die Ehre Gottes zu kämpfen, wenn keine Zeugen da sind, wenn man nicht ins Rampenlicht treten kann und niemand auch nur ein bisschen Aufmerksamkeit für uns übrig hat."

Was heißt es, zu Hause anzufangen? Für einige bedeutet es, den Fernseher auszuschalten und die Intimität mit der Ehefrau zu feiern. Für andere geht es darum, das Schweigen zu durchbrechen und wieder anzufangen miteinander zu reden. Oder damit aufzuhören, den anderen zu negieren, und ihn vis-à-vis aufzusuchen. Nicht länger zu verurteilen, sondern zu ermutigen. Nicht nur vor deinen Kollegen ein Beispiel der Spannkraft zu demonstrieren, sondern auch für deine Kinder eins zu sein. Ein Anfang verlangt manchmal eine radikale Veränderung.

„Du musst vorn laufen"

Auf einem Charakterwochenende wurde Erwin, ein Teilnehmer, durch Gott stark angesprochen, dass er vor allem „zu Hause anfangen sollte". Nach einer ermüdenden Wanderung am zweiten Tag kam er erschöpft im Basislager an. Nun stand für diesen Tag noch eine weitere Tour an, durch eine Grotte. Die Tour sollte eine Dreiviertelstunde dauern. Erwin war entschlossen, in die Grotte zu gehen, aber ebenso stand für ihn fest, dass er nicht als Erster gehen wollte. Es kam anders, als er beabsichtigt hatte. Er lief voraus. Mit Händen und Füßen suchte Erwin an spiegelglatten Wänden und Vorsprüngen Halt und bahnte sich einen Weg durch enge Spalten. Lange Zeit ging alles gut, bis er dahinterkam, dass die komplette Gruppe im Kreis gelaufen war. Die Männer, mit Erwin an erster Stelle, mussten zurück. Erwin sagte:

„Schwitzend und abgequält kam ich endlich zum Ausgangspunkt zurück. Ich schnappte nach Luft, als ich als Erster aus der Grotte herauskam. Ich war kaputt, böse und empört. ‚Wozu soll das hier gut sein?', dachte ich. Erst in der darauffolgenden Nacht machte Gott mir klar: ‚Erwin, sei ein Priester in deiner Familie. Du musst an erster Stelle laufen.'"

Ein anderer Musketier erzählte einige Zeit später:

„Es hat sich viel geändert. Ich habe wieder angefangen, mehr mit meiner Frau zu beten. Wir räumen der Zeit zu zweit und mit Gott Priorität ein. Das fühlt sich sehr gut an. Zuvor verbrachten wir viele Abende vor dem Fernseher mit Chips. Jetzt nehmen wir uns Zeit, um an unserer Beziehung mit Gott zu arbeiten. Wir entscheiden uns bewusst, den Fernseher nicht anzumachen, um die freie Zeit besser zu nutzen. Manchmal aber bin ich müde und würde mir am liebsten einen Freibrief erteilen, um vor dem Fernseher abzuhängen. Aber dann treffe ich bewusst die Entscheidung, etwas anderes zu tun und erledige Arbeiten rund ums Haus. So etwas schob ich früher immer weg. Heute gehe ich solche Dinge so schnell wie möglich an, um sie zu erledigen – zur Freude meiner Frau. Auch meinen Kindern gegenüber bin ich anders geworden. Ich nehme mir jetzt bewusster Zeit für sie und schenke ihnen meine ungeteilte Aufmerksamkeit."

Rituale einbauen

Samma kämpfte für einen kleinen Acker und siegte. Sehr oft aber nehmen wir Dinge, die uns auf der Arbeit oder in der Kirche beschäftigen, mit nach Hause und zur Tür herein. Es kann daher hilfreich sein, den Übergang vom „Außendienst" zum „Innendienst" mit einem Ritual zu markieren, zum Beispiel kannst du auf dem Weg nach Hause noch eben an einer Tankstelle halten und eine Tasse Kaffee trinken. Oder du lehnst für einen Moment dein Fahrrad an einen Baum und betest für deine Familie. Achte auch darauf, dass du dein Telefongespräch beendest, ehe du über die Schwelle deiner Haustür trittst. Solch ein Ritual hilft dir umzuschalten. Gönne dir diesen Augenblick, damit du den Kopf freibekommst, um für deinen Acker zu kämpfen. Denn ohne Siege zu Hause gibt es keine Basis für Siege vor deiner Tür.

Nicht den Weg des geringsten, sondern des größten Widerstands

Wenn wir gute Diener unseres Zuhauses sind, hindert uns nichts mehr daran, direkt der Gefahr entgegenzutreten, wenn es darauf ankommt. Wir brauchen die Mentalität eines Jonatan, wenn wir unsere Mission, die Gott in unser Herz gelegt hat, wirklich wahr machen wollen.

Jonatan, der Sohn Sauls und Freund Davids, war dazu bereit. Die Israeliten befanden sich im Krieg mit den Philistern, aber der Kampf war ungerecht. In ganz Israel gab es zu dieser Zeit, bedingt durch die Philister, weder Schwert noch Speer. Nur Saul und Jonatan besaßen noch ordentliche Waffen. Da fasste Jonatan eines Tages den Plan, einen Wachposten der Philister anzugreifen – und das aus gutem Grund:

„Vielleicht hilft uns der Herr, denn für ihn spielt es keine Rolle, ob wir viele oder wenige sind.“

Sein Waffenträger fand diesen Plan ausgezeichnet:

„Ich bin dabei! Du kannst auf mich zählen.“

Daraufhin entfaltete Jonatan seinen Kriegsplan:

„‚Pass auf‘, fuhr Jonatan fort, ‚wir nähern uns unseren Feinden, bis sie uns sehen. Wenn sie uns dann zurufen: Halt, keinen Schritt weiter!, oder: Wir kommen und töten euch!, dann lassen wir unseren Plan fallen und gehen nicht zu ihnen hinauf. Wenn sie aber rufen: Kommt doch herauf zu uns!, dann wollen wir hinaufsteigen. Denn das soll für uns ein Zeichen sein, dass der Herr uns den Sieg über unsere Feinde schenken wird.‘“

Das sagt alles über das Holz, aus dem Jonatan geschnitzt war. Tatsächlich fragte Jonatan Gott hier um Erlaubnis, anzugreifen. Kein einziger Feind war so dumm, seinen klaren Vorteil zu verspielen und eine höher gelegene Position aufzugeben. Dass die Philister herabkommen, war das unwahrscheinlichste Szenario, das man hätte erwarten können. Ähnlich wie die Schlussfolgerung: „Wenn morgen um 13:32 Uhr ein Golden-Retriever-Bulldoggen-Mischling in einem Sakko vor meiner Tür steht, um für den Weltnaturfonds zu sammeln, dann *werde ich es nicht tun.*"

Jonatan formulierte so viel wie: „Gott, du musst ein Wunder tun, um mich davon abzuhalten. Wenn nicht, greife ich sie an!" Das Wahrscheinlichste war natürlich, dass die Philister sagen: „Kommt herauf!" Und genau das, das Naheliegendste, versteht Jonatan als Zeichen, dass Gott ihm den Sieg geben wird. Das Wunder, dass die Philister den Berg herabkommen, blieb aus und infolgedessen ging Jonatan in den Angriff über. Die Folge war Panik und Verwirrung. Und Gott machte die Angst der Philister komplett, indem er ein Erdbeben schickte. Das Gewirr war so groß, dass die Philister sich letztlich gegenseitig bekämpften. So schenkte Gott an diesem Tag Israel den Sieg.

Und wo hatte all das angefangen? Bei einem Mann, der eine besondere Mentalität besaß und betete: „Du musst ein Wunder tun, um mich zurückzuhalten, ansonsten wähle ich einfach den gefährlichsten und schwierigsten Weg."

Als Erster bestellen

Wie kann diese Mentalität Jonatans in deinem Leben zum Ausdruck kommen? Fang am besten gleich an, und zwar im Kleinen:

- *Bestell beim nächsten Restaurantbesuch als Erster und nimm nicht einfach das, was andere gewählt haben.*
- *Pass nicht länger deine Meinung an, sondern stehe für deine Überzeugungen ein.*
- *Trau dich „Ja" oder „Nein" zu sagen, wo es nötig ist.*
- *Lass deine Sucht, etwas leisten zu müssen, los und schaue auf die Menschen und deine Beziehungen.*
- *Widerstehe dem Druck deiner Kameraden, Kollegen, Freunde.*

- *Rudere gegen den Strom!*
- *Führe endlich das Gespräch mit deinem Vater, deiner Frau, deinem Sohn, deiner Tochter.*
- *Schlag den schwierigsten Weg ein und gib weder Bequemlichkeit noch Faulheit eine Chance.*
- *Übernimm Verantwortung für Not leidende Menschen und engagiere dich im globalen Kampf gegen Armut.*
- *Reise mit einer Menschenrechtsorganisation mit, die Kinder aus der Sklaverei befreien will.*
- *...*

Die Mentalität Jonatans kann auf zahlreiche Art in deinem Leben zum Ausdruck kommen.

Leben als Musketier

Gibt es noch Musketiere? Gibt es noch Männer wie Gideon, Samma und Jonatan? Seit Jahrhunderten sucht Gott Männer, denen es eine Ehre ist, ihr Leben in den Dienst des Königs zu stellen.

Unsere drei Helden, Gideon, Samma und Jonatan, ließen nach einer rauen Tour hinauf zum Gipfel des Berges alle ihren Jutesack zurück. Vorüber war ihre Zeit des Verschiebens, des Zusammenbrechens und des Wandelns auf dem Weg des geringsten Widerstandes. Die Bibel berichtet uns von drei Männern, die es vermochten, zu dienen, zu geben, Verantwortung zu übernehmen und Opfer zu bringen.

Wenn wir das Abenteuer der Nachfolge Jesu ernst nehmen und seiner Einladung wirklich folgen wollen, wenn das Ganze zu „unserer Sache" werden soll und wir den Stein mit aller Kraft ins Rollen bringen und ausfüllen wollen, den Gott uns aufs Herz gelegt hat, dann müssen wir so lernen zu leben wie diese drei:

Gideon begann den Weg seines Auftrags zu gehen, trotz seiner Ängste.

Samma war durch und durch ein Diener, der für sein Zuhause kämpfte.

Und Jonatan hatte gelernt, den schwierigsten Weg zu lieben.
Jetzt dürfen wir.
Anfangen.
Weiterdienen.
Den Weg des größten Widerstands wählen.
Und dann ...
Nicht aufgeben.
Durchhalten.

„‚Nun', sagte D'Artagnan während er seine Arme mutlos entlang seines Körpers hängen ließ, ‚dann hat es keinen Sinn noch länger zu kämpfen; dann kann ich mir genauso gut selbst vor die Rübe schießen, dann ist es zumindest erledigt.'

‚Das ist wohl die letzte Dummheit, die ein Mensch hervorbringen kann', sagte Athos, ‚angesichts der Tatsache, dass es die einzige ist, für die kein Heilmittel besteht.'

‚Aber mit solchen Feinden entkomme ich doch nicht', sagte D'Artagnan."

ALEXANDRE DUMAS

Kapitel 9

Ermutigung erfahren

Auf heißer Tat

Essen ist vielen Männern wichtig. Nicht umsonst heißt eine Redensart: „Liebe geht durch den Magen“ – vor allem bei Männern. Sie lieben es, gut zu essen. Allerdings können wir immer noch lernen, was es heißt, Mahlzeiten wirklich zu genießen und sie mit Menschen zu gestalten. Nehmen wir uns ein Beispiel an Jesus: Immer wieder begegnen wir ihm bei Tisch. Er aß oft und wahrscheinlich auch viel. Zumindest nannten ihn andere einen „Fresser“ und „Säufer“. Er aß gern in Gesellschaft, und zwar mit Engeln, Prostituierten, Pharisäern, Freunden, Zöllnern, Sündern ... Wurde er nicht unter anderem wegen genau dieser Essgewohnheiten ermordet?

Mehr als fünfzehn Geschichten tragen sich während einer Mahlzeit zu. Auch in seinen Lehren spricht Jesus oft über die Nahrung. So hat in mehreren Gleichnissen die Mahlzeit eine wichtige Bedeutung. Auch in Johannes 21, wo Jesus nach der Auferstehung mit seinen Freunden frühstückt.

Sieben der ursprünglich zwölf Jünger waren von Jerusalem nach Galiläa gereist. Sie hatten beschlossen, eine Nacht auf dem See zu fischen. Die ganze Nacht über fingen sie nichts. Nicht einmal das gelang ihnen noch, obwohl unter ihnen Meister des Fischfangs waren. Sie waren am Tiefpunkt ihrer Krise angekommen. Auf jede erdenkliche Art und Weise war ihre Welt auf den Kopf gestellt worden. Der tragische Verlust von Jesus, die

Aufregung über seine Auferstehung – all das war zu viel gewesen. Zudem war ihre Freundesgruppe zerstreut. Sieben waren am See, Judas hatte Selbstmord begangen, und von vieren berichtet die Bibel nicht, wo sie waren.

Runden auf dem See

Jesus wusste, dass es turbulente Zeiten werden würden und dass Mutlosigkeit und Ziellosigkeit auf der Lauer lagen. Es war notwendig, die Einheit in der Gruppe wiederherzustellen. Sein Fokus lag auf dieser Mission.

Was aber suchten die Jünger in Galiläa, im Norden Israels? Vor seinem Tod hatte Jesus mehrmals gesagt: „Nach meinem Tod treffe ich euch auf dem Berg, unserem Berg, in Galiläa.“ Alle Mitglieder dieser Brüderschaft wussten genau, welchen Ort Jesus gemeint hatte. Zwar befanden sich die sieben Jünger in Galiläa, nicht aber auf dem Berg, sondern am See, im Tal. Sie hatten gut angefangen, waren ein Stück in die richtige Richtung gegangen, hatten sich für den Weg des größten Widerstands entschieden, und sie hatten an der Mission Jesu teilgenommen. Aber sie hatten zu früh aufgehört. Das Unternehmen war von ihnen aufgegeben worden. Vielleicht hatten sie einen kurzen Blick auf den Berg geworfen und Jesus dort nicht entdeckt. Folglich verging ihnen die Lust, den Berg zu besteigen, und sie wandten sich kurzerhand dem See zu. Dort fingen sie wieder an, ihre alten Fischerrunden zu drehen.

Wir haben dieses Szenario schon einmal gesehen: Jünger, die als Fischer ihre Runden auf dem See Genezareth drehen und leere Netze einholen. Nach drei inspirierenden Jahren in der Nachfolge Jesu und zwei Begegnungen mit dem Auferstandenen in den letzten Tagen gehen die Jünger wieder fischen. Sie fallen in ihre alte Gewohnheiten und Muster zurück, in eine Leere. Es scheint, als wären die letzten drei Jahre vergebens gewesen. Sie sind in ihr altes Leben zurückgekehrt.

Wie ist es bei dir? Wo befindest du dich momentan? Wartest du auf dem Berg? Oder bist du an den See gegangen? Bist du noch bei dem Unternehmen dabei oder hast du schon aufgegeben?

Unsere Geschichte

Plötzlich ertönt eine Stimme. Es ist Jesus, aber das wussten die Jünger noch nicht. Er will mit seinen Freunden frühstücken. Warum? Jesus weiß, dass wir dazu neigen, uns an den See zu setzen und uns mit der Sicht auf den Berg zu begnügen. Dass wir aufgeben und das Ziel nicht erreichen. Und er weiß noch vor uns, wenn wir unseren alten Jutesack wieder aufnehmen und unsere Runden über den See Genezareth drehen. Er weiß, dass wir zurückkehren zu denselben Fallstricken und leeren Netzen – was auch immer das für dich bedeuten mag: deine alten Wutausbrüche, deine alte Unreinheit, deine 80-Stunden-Arbeitswoche, deine Geldsucht, deine Angst, deine Flucht vor den Stürmen, dein Weglaufen vor der Verantwortung, dein Hinauszögern, dein Verstecken, deine Ausrutscher auf dem Weg des geringsten Widerstandes, dein Mangel an Konzentration auf die Mission. Es ist, als ob du dich überhaupt nicht verändert hättest, und weil dir nichts Besseres einfällt, gehst du einfach wieder fischen.

Das ist unsere Geschichte. Wir begegnen Jesus. Wir ziehen ins Abenteuer, sind begeistert und wollen das Leben gut meistern. Aber nach einigen Monaten oder Jahren geraten wir an diesen Punkt: den See. Was du dann unbedingt brauchst, ist ein gutes Frühstück.

Getrennt

Die Wahrheit über unser Leben ist, dass wir oft vom Leben getrennt sind. Wir leben isoliert – und merken es oft nicht einmal. Wir besuchen schöne Gottesdienste oder Konzerte, mit Tausenden anderer Menschen, und fühlen uns dennoch allein.

Ich (Henk) predigte einmal in einer Gemeinde über das Thema Freundschaft, und ein Mann sagte später seufzend zu mir: „Freundschaft, das ist schön, ja. Wir sind wohl einander Brüder und Schwestern, aber Freundschaft ist doch etwas ganz anderes." Es lag ein Ausdruck von Trauer in seinen Worten, denn es kann vorkommen, dass wir die Sehnsucht nach Einheit spüren und uns dennoch allein fühlen, selbst in einer Gemeinde.

Einmal wurde ich angerufen wegen eines Mannes, der seine Frau misshandelt hatte. Noch am selben Abend führten wir ein Gespräch miteinander, und ich fragte ihn, ob er einen Freund hätte, mit dem er reden könne. „Nein", antwortete er. „Ich habe niemanden." In diesem Mann verbarg und versammelte sich so viel tragische Wahrheit. Er war einsam, überwältigt durch das Leben sowie unfähig, es angehen zu können und lieb zu haben. Er war schlichtweg isoliert.

Wir leben auch getrennt und abgeschnitten, oder sollte man besser sagen abgeschottet, von der Schöpfung. Wir verbringen den Tag vor allem drinnen, in geheizten Räumen und gekühlten Büros. Wir fahren Autos mit Heizung und Klimaanlage und wohnen in wohltemperierten Häusern. Eher selten, meist am Wochenende, kommen wir nach draußen in die Natur, in direkten Kontakt mit der Schönheit der Schöpfung. Autohersteller wissen das. Wie oft bekommen wir Fernsehwerbung zu sehen mit Autos, die uns schnell oder per Allrad in die Natur bringen? Sie lässt uns glauben, dass dieses Auto, diese Kleidung und dieses Objekt uns eins werden lässt mit der Natur.

Eine der Säulen der 4te-Musketier-Bewegung sind Charakterwochenenden. Drei bis vier Tage, an denen du draußen in der Natur bist. Bereits nach einem halben Tag spürst du, wie herrlich das ist. Und nach ein paar Tagen macht es dir nichts mehr aus, ob es regnet oder die Sonne scheint. Du kannst es vertragen. Du genießt es. Neue Energie, neue Gerüche, neue Dynamik strömen in deinen Körper. Wie war das noch gleich? Gott hat uns als Erstes einen Garten als Zuhause gegeben, nicht ein Baumhaus.

Nicht dass wir nur isoliert nebeneinander und getrennt von der Natur leben, wir führen unser Leben auch abgeschnitten von uns selbst. Vor einiger Zeit sprach ich (Henk) mit einem Mann. Er war sehr erfolgreich in seinem Fach, und seine Firma lief hervorragend. Bis vor ungefähr drei Monaten interessierte ihn Gott gar nicht, er lebte nur für seinen Erfolg. Während eines 4te-Musketier-Charakterwochenendes im schottischen Hochland bekehrte er sich. Er erzählte mir: „In den Jahren zuvor sah ich nichts und fühlte nichts. Ich führte mein Leben mit enormem Tempo. Ich dachte nicht nach, ich war nur mit meiner Arbeit beschäftigt. Nun, nachdem ich Jesus begegnet bin, blühe ich auf. Ich sehe auf einmal Dinge, die ich vorher nie gesehen hatte. Mein Gefühlsleben ist bereichert, meine Emotionen kommen zum Vorschein. Ich kann wieder weinen."

Aber mehr als alles andere leben wir getrennt von Jesus. Die Ereignisse am See Genezareth erinnern uns daran. Die Jünger waren auf dem See mit ihren leeren Netzen unterwegs. Vom Ufer aus rief Jesus ihnen zu und fragte, ob sie etwas gefangen hätten. Niemand erkannte seine Stimme. Hatten die Jünger etwa den Klang seiner Stimme vergessen? Und neigen nicht auch wir oft dazu, die Stimme Jesu zu vergessen?

Daraufhin sagte Jesus, dass sie ihre Netze noch einmal auf der rechten Seite des Bootes auswerfen sollten. Genau dasselbe hatte Jesus bereits anderthalb Jahre zuvor den Jüngern vorgeschlagen. Doch bei keinem der Jünger klingelte es.

Wir vergessen einfach, wie Jesus arbeitet und was er von uns verlangt.

Trotz alledem vollbrachte Jesus ein Wunder. Er beschenkte die Jünger mit einem Netz, das gefüllt war mit zappelnden Fischen. Dies war nicht der erste wunderbare Fischfang, den die Jünger erlebten. Es war mindestens der zweite. Doch noch immer hatte niemand ein Aha-Erlebnis. Selbst angesichts des sich wiederholenden Wunders fiel bei keinem der Jünger der Groschen.

Wir sind da nicht anders. Auch wir haben einfach die schockierende Gewohnheit, die Wunder Gottes zu vergessen.

Das ist unsere Geschichte. So viele Abenteuer haben wir erlebt, so oft hat Gott uns gerettet, er hat uns besondere Menschen zur Seite gestellt, und doch verlieren wir so schnell den Mut. Wir lassen die Schultern hängen und begeben uns in fatalistisches Geschwätz. In solchen Zeiten brauchen wir unbedingt einen Freund, der uns die Wahrheit ins Leben flüstert.

Ertappt

Johannes begriff es als Erster. Er fühlte es – besser gesagt: ihn. Wie konnte er nur so blind sein? Vom Kopf bis zu den Zehen überkam ihn Gänsehaut. Ohne aufzublicken gab er Petrus einen Stoß und keuchte: „Petrus, es ist der Herr!"

Manchmal gibt es einfach Momente, in denen dir ein Freund sagen muss, dass du es bei den Dingen, die in deinem Leben gerade passieren, mit niemand Geringerem zu tun hast als mit Jesus.

Petrus war nicht mehr zu halten. Er sprang über Bord. Die sechs anderen Jünger segelten ans Ufer. Ungefähr gleichzeitig traten sie an Land und beschritten damit heiligen Boden, einen Tempel, denn Gott weilte dort am Ufer. Er war mitten unter ihnen.

Was dann geschah, war so lebenspraktisch. Jesus wollte mit seinen Freunden einfach nur frühstücken. Er wollte ihnen in die Augen schauen und mit ihnen von Herz zu Herz reden. Er hatte ein Feuer gemacht mit einem Brot und einem Fisch darauf. Und was taten die Jünger? Nichts. Sie standen einfach nur da. Niemand sagte etwas. Alle scharrten ein bisschen verlegen mit den Füßen. Ihre Augen waren nach unten gerichtet. Jeder wartete ab, ob nicht jemand anderes die Initiative ergriff. Sie benahmen sich wie Knechte bei der Mahlzeit des Königs. Jesus war es, der dem Schweigen ein Ende bereitete: „Könnt ihr mir ein paar von den Fischen bringen? Dann haben wir gleich genug für alle."

Oh ja, die Fische! Sie hatten das Netz noch nicht einmal an Land gebracht. All die Fische zappelten noch im Wasser. Petrus sprang auf und schleppte ganz allein das Netz mit den 153 großen und Hunderten kleinen Fischen an Land. Petrus war stark. Er reichte Jesus ein paar Fische. Die anderen sahen schweigend zu.

Jesus legte die Fische aufs Feuer und wendete das Brot noch einmal. Die Jünger standen noch immer wie angewurzelt herum. Da sah Jesus über seine Schulter und ermutigte seine Männer: „Kommt!“ Tatsächlich kamen die sieben in Bewegung und folgten der Einladung Jesu.

„Esst etwas“, drängte Jesus sie. Aber niemand rührte sich. Obwohl diese Männer schon Hunderte Male mit Jesus gegessen hatten und obwohl es jüdischer Brauch war, mit dem Essen zu beginnen, wenn mindestens zwei Menschen zu Tisch saßen, streckte niemand eine Hand aus. In der Bibel steht explizit: „Jesus gab ihnen Brot.“ Die Freunde nahmen es und kauten schweigend. Auch griff niemand zum Fisch, also reichte Jesus ihn herüber.

Was war das für ein Frühstück!? Die Jünger hatten Angst. Sie fühlten sich auf frischer Tat ertappt: in ihrem Unglauben, in ihrer Untreue und in ihrer Schwachheit. Während Jesus sie aufgefordert hatte auf den Berg zu kommen, waren sie fischen gegangen. Sie fühlten sich entdeckt in ihrer Leere, ihrem Vergessen von Jesus und allem, wofür er stand.

Kennst du das? Dass du in deinem schwächsten Moment, überfallen durch das Leere-Netz-Syndrom, ertappt wirst? Jesus, oder deine Frau, dein Chef, dein Freund, hätte dich am Berg antreffen müssen, aber die Person findet dich auf dem See. Wie erklärst du das? Was sagst du? Die sieben Jünger fühlten sich beschämt. Sollte Jesus etwa auf dem Berg auf sie gewartet und nach ihnen gesucht haben, nachdem er sie dort nicht angetroffen hatte?

Neues Feuer

Vor allem aber waren die sieben Freunde überwältigt. Jesus, der Schöpfer des Himmels und der Erde, der Sieger, der den Kopf der Schlange zermalmt hat, der den Tod in Person geschlagen und das Totenreich leer geraubt hat, der die Macht der Sünde zerbrochen hat und von Millionen Engeln angebetet wird und auferstanden ist, machte hier auf unserer Erde Feuer. Besser konnte es kaum mehr werden.

Jesus macht Feuer. So ist er. Er ist der große Feuermacher. Inmitten der größten Krise seiner Jünger sitzt er am Ufer des Sees, wartet auf sie und will persönlich das anfachen, was bei ihnen verloren gegangen ist.

Wie steht es um dein Feuer? Brennt die Leidenschaft noch so wie früher? Glühen die Kohlen noch? Oder würdest du sagen, dass das Feuer erloschen ist? Begegne dann bei einem Frühstück Jesus, dem großen Feuermacher.

Was geschieht während des Frühstücks? Jesus will Zeit mit dir verbringen und das Feuer in deinem Innern wieder anfachen. Du hast schon vieles mitgemacht, aber das Beste kommt noch. Dein größter Sieg, deine wunderbarsten Abenteuer, deine größte Liebe, all das liegt noch vor dir. Denk nicht, dass du zu alt, zu schlapp oder zu klein bist. Jesus will mit dir essen, in der Gegenwart von Freunden. Er will dein Herz stärken und dir neues Feuer geben.

Details sind wichtig

Das ist noch nicht alles. Siehst du, wie Jesus kniet? Jesus, der Sternensysteme steuert und einen neuen Himmel und eine neue Erde vorbereitet, kümmert sich um ein Brot und einen Fisch. Er sorgt dafür, dass sie nicht schwarz werden. Jesus, der verantwortlich ist für die schwindelerregendsten Riesenprojekte, kümmert sich um die Details unserer Belange. Er weiß, dass ein krosses

Brot besser schmeckt als ein schwarz verbranntes. Er ist nicht nur mit den himmlischen Dingen beschäftigt, mit Theologie und komplizierten Fragen. Nein, er kümmert sich um unser Hier und Heute und beschäftigt sich mit Details, um uns zu versorgen. Das darfst du erleben, während du mit ihm speist.

Das Wunder der Ermutigung Gottes

Und dann geschah das Schönste am See Genezareth. Jesus sagte: „Gebt mir etwas von dem Fisch, den ihr gefangen habt." Verzeihung, wer hatte für den Fisch gesorgt? Wer hatte den Fisch ins Netz gegeben? Die Jünger hatten damit kaum etwas zu tun gehabt. Sie hatten nur die Netze eingeholt. Aber so ist Jesus: Er teilt aus. Er gibt uns 153 große Fische und noch viel mehr und macht uns damit wichtig. Er gibt uns eine bedeutungsvolle Rolle. Er sorgt dafür, dass auch wir gebraucht werden, um für genügend Nahrung zu sorgen. Unsere Gaben, unsere Talente, unser Geld, unser Wesen, unsere Energie, all das gehört zu dem Überfluss an Fisch, den Jesus in unsere leeren Netze legt.

Wir denken manchmal: Warum unternimmt Gott nicht mehr? Warum macht er ein Frühstück mit nur einem Fisch und einem Brot? Er ist doch Gott. Warum vollbringt er nicht mehr Wunder? Warum greift er als Gott nicht öfter ein? Wenn wir so denken, verpassen wir selbst das Wunder, wie Gott uns ermutigt, denn wir dürfen unsere 153 Fische teilen. Wir dürfen Verantwortung übernehmen mit den Gaben, die Gott uns gegeben hat, und sie anderen Menschen zuteilwerden lassen. Wir haben nichts, was wir nicht empfangen hätten. Und wir können nichts geben, was uns nicht erst gegeben wurde.

Kraft für deine Mission

Welch ein wunderbares Frühstück mit Jesus! Während Feinde dich von allen Seiten umgeben, ziehst du dich kurz zurück, um mit offenen Karten zu spielen. Du darfst deine Mutlosigkeit und Angst zeigen und entdeckt werden, genau wo du bist. Er weiß, dass du ihn vergessen hast. Er weiß, dass du nicht mehr an ihn denkst. Er weiß, dass du dich im Kreis drehst, obwohl du mit ihm so viel erlebt hast. Er weiß das alles, und er lädt dich ein. Er will dir neues Feuer geben, dich versorgen, damit du neue Kraft bekommst für deine Mission, und er will dich ermutigen, weiter mit ihm zusammenzuarbeiten.

Nach dem Frühstück schenkte Jesus seine ganze Aufmerksamkeit Petrus. Dieser starke Kämpfer hatte Jesus einige Wochen zuvor dreimal verleugnet. Bei einem Feuer. Nach seiner Auferstehung hatte Jesus Petrus aufgesucht, um die zerrüttete Beziehung wieder zu heilen. Aber Freimut und Tapferkeit waren noch nicht in das Herz von Petrus zurückgekehrt. Deshalb führte Jesus ihn an diesem Morgen zurück ans Feuer. Dort stellte er ihm dreimal die Frage: „Liebst du mich?" Und Petrus verstand diese Symbolik nur allzu gut und fing an zu weinen.

Wenn du öffentlich versagt hast, ist es gut, dies öffentlich wieder zu beheben. In Gegenwart seiner besten Freunde führte Jesus Petrus dahin, seinen früheren Verrat erneut zu durchleben. Psychologisch gesehen war das ein brillanter wie notwendiger Schachzug. Ohne diesen Moment wäre Petrus sicherlich den Rest seines Lebens weiter fischen gegangen, allerdings auf dem See. Jesu Pläne mit Petrus übertrafen jedoch diesen See. Petrus sollte „Menschen fischen", predigen, leiten, er sollte zum Zement der ersten Gemeinde werden und letztlich gemeinsam mit seiner Frau zur Ehre Jesu bis zu ihrem Tod für den Glauben einstehen.

Um Jesus nachfolgen zu können, musst du frei sein von Schuld wie inneren Schuldgefühlen. Zwar hatte Jesus Petrus bereits vergeben, doch bei diesem Frühstück wurde er von der Last, die er mit sich trug, befreit. Er wurde befreit, um neu nachzufolgen.

Brauchst du Heilung?

Gibt es ein Gespräch, das du mit Jesus führen müsstest?

In der Gegenwart einiger guter Freunde?

„Siehe, ich stehe vor der Tür und klopfe an. Wenn jemand meine Stimme hören wird und die Tür auftun, zu dem werde ich hineingehen und das Abendmahl mit ihm halten und er mit mir."

Plötzlich steht Jesus da, am Ufer des Sees, und ruft dir zu:

„Wenn jemand meine Stimme hören wird ..."

So selbstverständlich ist das für uns nicht, wir, die wir Dinge so schnell vergessen. Es ist nicht einfach, in einer Welt, die stirbt vor unnötigem Lärm, Gottes Stimme zu hören.

„... die Tür auftun, ..."

Dafür braucht es Mut. Wir scharren mit den Füßen, verhalten uns ein wenig ängstlich, denn wir fühlen uns ertappt. Ein schmerzhaftes Gespräch zu führen, fällt keinem von uns leicht, aber es öffnet den Weg zur Freiheit.

„... zu dem werde ich hineingehen und das Abendmahl mit ihm halten und er mit mir."

Jesus wird das Feuer wieder anfachen. Er wird uns Nahrung geben, sodass wir das Leben mit neuer Kraft wieder angehen können. Er wird uns wieder bei der Mission einbeziehen und die Themen besprechen, die besprochen werden müssen. Er wird uns weiterbringen auf der Reise vom Jungen zum Mann.

Vergiss nicht, was Jesus über dich denkt:
„Dies ist mein geliebter Sohn, an ihm habe ich Wohlgefallen."

Das Leeren des Jutesacks

Gibt es noch Musketiere?

Der Ruf war deutlich zu hören. Die himmlische Einladung, an dieser irdischen Mission teilzunehmen, konnte nicht verpasst werden. Nehmen wir an, du hast dich für das Abenteuer entschieden. Du bist in das richtige Schiff eingestiegen und hast dich entschieden, einem schlafenden Jesus zu vertrauen. Du hast dich danach ausgestreckt, wie Nimrod zu jagen, um „gewaltig" zu werden in deiner Sache. Und du hast alles darangesetzt, die gleichen Fähigkeiten zu entwickeln wie Gideon, Samma und Jonatan. Doch dann fandest du dich selbst auf dem See wieder. Wieder damit beschäftigt, dich im Kreis zu drehen, die alte Leere zu spüren. Zum Glück war dort der große Feuermacher. Du hast Heilung bei ihm gefunden. Noch einmal darfst du aufbrechen.

Und jetzt? Wie verhinderst du, dass Jesus dich morgen wieder am See aufliest? Was ist der Schlüssel dafür? Wie kannst du durchhalten?

Leere den Jutesack!

Was deine Tour so schwer macht und dafür sorgt, dass du aufgibst, ist der Inhalt deines Jutesacks. Und der Stier. Nimm daher Abschied von den Kartoffeln. Von den alten Gewohnheiten. Dem Verlangen nach Kontrolle. Dem seriösen Ernst. Ungesunder Lust. Dem Mangel an gesunder Gerissenheit. Der Flucht vor Schmerz.

Verbitterung. Enttäuschung. Der Konzentration auf persönlichen Erfolg.

Wie?

Oben auf dem Berg war der kleine Junge allein.
Keine Kartoffeln. Kein Stier. Kein Rabe. Er war frei.

Dorthin gehen wir.

„‚Wirklich, bester Athos‘, sprach D’Artagnan, ‚ich will doch eigentlich lieber nichts riskieren.‘ ‚Schade‘, sagte Athos kühl, ‚der Engländer schwimmt im Geld. Ach, probier es doch einmal, ein Spiel ist schnell geschehen.‘

‚Und wenn ich verliere?‘

‚Du gewinnst.‘

‚Ja, aber wenn ich verliere?‘“

ALEXANDRE DUMAS

Kapitel 10

Kontrolle abgeben

Die Aussage Jakobs

Sie stehen vor uns am Ufer des Flusses. Männer in kurzer Hose, dreckig und erschöpft. Sie wissen nicht, was sie als Nächstes erwartet. Die Aufgabe ist einfach: „Laufe 500 Meter durch den Fluss – gegen den Strom. Schau mal, wie weit du kommst."

Es ist der „*Jabbokkampf*", einer der Höhepunkte auf einem 4te-Musketier-Charakterwochenende. Er ist angelehnt an die biblische Geschichte, in der Jakob mit Gott an der Furt des Flusses Jabbok kämpft (1. Mose 32,23–33). Symbolisch steht das Durchschreiten des Flusses für die Konfrontation mit dem „*Jakob in uns*". Dieser Kampf gegen den Strom ist ermüdend. Männer kommen stolpernd und manchmal weinend aus dem Wasser, doch ihr Ringen mit sich selbst und mit Gott um jeden einzelnen Schritt hat Auswirkungen auf ihr Leben.

Niederschmetternd

Das erste Charakterwochenende der 4ten-Musketier-Bewegung fand in den belgischen Ardennen statt. 72 Stunden lang durchstreiften die Männer ein beeindruckendes Gebiet. Es war ein körperlicher Test, der sich letztlich als geistliche Reise offenbarte, denn das Ziel war es, die Männer an den Kern ihrer Liebe zu Gott zu bringen, zu ihrem Nächsten und zu sich selbst.

Nach den ersten 24 Stunden waren die meisten Männer vollkommen kaputt. Manche zogen sich zurück und wurden still, andere nutzten ihr letztes bisschen Energie, um ihren Unmut auf eine Art zu äußern, die in das raue Gebiet passte. Wieder andere wickelten sich nackt und bibbernd in ihre Rettungsdecke ein, um sich zu wärmen und ein bisschen Ruhe zu finden. Es bot sich ein niederschmetterndes Bild. Das Biwak glich einem Schlachtfeld. Jeder Mann kämpfte, manchmal auch mit Gott, vor allem aber mit sich selbst. Bei Tagesanbruch ging die Tour weiter. Die Männer absolvierten einige geistlich-physische Elemente, ehe die Reise mit einem geistlichen Höhepunkt am Fuße des Kreuzes endete. Männer weinten, beteten und fanden dort am Kreuz nach Hause.

„Du weißt nicht, was dich erwartet"

Was machte das erste Charakterwochenende so besonders? Als wir hinterher mit den Männern darüber sprachen, sagten sie:

> *„Dass man nicht wusste, was auf einen zukam, machte es mental schwer. Zu Hause wirst du wach mit dem Gefühl, deinen Terminplan in den Händen zu halten. Du bestimmst, wie der Tag verläuft, und das gibt deinem Leben etwas Halt. Während des Charakterwochenendes funktionierte all das nicht. Nach den wenigen Stunden, die du geschlafen hattest, wurdest du wach mit dem Gefühl, in einem unvorhersehbaren und gefährlichen Kapitel gelandet zu sein. To-do-Listen bedeuteten nichts. Und nichts, was das Leben sonst so ausmacht, war angebracht. Das Einzige, das funktionierte, war, aufmerksam zu sein, dein Adrenalin arbeiten zu lassen und jede Minute zu schauen, wie du reagierst. Du weißt halt nicht, was kommt, und das macht es so heftig."*

Das Besondere dieser Tour war nicht die physische Belastung, weder die Länge der Reise von 72 Stunden noch der Regen oder die Kälte. Es war der Verlust der Kontrolle, den die Männer erlebten. So etwas mögen Männer nicht. Wir können nicht gut damit umgehen, die Fäden nicht in der Hand zu halten und einfach mitgerissen zu werden. Vor allem nicht, wenn wir in einem Fluss laufen, der zufällig auch noch der Stärkere ist. Wir wollen das Leben lenken, und zwar nach unseren Vorstellungen. Wir wollen die Kontrolle haben.

Wie sehr wir einen Hang zu Kontrolle hegen, veranschaulicht die Art und Weise, wie sich manche Teilnehmer auf das dritte Charakterwochenende vorbereitet hatten. Um sich über möglichst viele unsichere Faktoren im Vorfeld Klarheit zu verschaffen, nutzten die Männer Informationen aus dem Internet. Sie lasen die Erlebnisberichte früherer Teilnehmer auf unserer Internetseite, schauten sich Fotos und YouTube-Videos an, und Google Earth diente ihnen, um mögliche Routen zu identifizieren und einen sehr wahrscheinlichen Verlauf des Programms vorherzusagen. So starteten viele Männer in die physisch-geistliche Reise mit einer groben Idee und einem mentalen Drehbuch vor Augen, was wahrscheinlich alles auf sie zukommen würde. Sie begannen mit einem Gefühl der Kontrolle und dem Gedanken, in dieser Extremsituation doch etwas Halt zu haben. Ihre Vorbereitung war ausreichend, um nicht ganz desorientiert das Abenteuer zu beginnen und nicht vollkommen am Ende zu sein. Sie machte einen Unterschied zwischen einem „*niederschmetternden*" und einem „*einfach schweren*" Charakterwochenende. Insofern offenbart uns jedes Charakterwochenende viel über uns selbst. Und dieses zeigte uns: Wir Männer wollen in Kontrolle bleiben und sind sehr erfinderisch darin, uns Kontrolle zu verschaffen.

Jakob, der Greifer

Jemand, der es liebte, Kontrolle zu haben, war Jakob, der Stammvater des Volkes Israels. Er gehörte zu der Sorte Männer, die gerne zugreifen und nicht loslassen. Ein Mann, an dem man zweimal vorbeimusste. Einer, der pausenlos versuchte, sich Halt im Leben zu verschaffen. Und das begann bereits im Leib seiner Mutter. Jakob wollte über seinen Zwillingsbruder Esau herrschen und stärker sein als er. Aber das war nicht so einfach. Mit ihren ständigen Raufereien in der Gebärmutter trieben sie ihre Mutter Rebekka fast in den Wahnsinn, sodass sie sich ratlos fragte:

„Jetzt bin ich endlich schwanger. Und warum bekämpfen sich nun meine Kinder?"

Jakob zog bei der Geburt den Kürzeren. Sein Vorsprung war knapp. Jakob hatte die Ferse seines Zwillingsbruders Esau ergriffen. Wie ein Ringer, der ein listiges Manöver unternimmt, hatte er versucht, den Wettstreit im Bauch der Mutter zu gewinnen. So kam Jakob zum Vorschein und erhielt als Belohnung für diese Tat symbolisch den Namen: Er, der die Hacke greift – „Jakob" – stand fortan über seinem Leben.

Zwar hatte Jakob den Kampf bei seiner Geburt verloren, doch er gab sich damit nicht geschlagen. Er wollte der Erste sein, der Tonangebende. Er musste die Autorität, die Ehrenposition und den Status des Erstgeborenen erlangen, wenn nötig mit Ellenbogen. Also machte er Jagd auf das Erstgeburtsrecht.

Jakob will der Erste sein

Esau war ganz anders als Jakob. Während Jakob ruhig und häuslich gesinnt war, entsprach Esau dem Outdoor-Typ. Ein Mann, der weite Felder liebte, das Leben im Freien und die Jagd. Er lebte für die Beute des Tages, für den Wildbraten und für seinen Vater. In jungen Jahren war der rossige Esau der Typ: raue Schale, weicher Kern. Aber als er zum Mann heranwuchs, verlor er mehr und mehr seine geistliche Sensibilität, sexuelle Reinheit und Kraft sowie seine Sicht auf das Heilige und Gute. Dies nutzte Jakob eines Tages. Er schlug zu wie ein Raubtier, das lange auf seine Chance gewartet hatte. Angesichtes eines herrlichen Essens ging ihm der ausgehungerte Esau in die Falle. Für den Genuss eines Tellers Linsensuppe warf Esau seinem Bruder das Recht des Erstgeborenen vor die Füße. Jakob musste nur noch zugreifen und erhielt das Begehrte. Er wollte jahrelang der Erste sein und bekam endlich, was er wollte.

„Einer für alle und alle für einen“

Männer stärken einander im Gebet,
um ganz für Gott, ihren König, zu leben.

Charakterwochenende: Inmitten unnachahmlicher Wildnis den Glauben als Abenteuer erfahren und den größten Abstand der Welt, zwischen Kopf und Herz, überwinden.

In Teams bekommen Männer Aufträge, die ihren Mut, ihren Teamgeist, ihr Durchhaltevermögen und ihren Charakter testen.

Unterwegs mit Gott und sich selbst. Ein Charakterwochenende ist eine Lebenslektion – Inspiration und Herausforderung zugleich.

Hunderte Männer können sich bereits Musketier nennen. Sie tragen ihr blutrotes Poloshirt mit einer blauen 4. Sie leben verändert – für Gott, für die Familie, für die Gemeinde, für Gerechtigkeit.

Aus der Wildnis in den Alltag zurück – bereit ein Diener zu sein.

Jakob will den besten Teil

Aber Jakob wollte noch mehr. Ihm ging es nicht nur darum, in der ersten Reihe Platz zu nehmen, sondern auch den besten Stuhl zu besitzen. Jakob verlangte nach dem Segen seines Vaters. Nur war der nicht so einfach zu bekommen. Er bedeutete mehr als ein paar Grußworte unter einer E-Mail. Mit dem väterlichen Segen wurde eine Fackel weitergereicht, die Autorität übertragen und eine Bestimmung fortgesetzt. Jakob wollte mit dem Segen sichergehen, dass es ihm gut gehen würde. Zusammen mit seinen Eltern wusste Jakob, dass Gott ihm den Segen schon lange versprochen hatte. Dennoch hatte er beschlossen, Gott ein wenig nachzuhelfen. Man konnte ja nie wissen. Also griff er in die Trickkiste, um seinen Vater Isaak zu überlisten. Auf den Rat seiner Mutter hin gab Jakob sich vor seinem blinden Vater als sein älterer Bruder Esau aus. Die Täuschung funktionierte. Er griff nach dem Segen und erhielt ihn. Wieder bekam Jakob, was er wollte. Dieses Mal war es der beste Anteil.

Jakob will Gott Raum geben

Esau war infolge der Ereignisse wütend, sodass Jakob vor ihm flüchten musste. Unterwegs, bei Bethel, erschien ihm Gott in einem Traum. Jakob war davon tief beeindruckt. Ganz vorsichtig zog er daraufhin in Erwägung, dass der Gott seines Großvaters und der Gott seines Vaters eines Tages auch sein Gott werden könnte. Und er gab ein berechnendes Versprechen: Er wollte Gott Raum geben, aber nur so weit, wie er genau das tat, was Jakob von ihm verlangte.

Jakob will die schönste Frau

Jakob zog weiter und landete bei seinem Onkel Laban. Dort verliebte er sich wahnsinnig in die bildschöne Rahel. Seine Sehnsucht nach ihr war unbeschreiblich. Er wollte sie zur Frau, mehr als alles, was er je gewollt hatte. Und Jakob fing an zu überlegen und zu rechnen. Nach damaligem Recht war es Laban nicht möglich, seine zweite vor seiner ältesten Tochter zu verheiraten. Jakob wusste, dass er Laban vor ein Dilemma stellen würde, wenn er um die Hand Rahels anhalten würde. Darum machte Jakob seinem Onkel ein Angebot, das dieser unmöglich ablehnen konnte:

„Ich will sieben Jahre für dich arbeiten, wenn du mir Rahel gibst!"

Laban ließ sich diesen Deal nicht entgehen, zumal er damit nicht in Probleme kam mit dem Brauchtum seiner Zeit. Er willigte ein. Und Jakob? Er begehrte die schönste Frau, und er bekam, was er wollte.

Jakob will Freiheit

Nachdem Jakob zwanzig Jahre bei Laban gearbeitet hatte, zog er heimlich mit all seinem Besitz und seiner Familie, die inzwischen vier Frauen und viele Kinder umfasste, fort. Aber Jakobs Frauen und Kinder waren nicht restlos sein Besitz. Es gab eine geteilte Autorität mit Laban. Durch den geheimen Abgang, ohne Labans Zustimmung und Segen, riskierte Jakob einen regelrechten Familienkrieg. Dennoch ging er fort. Jakob wollte Freiheit, er nahm sie sich auf seine Art und bekam, was er wollte.

Jakob will sein Leben sicherstellen

Nun stand Jakob die bislang schwierigste Aufgabe bevor: das Wiedersehen mit seinem Bruder Esau zu überleben. Auf seinem Weg zurück nach Kanaan war es unvermeidlich, seinem Bruder zu begegnen. Die ganze Zeit hatte Jakob diesen Tag gefürchtet. Zwanzig Jahre lang hatte Esau den Hass auf seinen Bruder schüren können. Und was tat Jakob gegen seine Angst? Erneut versuchte er Halt an seinem Bruder zu finden. Er sandte Boten zu ihm, um seinen Bruder etwas zu beruhigen. Sie sollten betonen, dass Esau sein Herr war und Jakob nur sein Knecht – und das, obwohl der damalige Diebstahl des Erstgeburtsrechts genau gegenteilige Verhältnisse geschaffen hatte. Außerdem ließ Jakob durch seine Boten andeuten, dass er bereit war, seinen großen Besitz einzusetzen, um Esaus Vergebung zu finden. Doch die Boten kehrten zurück und berichteten, dass Esau Jakob entgegenzog, mit vierhundert Mann. Da wusste Jakob, dass er all seine Möglichkeiten ausgeschöpft hatte und dass er nun mit dem Rücken zur Wand stand. Er fühlte sich zum Tode verurteilt und begann zu beten.

Nach seinem „Amen" machte Jakob eine Rechnung auf: Er teilte seine Leute und sein Vieh in zwei Lager. Tötete Esau die eine Hälfte, würde die andere entkommen. Außerdem entwickelte er einen brillanten Schachzug, bei dem er meisterlich auf die Kraft der Wiederholung setzte. Nicht weniger als 580 Stück Vieh teilte er in fünf Gruppen auf, denen je ein Knecht voranstand. Eine Gruppe nach der anderen, unterbrochen von Pausen, schickte er dann zu seinem Bruder. Das war sicherer, als ihm ein großes Geschenk zu machen. Stell dir vor, sein Bruder hätte in einem Zornesanfall das große Geschenk auf einmal abgewiesen, dann hätte Jakob ein Problem gehabt. Esau fünf Geschenke zu unterbreiten, war schlauer und sicherer. Mit jedem Geschenk würde er mehr zum Bedauern kommen. Umso mehr, da Jakob seinen Knechten aufgetragen hatte, einen Refrain zu singen, der die richtigen Verhältnisse hervorheben sollte:

„Es gehört deinem Diener Jakob. Er hat es als Geschenk vorausgeschickt für dich, Esau, seinen Herrn; er selbst kommt auch schon hinter uns her!"

Jakob hoffte, dass dieser Plan funktionierte.

Die Weisheit Jakobs

Versprechen, Prophetien, Träume, direkte Offenbarungen, göttliches Eingreifen, eine Armee von Engeln. Nichts half. Jakob war ein Greifer. Getrieben von dem Gedanken: „Wenn ich nicht für mich selbst sorge, wer tut es dann?" So lautete sein Lebensmotto, *„die Weisheit Jakobs"*.

Jakob griff die Ferse seines Bruders. Er griff sich das Erstgeburtsrecht. Er griff sich den Segen. Er griff sich die schönste Frau. Er griff sich seine Freiheit. Er griff nach allen Möglichkeiten, um die Begegnung mit seinem Bruder zu überleben. Er griff stets nach dem, was er wollte. Er wollte der Erste sein. Er wollte den besten Anteil und die Garantie für ein gutes Leben haben. Er wollte Schönheit und die Befriedigung, die dazu gehörte. Er wollte Freiheit erleben und der Autorität anderer entfliehen. Er wollte sein Leben sicherstellen und dem Tod entkommen.

Fünfmal hatte er so alles auf seine Art geregelt. Und fünfmal holte er sich damit das größtmögliche Elend an den Hals. Denn wohin führte ihn all das?

Wohin die Weisheit Jakobs führt

Jakob war zum Erstling geworden, er hatte den besten Anteil bekommen und damit das Recht, der Familie vorzustehen, aber seinen Vater und seine Mutter hat er nie wieder gesehen. Er hatte die schönste Frau erhalten und bekam seine Befriedigung, aber zu welchem Preis? Noch drei andere Frauen und sehr viel Neid, Streit, Eifersucht und Unruhe zogen mit in sein Haus. Er hatte seine Freiheit erlangt, aber auf des Messers Schneide. Wenn Gott nicht durch einen Traum Labans eingegriffen hätte, wäre diese Aktion sein Untergang geworden, und gewiss nicht nur seiner. Auch hatte er seine Familie einem traumatischen Erlebnis ausgesetzt: Den eigenen Vater und Ehemann ratlos zu sehen, in Todesangst, wie ein gejagtes Wild, verzweifelt nach einer Lösung suchend, ließ die Kinder und Frauen nicht kalt. Die Atmosphäre war bis aufs Äußerste gespannt. Vierhundert mordlüstige Männer waren unterwegs, um Rache zu nehmen. Ein Blutbad schien unvermeidlich, zumindest dachte das Jakob. Zuletzt tat er das, was noch getan werden konnte: Er brachte seine Frau, die

Kinder und den Besitz an das andere Ufer des Flusses, in relative Sicherheit.

Nach all den fieberhaften Rechnungen, all den Versuchen, Halt zu bekommen, bringt es ein kurzer Satz auf den Punkt, wo ein Kontrollfreak am Ende landet:

„Nur er blieb noch allein zurück."

Ganz allein

Allein zu enden ist die Gefahr jedes Mannes. Genauso wie Jakob greifen wir, kontrollieren wir und probieren Dinge aus. Wir versuchen krampfhaft frei zu sein. Die erste Reihe ist uns nicht genug, wir wollen auch den besten Stuhl, die schönste Frau, ultimative Freiheit und ein sicheres Leben. Wir versichern uns so gut wie möglich, vermeiden sorgfältig alle Risiken, behandeln unsere Kinder wie Knetmasse und meinen auch oft, Gott in eine Kiste packen zu können. Wir sagen, dass wir Musketiere sein wollen und unser Leben in den Dienst des Königs stellen, aber tun wir das auch wirklich? Sind wir nicht selbst am liebsten der König?

Männer mögen den Abstand zum Thron nicht. Alles zu bestimmen, scheint uns das Beste zu sein, für uns selbst und für alle Beteiligten. Und dann sagt die Bibel auch noch:

„Deshalb sorgt euch nicht um morgen – der nächste Tag wird für sich selber sorgen!"

Alles in uns Männern sträubt sich dagegen. Darin sind wir doch gerade so gut – den Tag zu gestalten, Probleme anzugehen, To-do-Listen zu erstellen und für Lösungen zu sorgen. Wir greifen so gerne über unsere Macht hinaus. Und wenn wir dann auf unseren Zehenspitzen stehen und eine Sache nicht erreichen können, verharren wir krampfhaft in dieser Position und versuchen alles, bis es doch klappt. Wir denken, was wir haben, ist ein Resultat unserer eigenen persönlichen Anstrengungen. Und wir finden, dass es eher unsere Aufgabe ist als die Gottes, dies zu schützen. Mit anderen teilen wir nicht, wir lieben stattdessen uns selbst, denn man kann nie wissen, ob man morgen selbst noch genug hat.

Die Tragödie vieler Männer

Wenn wir nicht aufpassen, bleiben wir desillusioniert zurück, und zwar ganz allein. Das ist das tragische Ende vieler Männer. Wie man dahin kommt? Indem du die Dinge nur auf deine Art und vor allem besonders gut tust. Das findest du viel wichtiger, als gesunde Beziehungen aufzubauen mit Menschen, die du liebst. Du fühlst immer schneller Bosheit und Irritation in dir aufkommen, wenn etwas nicht nach deinen Vorstellungen läuft. Es gelingt dir immer weniger, eine kritische Haltung anderen gegenüber zu unterdrücken. Dir selbst fällt es nicht auf, aber du fängst an, immer mehr an einem Gewohnheitsmuster festzuhängen. Du siehst Einschüchterung und Manipulation als immer unschuldigere Hilfsmittel, um Situationen zu deinem Vorteil zu lenken und zu erreichen, was du willst. Führe all diese Verhaltensweisen zusammen, zieh einen Strich drunter und das Resultat ist: Du bist ganz allein.

Du bist getrennt, isoliert von dir selbst. Von deinen Geliebten. Von einem unbefangenen Leben. Weit entfernt von der Freiheit, diesem Krampf zu entfliehen. Und getrennt von einem fröhlichen und reich an Freude gefüllten Leben mit Gott.

Den Greifer ergreifen

Es ist wichtig, sich dessen bewusst zu werden, dass hinter einem Kontrollproblem ein Problem mit Gott steckt. An diesem Punkt befand sich auch Jakob. Im Grunde hatte er kein Problem mit Esau, sondern mit Gott. Doch gab es Hoffnung für ihn? Konnte er als Mann je damit aufhören, ständig berechnend durchs Leben zu gehen? Ja, es war möglich, aber dafür war Gottes Eingreifen notwendig:

„Plötzlich stellte sich ihm ein Mann entgegen und kämpfte mit ihm bis zum Morgengrauen."

Ein Mann hat es nötig, zuerst kaputt und am Ende zu sein, um zu Gott zu kommen. Er fühlt seine Schwachheit erst in der direkten Konfrontation mit dem Unbesiegbaren. Der Greifer muss erst selbst ergriffen werden. In diesem Ergriffenwerden entdeckt ein Mann, dass Gott sich nicht manipulieren lässt. Bei Gott kommt ein Mann an das Ende all seiner Kraft. Und er muss feststellen, dass es viel wichtiger ist, mit Gott statt dem Leben zu kämpfen – wie Jakob.

Deswegen leitet eine Frage das Ende des Kampfes ein:

„‚Wie heißt du?', fragte der Mann."

Wer bist du eigentlich? Diese Frage berührt Jakob im Tiefsten seiner Seele. Der Schmerz und die quälende Erinnerung an die bittere Aussage Esaus schneiden zum tausendsten Mal in sein verwundetes Herz:

„Ja, nicht umsonst trägt er den Namen Jakob."

Er ist der Betrüger. Der Fersengreifer.

Wie heißt du? Indem Jakob auf diese Frage antwortet und seinen Namen nennt, gibt er sich selbst preis: all seinen Schmerz, all seine Sorgen, all seine Ängste, all die krampfhaften Versuche, frei zu sein. Mit seinem Namen offenbart Jakob sich selbst und liefert sich aus an Gott. Einsam, wie er ist, erschöpft und müde vom Kämpfen.

Wiedergeboren

Ein Musketier, der an einem Charakterwochenende teilgenommen hatte, erzählte von seinem Erlebnis im Fluss:

„Eine Erfahrung, die mich auf den Kopf gestellt hat, war der Jabbokkampf. Zuerst lasen wir die Geschichte in der Bibel. Anschließend beteten wir mit unserer Gruppe. Dann stiegen wir, komplett erschöpft von den vorausgegangenen Tagen, in den strömenden Fluss. Während des Jabbokkampfs ging es um uns alle, aber auch um jeden Einzelnen.

Wir standen gemeinsam im Fluss, aber jeder kämpfte allein gegen das Wasser an. Manchmal war es knietief, dann reichte es bis zur Brust. Manchmal waren die Steine glitschig und wackelig. Männer fielen und standen wieder auf, von selbst oder mithilfe ihrer Brüder. Da kam ich ins Wanken, ich suchte Halt und griff nach einem überhängenden Zweig. Dieser brach ab. Da realisierte ich, dass mein Halt nicht in dem Zweig oder anderen Dingen, die mir zum Greifen nah waren, lag. Den wirklichen Halt hielt ich in meiner anderen Hand, nämlich die Bibel. Noch taumelnd realisierte ich das Bild, in dem ich mich befand. Ich kämpfte gegen ein paar Kubikmeter Wasser, und meine Kraft stand in keinem Verhältnis zu der Kraft und Größe Gottes, der Flüsse, Meere und Ozeane geschaffen hatte. An dieser Stelle habe ich meinen eigenen Willen aufgegeben und ihn an Gott übergeben. Ich erfuhr eine tiefe Berührung Gottes, die mich weitertrug. Von diesem Moment an war das Wasser nicht mehr eiskalt und die Ermüdung nicht mehr schlimm. Ich wurde hier, in diesem Fluss, getauft durch das Wasser und den Geist Gottes. Trotz des schweren Kampfes stieg ich wiedergeboren aus dem Fluss.“

Und Peter, ein anderer Musketier, erzählte von seinem physischen Kampf mit Männern während eines Charakterwochenendes:

„Ich leide am Tourette-Syndrom. Auf dem Wochenende kam ich dahinter, dass ich schon seit 35 Jahren innerlich damit kämpfte, jemand anderes sein zu wollen. Ich wollte nicht so reagieren, wie ich reagierte, ich wollte normal sein und nicht so kompliziert.

Im Laufe des Wochenendes mussten wir als Teams sehr körperbetont gegeneinander kämpfen, in einem durch Seile umsäumten Kreis. Dort habe ich meinen Kampf der letzten 35 Jahre am eigenen Leib erfahren. Zweimal wurde ich aus dem Kreis geworfen. Das erste Mal hielt ich lange durch. Aber das zweite Mal lag ich schnell draußen. Als ich aus dem Ring geworfen wurde, erfuhr ich das als eine Befreiung von meinem Kampf. Ich erlebte, dass ich nicht mehr mit einem Riesen kämpfen musste, weil ich frei war.

Ich bin während des Wochenendes dahintergekommen, dass Gott mich liebt, so wie ich bin, und dass ich so sein darf, wie ich bin. Ich hatte das

Gefühl: Ich bin Tourette. Aber dort entdeckte ich, dass ich Peter bin und Tourette habe. Ich muss nicht mehr kämpfen."

Dein Kampf mit Gott macht dich zu einem anderen Menschen. Jakob stieg wiedergeboren aus dem Fluss ans Ufer, denn Gott hatte ihm einen neuen Namen gegeben:

„Von jetzt an sollst du nicht mehr Jakob heißen. Du hast schon mit Gott und mit Menschen gekämpft und immer gesiegt. Darum heißt du von jetzt an Israel (übersetzt: Streiter Gottes)."

Der Kampf mit Gott machte aus einem Betrüger einen Streiter für den Herrn.

Die Sonne geht auf, ein neuer Anfang

Jakobs Leben wurde verändert. Wie? Er traute sich nun Risiken einzugehen, denn er wusste, dass Gott ihn beschützte. Als Esau mit seinen vierhundert Männern in Sicht kam, steht geschrieben:

„Er selbst lief an die Spitze des Zuges (...)"

Darüber hinaus fing Jakob an, großzügig zu sein, denn er wusste nun, dass alles, was er hatte, ihm von Gott geschenkt worden war. Deswegen sagte er zu Esau:

„Nimm es also an! Ich habe es von Gott geschenkt bekommen, und ich habe wirklich alles, was ich brauche!"

Und Gott wurde Jakob lieb und teuer. In Kanaan baute er ihm einen Altar, den er „Gott ist der Gott Israels" nannte.

Zwanzig Jahre lang hatte sich Jakob gefürchtet, Esau wiederzusehen. Erst dann kam er dahinter, dass sein Bruder ihm schon lange vergeben hatte. Ist es nicht schade um all die Energie, die Jakob in seine Ängste gesteckt hat?

Du musst kein Jakob, kein Betrüger, bleiben.
Du darfst Israel, ein Streiter für Gott, sein.
Du musst nicht verkrampft durchs Leben gehen.
Du darfst unbefangen leben.
Du musst nicht greifen. Du darfst empfangen.
Du musst kein Jutesack-Junge bleiben. Du darfst frei sein.

„Als er zu der Treppe kam, wurde es noch schlimmer: Auf der untersten Stufe standen vier Musketiere, die sich mit dem nächsten Spiel amüsierten, während zehn oder zwölf andere auf dem Portal darauf warteten, dass sie an die Reihe kämen: Einer von ihnen stand auf der obersten Stufe mit gezogenem Degen in der Hand und verhinderte, oder probierte zumindest zu verhindern, dass die anderen drei Musketiere die Treppe hinaufkonnten. Die drei anderen wehrten sich geschickt gegen ihn mit ihren Degen. D'Artagnan hielt ihre Waffen zunächst für Fechtdegen mit einer Kappe auf der Spitze, aber an einigen Schrammen entdeckte er schon bald, dass, im Gegenteil, alle Degen gespitzt waren und nach Wunsch geschärft, und bei jedem der Stiche lachten nicht nur die Zuschauer, sondern vor allem die Betreiber des Spiels selbst wie die Irren."

ALEXANDRE DUMAS

Kapitel 11

Freude am Spiel

Die theologische Bedeutung des Vogels Strauß

„Die Abenteuer von Tom Sawyer" und „Die Abenteuer von Huckleberry Finn" des amerikanischen Schriftstellers Mark Twain gehören zu den bedeutungsvollsten Männerbüchern, die je geschrieben wurden. Manche sehen in ihnen bloß „Jungenbücher", nur tun sie damit den köstlichen Geschichten von Tom und Huck unrecht. Beide Bücher rufen uns dazu auf, das Leben in vollen Zügen zu genießen.

Die belustigendste Szene ist wohl die, in der Tom, Huck und Joe beschlossen haben, auf einer Insel im Mississippi ein Seeräuberleben zu führen. Nach ihrem Verschwinden wurde eine groß angelegte Suchaktion gestartet. Von ihrem Versteck aus beobachteten die Jungen, wie ein Schiff Kanonen abfeuerte; ein Versuch, ihre womöglich ertrunkenen Körper an die Oberfläche zu befördern.

> *„Nun fühlten sie sich wie Helden. Dies war ein überwältigender Triumph; sie wurden vermisst; es wurde um sie getrauert; Herzen brachen ihretwegen; es wurden Tränen vergossen; beschuldigende Erinnerungen an unfreundliche Begegnungen mit diesen armen Kerlen kamen auf, und man drehte sich fruchtlos in Reue; und das Schönste war dabei, dass das ganze Dorf über die Gestorbenen sprach und alle Jungen sie um diese schwindelerregende Berühmtheit beneideten. Das war ein herrlicher Gedanke. Das Seeräuberleben war doch wohl die Mühe wert."*

Tom und seine Freunde wussten die Tragik ihres Vermisstseins in bis dahin unbekannte Proportionen zu steigern. Sie blieben noch einige Tage auf der Insel in ihrem Versteck und schlichen sich dann am Sonntag zu ihrer eigenen Totenmesse. Dort wurden sie Zeuge ihrer Leichenpredigt. Sie passten den richtigen Moment ab und marschierten dann brüderlich nach vorn. Drei tote Seeräuber waren lebendiger als je zuvor.

Spielen ist lebenswichtig

Verschiedene Spieltheorien besagen, dass Menschen durch das Spielen lernen zu entspannen, Energie zu tanken und in ihrer Kreativität freigesetzt werden. Im Rahmen einer Studie wurden Menschen einmal gebeten, einen Tag lang weder zu spielen noch Dinge anzugehen, die nicht notwendig waren. Die Teilnehmer sagten später, dass der spiellose Tag sie müder und schläfriger sowie weniger gesund, entspannt und kreativ gemacht habe. Sie waren schneller irritiert, fühlten sich niedergeschlagen und abgelenkt und verspürten weniger Freude am Leben. Die Forscher waren sich einig, dass das Spielen einen Menschen in die Lage versetzt, Erfahrungen zu ordnen, die Balance im Leben (wieder) zu finden und (wieder)herstellend beschäftigt zu sein.

Kreative Prozesse durchlaufen in uns Menschen verschiedene Phasen:

- *Vorbereitung* – ein Problem braucht eine Lösung
- *Inkubation* – Abstand: das Problem sinkt unbewusst tiefer
- *Illumination* – du erfährst ein Aha-Erlebnis
- *Verifizierung* – du prüfst, ob die Lösung stimmig ist
- *Weiterverarbeitung* – du merkst, dass sich die Lösung verfestigt

Die entscheidende Phase im kreativen Prozess ist die Inkubation: das Loslassen und Einsinken. Es ist erwiesen, dass gerade in den Momenten, in denen man sich nicht aktiv mit einem Problem beschäftigt, meist die Lösung entsteht. Spielen ist daher von großer

Bedeutung. Es hilft dir vorzüglich, Abstand zu bekommen, deine Sinne zu öffnen und Offenbarungen zu empfangen. Vielleicht hast du auch schon festgestellt, dass Lösungen oder Durchbrüche oft während des Sports oder bei einem guten Gespräch mit Freunden entstehen. Entspannung und Spiel unterstützen deine kreativen, schöpferischen Fähigkeiten. Auch der Mensch, der Höhepunkt von Gottes Schöpfung, entstand aus einer kreativen Initiative heraus, berichtet uns die Bibel:

„Lasset uns Menschen machen, ...“

Das pure Glück eines 62-Jährigen

Vor jedem Musketier-Charakterwochenende veranstalten wir einen Vorbereitungstag. Bei einem der letzten hatten sich die 80 Teilnehmer auf den vereinbarten Koordinaten versammelt. Dort wurden sie in Teams eingeteilt und erhielten verschiedene Aufträge, unter anderem sollten sie eine Flagge erobern. Diese war auf einem Hügel versteckt, mitten im Wald, und wurde von Musketier-Mitarbeitern verteidigt. Jedes Teammitglied bekam ein Bändchen um den Arm gewickelt und musste nun mit Geschick und Gewalt versuchen, die Flagge vom Hügel zu rauben. Wurde das Bändchen durch einen Mitarbeiter vom Arm gezogen, durfte derjenige nicht weiter aufsteigen.

Um Verletzungen vorzubeugen, machten wir vor dem Spiel ein ausführliches Aufwärmtraining. Einer, der mir (Henk) dabei auffiel, war ein groß gewachsener, älterer Mann. Er war 62 Jahre alt und hatte sich ganz allein für das Wochenende angemeldet. Die Liegestütze und das Laufen fielen ihm schwer. Er keuchte und stöhnte, und ich dachte bei mir selbst: „Wenn das mal gut geht.“ Aber er gab nicht auf und machte weiter. Ich sagte zu ihm, dass er nichts erzwingen müsse. Das wollte er nicht hören. Gerade das gefiel ihm, dass er sich quälen musste.

Der Flaggenraub ging ordentlich zur Sache. Einige Teams nahmen lange Holzbalken als Sturmbock oder Hammer zu

Hilfe, Körper knallten gegeneinander, Männer wurden zu Boden geworfen, und es wurden kräftig Prügel ausgeteilt sowie eingesteckt. Die Männer kämpften hart gegeneinander. Vorab hatten wir gesagt: Die Grenze liegt bei Blut. Allerdings erweckte unser Schlachtfeld den Anschein, als wäre einigen diese Grenze zu niedrig gewesen. Ein zufällig vorbeifahrender Mountainbiker blieb stehen und schaute stumm und verwundert zu. Rennende Kerle, kämpfende Körper, reißende Kleidung, schleichende Gestalten – seid ihr noch normal? Aber um das zu beantworten, musste man in die Gesichter der 80 Männer schauen: Gesichter von Direktoren, Gemeindeleitern, Büroangestellten und Kaufmännern, Lehrkräften und Kommandanten, Vätern und Opas – alle diese Gesichter strahlten. Es war pures Glück, was hier stattfand.

Während ich auf dem Hügel stand, um die Flagge zu verteidigen, Männer zu Boden zu werfen und Bändchen abzuziehen, sah ich in meinen Augenwinkeln auf einmal einen grauhaarigen Mann vorbeiflitzen. Wie aus dem Nichts war er aufgetaucht und schnellte an unserer Verteidigung vorbei. Er griff sich die Flagge und wedelte mit ihr triumphierend herum. Es war der 62-Jährige vom Aufwärmen. Das Grinsen auf seinem Gesicht, die Glut in seinen Augen, das kräftige Schwingen der Flagge – ihn so zu sehen, war ein großartiger Moment. Ich war mir sicher, seine Frau durfte die Früchte seines Sieges ernten und dass die folgenden Tage mit Muskelkater nichts anderes taten, als ihn an seinen Sieg zu erinnern.

Die düstere Seite des Spielens

Spielen muss nicht immer positiv sein. Es kann auch eine destruktive, unverantwortliche Seite haben. Der amerikanische Autor und Journalist Chuck Palahnuik beschreibt das in seinem düsteren Roman „*Fight Club*". Brad Pitt und Edward Norton spielen in der gleichnamigen Verfilmung dieses Buches die Hauptperson: Tyler

Durden. Tyler ist auf der einen Seite ein ordentlicher Mitarbeiter einer Versicherungsgesellschaft, gespielt von Edward Norton. Auf der anderen Seite ist Tyler wütend auf das System, auf die Unmöglichkeit, in der westlichen Gesellschaft als Mann zu leben. Tyler will fühlen, dass er lebt. Er will ein Streiter sein. Eines Tages gründet sein Alter Ego, Brad Pitt, einen Kampfklub, einen Ort der Zusammenkunft für Männer, die von Sonntag- auf Montagnacht in einem halbdunklen Keller miteinander kämpfen. Der Fight Club wird ein Hit und breitet sich aus. Immer mehr Klubs entstehen. Hunderte und später sogar Tausende Männer messen im Geheimen ihre Kräfte und erscheinen montags morgens auf der Arbeit mit blauen Flecken und Schrammen. In einer der denkwürdigsten Szenen des Films erklärt Brad Pitt einem Haufen Männer die Hintergründe, die zur Initiative „*Fight Club*" geführt haben:

> *„Ich sehe hier die stärksten und schlausten Männer, die je gelebt haben. Ich sehe all dieses Potenzial und all diese Verschwendung. Ich sehe eine ganze Generation, die nichts anderes tut, als Benzin zu tanken, Tische zu bedienen. Sklaven mit weißen Kragen. Der Kommerz war erfolgreich darin, uns Autos und Kleidung nachjagen zu lassen, wir arbeiten in Jobs, die wir hassen, damit wir Sachen kaufen können, die wir nicht brauchen. Wir sind die kleinen Kinder aus der Geschichte. Wir haben kein großes Ziel, keinen Platz. Wir haben keinen großen Krieg, keine große Depression. Unser Krieg ist ein geistlicher Krieg. Unsere Depression ist unser Leben. Wir sind alle mit dem Fernsehen aufgewachsen, das uns glauben machen will, dass wir alle eines Tages Millionäre, Filmgötter und Rockstars sein werden. Aber das werden wir nie sein. Langsam, aber sicher schimmert uns das. Und dieses Bewusstsein macht uns böse. Sehr böse."*

Die Begrenztheit ihres Lebens und die entzaubernde Erkenntnis, dass sie durch die Medien und den Kommerz getäuscht wurden bezüglich der Dinge, die im Leben wirklich zählen, führten dazu, dass diese Männer kämpften. Sie schlugen sich gegenseitig kaputt, lernten so ihre Ängste zu überwinden und fanden dadurch ein Ziel für ihr Leben. Auf ähnliche Weise gibt es Männer, die ihre Zuflucht im Feiern, Trinken oder bei Frauen suchen.

Ein 45-jähriger Mann und geschiedener Vater von Kindern vertraute mir (Henk) einmal an, dass er endlich das Ziel seines Lebens gefunden hatte: Frauen. Frauen im Allgemeinen: sie kennenzulernen, sie zu fühlen und zu lieben.

Die Unzufriedenheit darüber, ein kleines Leben zu führen, ist unter Männern weit verbreitet. Jeder kommt früher oder später dahinter, dass materielle Errungenschaften, Sex und Geld viel zu klein sind, um das Leben damit zu verbringen. Auf der Suche nach mehr wählen Männer daher oft das „Spielen" als ersten Ausweg. Die Tragik der Fight-Club-Männer und zahlreicher anderer Männer liegt nicht darin, dass sie kämpfen, sondern dass sie glauben, darin das Lebensziel gefunden zu haben. Die Männer wollten das wirkliche Leben finden, gaben sich dann aber mit zu wenig zufrieden. Sie sind auf die Reise gegangen, haben aber zu früh angehalten. Und dann wurde das Spielen für sie zu etwas Bösartigem, Leerem und Düsterem.

Lebe, spiele, genieße

Die Bibel zeigt uns ein ambivalentes Bild, was Spiel und Freude angeht. So sagt der weise König Salomo:

> *„Ich sprach zum Lachen: Du bist toll!, und zur Freude: Was schaffst du?"*
>
> *„Der Unvernünftige freut sich an bösen Taten; ein Verständiger aber hat Freude an der Weisheit."*

Und in dem Buch Jesus Sirach, das als apokryphes Buch in einigen Bibelübersetzungen enthalten und ein Pendant zu den Sprüchen ist, steht:

> *„Der Tor lacht mit lauter Stimme, der Kluge aber lächelt kaum leise."*

Spielen und Lachen werden in der Bibel oft mit notwendiger Vorsicht behandelt. In einigen Texten klingt hier und da deutlich eine Absonderung vom irdischen Vergnügen durch. Wer das Christentum allerdings darauf beschränkt, steht wie an geschlossenen Buden eines Jahrmarkts. Vor all dem Seriösen und Ernsthaften ist Gott ein Gott des Überflusses und der Freude. Seine ganze Schöpfung drückt das aus, und sie fordert uns täglich auf, das als Jubel zu begreifen: Lebe! Spiele! Genieße! Entdecke! Gestalte! Allein die große Vielfalt an Fischen, Vögeln und anderen Tieren drückt Gottes große Lebensfreude aus. Und jeder Sonnenaufgang lädt uns dazu ein, dieses Leben zu feiern.

Der Vogel Strauß

Wir brauchen Zeit, um zu spielen, obwohl wir älter und erwachsen geworden sind. Sie ist wichtig. Meister Eckhart, ein spätmittelalterlicher Theologe und Philosoph, schrieb dazu:

> *„Wahrlich! Wahrlich! Bei Gott! Bei Gott! Sei so sicher, wie du dir des Bestehen Gottes sicher bist: Über die kleinste gute Tat, die hier auf der Erde verrichtet wird, über das kleinste bisschen guten Willen, über das kleinste bisschen sauberes Verlangen freuen sich alle Heiligen im Himmel und auf Erden. Zusammen mit der Freude der Engel ist ihre Freude so groß und intensiv, dass alle Freude in der Welt nicht damit verglichen werden kann. Aber die Freude all dieser Wesen zusammen ist nicht mehr als ein Bruchteil verglichen mit der Freude Gottes über unsere guten Taten. Denn wahrlich, Gott lacht und spielt."*

Wir Menschen und die ganze Schöpfung sind die Folge von Gottes unendlicher Kreativität und Schaffenskraft. Was für ein Gott ist das, der drollige Affen erfindet, eine Schmuck stehlende Elster oder den „smiley bird", einen Paradiesvogel, der sein Gefieder in einen Smiley verwandelt, wenn er angegriffen wird? Was für ein Schöpfer ist das, der Berge von fast neun Kilometern Höhe formt, obwohl vier Kilometer Felsen für einen Normalsterblichen bereits ein unüberwindliches Hindernis sind? Welchem Gehirn entsprangen mehr als zehn Kilometer tiefe Meere, wo wir Menschen doch schon das Füßebaden genießen? Und wie kommt ein Psalmbeter dazu, zu beschreiben, wie Gott mit mythischen Seeungeheuern spielt?

„Schiffe ziehen dort vorüber und auch die Seeungeheuer, die du geschaffen hast, um damit zu spielen."

Später lesen wir, dass Gott den Vogel Strauß gemacht hat: fröhlich, groß, schnell, aber nicht fähig zu fliegen. Steckt darin nicht göttlicher Humor? Oder schau dir mal die Farbe Grün an. Mehr als 1 Trillion unterschiedlicher Töne gibt es von ihr. Jedes Blatt am Baum hat sein eigenes Grün. Und ein Blick in den Himmel lässt dich staunen: unzählbar erscheinen die Sterne. Wissenschaftlern zufolge soll es 10 hoch 26 geben. Warum so unglaublich viele, können wir doch mit unserem bloßen Auge vielleicht gerade mal 9000 sehen? Was bedeutet das? Was ist der theologische Sinn hinter alldem? Ich glaube, all das Augenzwinkern, die witzigen Bemerkungen und Kuriositäten drücken Gottes Freude aus.

Ein Überfluss von viel zu viel

Gottes Lebenslust zeigte sich auch im Leben seines Sohnes. Jesus hatte ein Auge fürs Detail. Er sah die Spatzen, die Vögel in der Luft, die Lilien auf dem Feld. Nichtsdestotrotz unterstrich er seine Wunder mit einem ernsten Unterton, und sie hatten stets eine deutliche Absicht. Manche von ihnen offenbarten darüber hinaus eine Neigung zu Verspieltheit und Überfluss. So wie das Wunder der Hochzeit zu Kana, als Jesus in einem abgelegenen Dorf in Galiläa 600 Liter Wasser in besten Wein verwandelte. Und das, obwohl die Hochzeitsgäste bereits viel Wein getrunken hatten. Sie konnten kaum noch schmecken, was sie da tranken. Warum tat er das? War das nicht Verschwendung? Und warum so viel Wein?

Ein anderes Mal versorgte Jesus ungefähr 20.000 Menschen mit einer Gratis-Mahlzeit. Er hätte dies nicht tun müssen. Die Menge war ihm unaufgefordert gefolgt. Ein paar Stunden lang waren die Menschen unterwegs gewesen, um bei Jesus zu sein. Begeistert, wie sie waren, hatten sie in ihrer Hast vergessen etwas Essbares mitzunehmen. An sich hätten sie den Rückweg nach Hause noch problemlos geschafft. Hunger zu verspüren war für sie nicht angenehm, sicher aber wäre er nicht bedrohlich gewesen.

Beim zweiten Mal, als Jesus auf wundersame Art das Essen vermehrte, handelte es sich wohl um eine Notsituation. Schon seit drei Tagen waren die Menschen bei ihm, irgendwo in der Wildnis. Da musste etwas geschehen. Bei der ersten Vermehrung war das nicht der Fall gewesen. Doch Jesus gebrauchte seine göttliche Macht, um ein gigantisches Festmahl zu bereiten. An dessen Ende lagerten 20.000 glückselige Männer, Frauen und Kinder vor ihm, mit von Fischfett triefenden Mündern. Jesus freute sich und genoss den Anblick. Es musste nicht geschehen, aber er tat es doch – weil er es schön fand.

Das ist die Idee: Dinge tun, weil sie schön sind. Oder weil sie festlich sind. Oder einfach nett. Zum Beispiel eine Flagge erobern, nur so zum Spaß.

Unser Leben ist prallvoll mit ernsthaften Angelegenheiten, komplizierten Problemen oder existenziellen Fragen. Und wir haben gelernt, uns immer wieder selbst zu ermahnen, mit unserer zur Verfügung stehenden Zeit möglichst nützlich umzugehen. Und nützlich heißt in dem Sinne, dass auch andere möglichst davon profitieren. Das ist ein sehr eingeschränkter Blick aufs Leben. Von Zeit zu Zeit musst du einfach mal genießen und spielen:

„Weinen hat seine Zeit, lachen hat seine Zeit; klagen hat seine Zeit, tanzen hat seine Zeit; (...)“

Die Bedeutung des Lachens

In dem ebenso fantastischen wie brillanten Roman „Der Name der Rose“ von Umberto Eco finden in einer Benediktiner-Abtei in

Norditalien eine Reihe rätselhafter Morde statt. William und Adson, die Hauptpersonen des Buches, untersuchen die Morde. Ihre Suche nach der Ursache der mysteriösen Morde führt die beiden zu einem verloren geglaubten Manuskript von Aristoteles, dem griechischen Philosophen. In dem Schriftstück geht es um die Bedeutung des Lachens. Jorge, der Ex-Bibliothekar der berühmten Büchersammlung der Abtei, will um jeden Preis verhindern, dass der Inhalt des Manuskripts den Klosterbewohnern bekannt wird. Er fürchtet, dass Menschen das Lachen als Waffe entdecken, um ihre Angst zu bekämpfen. Darum hat er die Blätter des Buches mit einem tödlichen Gift bestrichen. Wenn Menschen das Buch entdecken und die Seiten umschlagen, würden sie ihre Finger und Lippen mit dem Gift befeuchten und so ihren eigenen Tod bewirken. Am Schluss dieses monumentalen Buches sprechen William und Jorge in der Gegenwart Adsons über die Bedeutung des Lachens. Jorge sagt:

> *„Das Lachen befreit den Bauern für einige Augenblicke von der Angst. Aber das Gesetz wird gerade durch die Angst auferlegt, deren wahrer Name die Furcht Gottes ist. (…) Aus diesem Buch könnte das neue, verderbliche Streben hervorkommen, den Tod durch die Befreiung von der Angst zu vernichten. Und was würden wir, sündige Geschöpfe, ohne Angst sein, diese vielleicht segenbringendste und liebevollste aller Gaben Gottes?“*

Lachen befreit uns einen Augenblick lang von der Angst. Allerdings predigte und gebrauchte die Kirche Angst über Jahrhunderte als Instrument, um die Menschen unter Kontrolle zu halten. Es ist daher wichtig, sich von diesem Denken zu lösen, um eine Wiederherstellung und ein ausgeglichenes Bild von Genuss, Lachen und Verspieltheit zu bekommen. Wir sahen bereits, wie Gott es liebt zu spielen und dass Jesus manchmal Wunder tat, bei denen es scheint, als ob er zu viel des Guten tat, als ob er „über das Ziel hinausschoss“. Wir sehen auch, dass Jesus verspielt und humorvoll mit Menschen redete.

Der Humor Jesu

Als Jesus seinen Jüngern erklärt, wie ein Reicher in das Königreich Gottes eingehen kann, vergleicht er das mit dem Kriechen eines Kamels durch ein Nadelöhr. Steckt dieses Bild nicht voller Humor? Wir jedoch neigen dazu, seinen Vergleich erst einmal theologisch zu analysieren, und nehmen ihn auseinander. Wir wissen, dass das „Nadelöhr" der Beiname für ein kleines Seitentor einer großen Stadt war. Ein Kamel, das nach der Schließung der Haupttore hineinwollte, musste dann alle seine Ladung ablegen und ganz vorsichtig hindurchschreiten. Sinnbildlich muss genauso ein Reicher seinen Reichtum ablegen, um teilzuhaben an Gottes neuer Welt, dem Reich Gottes.

Natürlich ist diese Erklärung richtig, nur geht sie an der spitzfindigen und kreativen Weise, wie Jesus kommuniziert, vorbei. Zur Zeit Jesu kannte man nämlich bereits Nadeln, wie wir sie heute haben: ein Eisenstück mit einer scharfen Spitze und einem Auge für den Faden. Die Wahrscheinlichkeit, dass Jesu Zuhörer beim „Nadelöhr" zuerst an das Auge einer Nadel und nicht an das Stadttor denken mussten, war groß. Stell dir doch einmal vor, wie ein Kamel durch das Auge einer solchen Nadel kriecht. Das geht überhaupt nicht. Das ist absurd. Und wenn, dann bliebe es auf halber Strecke stecken. Vielleicht gibt es deswegen Kamele mit zwei Höckern statt nur einem.

Jesus benutzte einen Schatz humoristischer und rhetorischer Mittel: Er maximierte bis ins Bizarre („Könntet ihr zu diesem Berg sagen: ‚Rücke von hier dorthin!', und es würde geschehen"), er überraschte mit Irreführung („Selig sind, die da Leid tragen, ...") oder wählte unerwartete Statisten oder Geschehnisse („Ihr verblendeten Führer, die ihr Mücken aussiebt, aber Kamele verschluckt!"). Dies alles sind Kommunikationswege, die Jesus gebrauchte, um zu überraschen sowie Freude und Gelächter zu bewirken.

Mit Jesus konnte man immer etwas erleben. Er traute sich, Dinge zu sagen, die andere wohl dachten, sich aber nicht zu äußern trauten. Er stellte komplizierte Dinge humoristisch und verblüffend einfach dar. Oft lesen wir die Evangelien und meinen darin nur ernsthafte Gespräche über Leben und Tod zu finden. Die Wahrheit ist, dass sie vor Humor und Lebenslust Jesu bersten. Als ich (Henk) das einmal einer Gruppe junger Kursteilnehmer erzählte, rief eine junge Frau: „Das glaube ich nicht! Jesus benutzte keinen Humor." Ich forderte sie heraus, die Probe aufs Exempel zu machen und die Evangelien in den nächsten zwei Wochen zu lesen, und zwar mit der Frage vor Augen: Wo benutzt Jesus Humor?

Zwei Wochen später kam die junge Frau mit einem überraschenden Resultat zurück. „Ich habe bei Matthäus angefangen und in der Mitte aufgehört, denn ich las auf jeder Seite davon, wie Jesus Humor benutzte."

Lachen bringt Leben

Lachen und Spielen sind wichtig. Beides erhöht enorm unsere Lebensqualität. Dem weisen König Salomo war das bestens bewusst:

> *„Darum rühme ich die Freude, denn es gibt für den Menschen nichts Besseres auf der Welt, als zu essen und zu trinken und sich zu freuen. Das wird ihn bei seiner Mühe begleiten das kurze Leben hindurch, das Gott ihm gegeben hat."*

Freude verleiht unserem Leben Energie und erhöht unsere Spannkraft. Die Weisheit Königs Salomo unterstreicht auch die moderne Wissenschaft: In einer Studie sollten sich 122 Männer, die einen Herzanfall erlitten hatten, auf einer Skala von pessimistisch bis optimistisch einschätzen. Acht Jahre später verglich man die 25 größten Pessimisten mit den 25 größten Optimisten. Das Ergebnis überraschte: Von den 25 pessimistisch Gesinnten waren 21 bereits verstorben. Von den optimistischen hingegen nur sechs. Dahinter steckt die Kraft des Lachens und der Freude. Deine Wahrscheinlichkeit, länger zu leben, ist um 300 Prozent größer. Ist es also nicht manchmal besser, sich mit voller Freude auf einen Eimer Schokoladeneis zu stürzen, als verzweifelt Brokkoli in sich hineinzustopfen?

Umarme das Spielen

Wenn sich dein christliches Leben automatisiert anfühlt, beinahe mechanisch vonstattengeht oder zur Routine verkommen ist, brauchst du einen ordentlichen Flaggenraub.

Wenn Trübsinn oder Müdigkeit für die Sache Gottes schwerfällig wie eine dicke Winterjacke auf deinen Schultern liegt, musst du einen „Überschuss an Ernsthaftigkeit“ aus deinem Jutesack nehmen.

Finde die richtige Balance! Entdecke und umarme die Kunst des Spielens neu in deinem Leben. Sie ist notwendig, um durchhalten, weiterdienen und in Momenten, in denen es wirklich wichtig ist, den Weg des größten Widerstandes wählen zu können. Und du brauchst die Kraft des Lachens, um nicht in deinen alten Mustern und Gewohnheiten stecken zu bleiben und festzuwachsen.

Während der Musketier-Charakterwochenenden erleben wir, wie das Leben vieler Männer durch eine intime Begegnung mit Gott, sich selbst und die Gemeinschaft mit anderen Männern verändert wird. Das Abenteuer in der Natur wirkt befreiend auf die Seele.

Zusammen lachen und weinen, kämpfen und ruhen, spielen und anbeten schmiedet Seelen aneinander und öffnet das Herz, um das Leben in seiner Weite zu erfahren.

„Die Bekannschaft der Milady brachte unseren jugendlichen Gascogner vollkommen um den Verstand. Er erinnerte sich, auf was für eine seltsame Weise diese Dame bis dahin bei seiner Bestimmung beteiligt gewesen war.
Er war fest davon überzeugt, dass sie auf die ein oder andere Art ein Werkzeug des Kardinals war, aber zugleich fühlte er sich unwiderstehlich zu ihr hingezogen, durch eines dieser Gefühle, die man nicht berechnen kann."

ALEXANDRE DUMAS

Kapitel 12

Lust besiegen

Die Schlachtung Olafs des Ochsen

Von der Liebe zur Lust – wenn etwas deinen Auftrag und deine Bestimmung in Gefahr bringen kann, dann ist es wohl diese Bewegung. Viele Männer erliegen ihr. Sie brechen dann meist ihre Mission ab. Manche von ihnen gehen sogar an ihrer sexuellen Lust zugrunde. Nach einem guten Start kamen sie irgendwann ins Straucheln und fielen hin, weil sie nicht mehr von Liebe, sondern Verlangen getrieben waren. Sie sind konfrontiert worden mit überwältigenden Kräften, die in ihrem Innersten ein Spiel mit ihnen getrieben haben.

Im Altertum beschrieben die Griechen Lust als den Wahnsinn der Götter, der uns glücklich und verrückt, risikofreudig und verletzlich macht. In der Lust verliert sich auch der junge D'Artagnan in der Musketier-Geschichte von Alexandre Dumas. Er ist von ihr getrieben und hat folglich das Geschehen nicht mehr klar vor Augen. Zuerst gibt er sich seiner Jugendliebe hin, und später kann er nicht die Finger davon lassen, mit einer todesbringenden Frau zu flirten. Wie heißt es so schön: Liebe macht blind. Aber Lust tut noch etwas viel Ärgeres: Sie beraubt dich deines Verstandes.

Wohin führt Lust?

General Roméo Alain Dallaire war Kommandeur der UN-Blauhelm-Truppen während des Völkermords in Ruanda. Mit 250

Soldaten stand er vor einer unmöglichen Aufgabe. Binnen 100 Tagen, von April bis August 1994, fand in dem ostafrikanischen Staat der größte Völkermord seit dem Zweiten Weltkrieg statt. Mehr als eine Million Tutsis wurden ermordet, oft auf bestialische Art und Weise. In seinen Memoiren schrieb der Kommandeur:

„Wir fuhren durch verlassene Dörfer, in einigen stieg noch Rauch auf. Abfall, Lumpen und Körper lagen durcheinander an Orten, an denen ein Hinterhalt oder Massenmord stattgefunden hatte. Wir fuhren entlang verlassener Checkpoints, die übersät waren mit Leichen. Einige waren enthauptet und weggeworfen wie Abfall, andere sorgfältig neben einem Haufen Köpfe aufgestapelt.
Lange Zeit schaffte ich es, die Todesmasken der vergewaltigten und sexuell missbrauchten Mädchen und Frauen aus meinem Kopf zu verbannen. Ich wusste, was ihnen angetan wurde, würde mir selbst den letzten Stoß geben, mich zu verlieren. Aber jedes Mal, wenn ich hinschaute, sah ich den Beweis – selbst an weiß glänzenden Skeletten: Die Beine waren gebogen und auseinandergedrückt. Eine zerbrochene Flasche, ein rauer Ast oder sogar ein Messer steckte dazwischen, und immer war da eine Menge Blut. Am meisten aber setzte mir der Ausdruck auf ihren toten Gesichtern zu: eine erstarrte, erforene Grimasse des Schocks, des Schmerzes und der Erniedrigung.“

Über 500 000 Frauen wurden innerhalb weniger Monate vergewaltigt. Oft durch Männer, die mit HIV infiziert oder an AIDS erkrankt waren. Frauen, die ihre Vergewaltigung überlebt hatten, waren trotzdem ermordet worden, sie starben nur langsamer.

Nicht nur die Anzahl der Morde in Ruanda war ohnegleichen. Auch die Art und Weise, wie sie geschahen, ging über jedes Vorstellungsvermögen hinaus: Eltern wurden gezwungen, ihre Kinder zu ermorden. Andere mussten mit ansehen, wie Arme, Beine und Geschlechtsteile ihrer Kinder abgetrennt wurden, ehe man sie tötete. Menschen wurden bei lebendigem Leibe verbrannt, gefoltert und so langsam wie möglich ihres Lebens beraubt. In den Konzentrationslagern Hitlers war der Völkermord eine Massenvernichtung gewesen, in Ruanda war er Handwerk.

Warum ist Ruanda so schockierend? Weil es noch nicht so lange zurückliegt? Weil es so viele Opfer gab? Weil „*wir*“ aus dem Westen nichts unternommen und sogar die UN-Truppen abgezogen haben? Weil niemand morden und vergewaltigen soll?

Ja, das stimmt alles. Aber der wirkliche Schock liegt woanders: in der menschenverachtenden Haltung, der Anti-Menschlichkeit, mit der das alles passierte. Wie kann so etwas nur passieren? Wie kann der Mensch – ein Wesen, das so wunderbar erdacht und geschaffen wurde – so ausarten? Und wie kann Sexualität, eine Gabe Gottes, in eine solch antimenschliche Mordpartie pervertiert werden?

Sexualität ist großartig

Sexualität in seiner ursprünglichen und gesunden Form ist ein Fest, eine Feier des Menschseins. Sie ist prächtig und trägt etwas Göttliches in sich. Sie ist bezaubernd und wurde letztlich im Himmel geschaffen. Denn Gott selbst ist ein Gott, der in der Dreieinigkeit von Vater, Sohn und Heiligem Geist in innigster Gemeinschaft lebt. Aus dieser Gemeinschaft entspringt seine Vielfalt, die brennende Leidenschaft und überhäufende Liebe ausdrückt und aus der Gott selbst uns Hinweise gibt, um ihn kennenzulernen. So schenkte uns Gott den Ozean, um uns zu verdeutlichen, wie groß und überwältigend er ist. Gott schuf Berge, um uns zu zeigen, dass er zuverlässig und stets größer ist, als wir uns vorstellen können. Farben geben ein Bild davon, wie kreativ und vielfältig er ist. Und Gott schenkte uns die Intimität der Sexualität, um uns die Einheit, Leidenschaft und Liebe, die innerhalb der Dreieinigkeit herrschen, erlebbar zu machen. Sexualität ist wie ein unzähmbares Feuer, das seinen Ursprung in Gott selbst hat.

„Lass mich deinem Herzen nahe sein, so wie der Siegelring auf deiner Brust. Ich möchte einzigartig für dich bleiben, so wie der Siegelreif um

deinen Arm. Unüberwindlich wie der Tod, so ist die Liebe, und ihre Leidenschaft so unentrinnbar wie das Totenreich! Wen die Liebe erfasst hat, der kennt ihr Feuer: Sie ist eine Flamme Gottes! Mächtige Fluten können sie nicht auslöschen, gewaltige Ströme sie nicht fortreißen. Böte einer seinen ganzen Besitz, um die Liebe zu kaufen, so würde man ihn nur verspotten."

Das sind Worte Salomos aus dem Hohelied, einem Buch, das so sinnlich und sexuell geladen ist, dass jüdische Männer dieses Buch nicht vor ihrem vierzigsten Lebensjahr lesen durften. In diesem Buch wird Liebe als beschönigendes und milderndes Wort für die sexuelle Intimität mit der Geliebten gebraucht.

Sexualität ist also ein Fest und eine Art des Spielens, die (wieder) belebend wirkt. Sie hat Kraft, weil sie im Himmel erdacht wurde. Und dieser göttliche Ursprung macht Sex heilig, sauber und gut.

Perversion

Wir wissen allerdings alle, dass Sex auf alle möglichen Arten pervertiert wurde: banal, grotesk oder sogar menschenunwürdig. In unserer heutigen Welt ist Sex in vielen Fällen zur Sünde geworden. Sünde, weil das ursprüngliche Ziel, das sich Gott mit der Sexualität geschaffen und erdacht hat, nicht eingehalten wurde. Durch Egoismus und ungesunde Begierde ist ihr wahrer Genuss zu einem billigen Imitat verkommen. Die Pervertierung rührt nicht von ungefähr. In dem Buch „*Dienstanweisung an einen Unterteufel*" beschreibt der englische Schriftsteller C. S. Lewis, wie ein Meisterteufel seinen Lehrlingsteufel in das strategische Strippenziehen einweiht:

„Vergiss nie, dass wir uns in gewissem Sinn auf feindlichem Gebiet [Anmerk.: Gottes Gebiet] befinden, immer wenn wir uns auf irgendeine Freude der gesunden, normalen Form einlassen, die Befriedigung schenkt. Ich weiß, viele Seelen haben wir durch eine Freude ins Gefängnis geschleppt. Aber in alledem ist sie eine Erfindung von Ihm und nicht von

uns. Er schuf die Freuden: All unser Forschen hat uns bisher noch nicht dahin gebracht, dass wir selbst eine schaffen könnten. Alles, was wir tun können, ist die Menschen dazu bringen, die Genüsse, die unser Feind geschaffen hat, zu genießen, und zwar in einem Moment und auf eine Art, die er verboten hat."

Gott schuf die Freuden, darunter den Genuss der Schönheit und der Sexualität. Die Handschrift des Teufels ist jedoch, Lüste und Freuden von Gott aus ihrem Zusammenhang zu reißen und zu pervertieren. Das Gute, was einst durch ihn geschaffen wurde, soll in einer Art missbraucht werden, dass es letztlich unser Leben zerstört und sogar dazu gebraucht werden kann, andere zu peinigen und zu töten.

Lust am Objekt

Was aber führt dazu, dass etwas so Göttliches und Zartes so zerstörerisch und menschenverachtend werden kann – wie in Ruanda? Es hat viel mit der Perspektive und dem menschlichen Denken zu tun. Als die Scharen der Hutus anfingen die Tutsis abzuschlachten, sahen sie diese nicht mehr als ihre Mitmenschen an. Irgendwo waren sie ausgestiegen. Sie hatten angefangen, anders zu denken. Sie dachten in „*Wir*" und „*Sie*". In ihren Augen waren die Tutsis nun Tiere. „*Die*" da mussten totgetreten werden.

Wenn Menschen über Sex reden, fallen oft auch Begriffe aus der Tierwelt: „Er ist ein Partylöwe", „Wir fielen übereinander her", „Mein Instinkt sagt mir, dass diese Frau …" Wir erniedrigen uns selbst oder machen den anderen zu einem Tier. Oder aus einer Frau wird ein Objekt: „Das ist ein heißes Gerät."

Was passiert da? „*Sie*" wird zu „*Es*". Geht es da noch um Liebe? Nein, es geht um Lust. Lust benutzt den anderen, sie missbraucht den anderen. Lust verhält sich rein egoistisch und kümmert sich nicht um die Gefühle des anderen. Lust kann so weit gehen, dass das Ego den anderen verachtet und ihm somit die Hölle auf Erden bringt, so wie es in extremem Ausmaß in Ruanda geschehen ist.

Der Reiz deiner Sinne

Wie arbeitet Lust? Lust macht sich unsere Sinnesorgane zunutze. Als Eva die Frucht vom Baum aß, war das keine überlegte Aktion. Sie sah den Baum und die glänzend herrliche Frucht. Vielleicht duftete der Baum gut. Sie nahm die Frucht in die Hand und fühlte sie. Sie schmeckte, und sie aß davon. Alle unsere Sinnesorgane dienen der Lust, wenn sie in Erscheinung tritt: wir sehen, riechen, fühlen, hören und schmecken. Frag dich doch mal:

Was war so attraktiv an der Frau, die dir letztens aufgefallen ist?
Ihr Parfüm? Ihre Rundungen?
Was ist so schön an einem neuen Auto?
Der Geruch des neuen Leders? Das Geräusch des Motors?
Was begehrst du im Augenblick?
Ein neues Päckchen Zigaretten? Neue Kleider? Neue Gadgets?

Man nennt das Sinnesreizung. Der Computerhersteller Apple, mit seinem vielsagenden Logo, weiß genau, wie das funktioniert. Die Welt ist verrückt nach Apple. Der Konzern vermarktet seine Produkte nicht als Gebrauchsgegenstände, sondern als lebensnotwendige Trend-Artikel: sinnlich, schön, begehrenswert. Genauso die Autohersteller, Kaffeekonzerne oder Winzer. Sie alle wissen, dass wir uns durch unsere Sinnesorgane leiten lassen. Wahrscheinlich hast du einen Schrank voller (ungetragener?) Kleidungsstücke, der das beweist. Jesus weiß genau, wie wir ticken. Über das Begehren einer Frau sagt er:

„Schon wer eine Frau mit begehrlichen Blicken ansieht, der hat im Herzen mit ihr die Ehe gebrochen. Wenn dich also dein rechtes Auge zur Sünde verführt, dann reiß es heraus und wirf es weg! Besser, du verlierst eins deiner Glieder, als dass du unversehrt in die Hölle geworfen wirst. Und wenn dich deine rechte Hand zum Bösen verführt, so hack sie ab und wirf sie weg! Es ist besser, verstümmelt zu sein, als unversehrt in die Hölle geworfen zu werden.“

Das Benebeln deines Denkens

Sehen, riechen, fantasieren, begehren – Lust breitet sich über die Sinnesorgane in deinen Gedanken aus. Sie hat damit zu tun, wie viel Raum ein bestimmtes Etwas, eine bestimmte Person in deinem Denken einnimmt.

Nehmen wir als Beispiel eine schöne Frau, die du getroffen hast. Du fängst an, dir Gedanken über sie zu machen. Du willst sie womöglich besser kennenlernen. Dann denkst du immer wieder an sie, während du mit deiner Arbeit, deinen Kindern oder deinen Kunden beschäftigt bist. Dein Kopf füllt sich mit dieser Frau. Oder du denkst an ein neues Auto oder einen neuen Computer. Was du dir vorstellst, sei es diejenige oder dasjenige, ergreift langsam, aber sicher Besitz von dir. Du wirst ein Sklave, denn Lust versklavt dich in deinem Denken.

Jesus beginnt seine Rede so unschuldig. Er spricht über das Sehen und Begehren. Nur ehe du dich versiehst, geht es um Ehebruch und Hölle. „Gucken kostet ja nichts", heißt es so schön, doch hier geht es von ein bisschen Gucken in einem Rutsch weiter in die Hölle. Wie ist das möglich? – Weil wir in *„wir und sie"* und *„ich und es"* denken, wenn wir begehren. Die Prinzessin wird zu einem Tier. Sie wird degradiert zu einem Objekt, das meinem Genuss oder Vorteil dienen soll. Und danach?

Der Himmel befindet sich an allen Orten, wo Gott herrscht und seine Schönheit sichtbar wird. Die Hölle wiederum kommt an Orte, wo Menschen einander benutzen und durch Satans Irreführung nur ihre eigenen Bedürfnisse befriedigen. Das kann so weit gehen, dass Menschen einander wie Tiere behandeln oder wie einen Gegenstand. Wir müssen uns bewusst sein, dass dieselben Kräfte, die ihr vernichtendes Werk in Ruanda bewirkt haben, auch in uns vorhanden sind.

Olaf

Salomo räumt dem Thema Sexualität im Buch der Sprüche viel Aufmerksamkeit ein. In den Kapiteln 2 und 6 sowie vor allem in den Kapiteln 5 und 7 geht es darum, wie ein Mann mit Frauen umgehen und seine Sexualität wie auch Lust leben sollte.

Im siebten Kapitel beschreibt Salomo, wie ein junger Mann, nennen wir ihn mal Olaf, abends über die Straße läuft. Olaf ist auf der Suche. Seine Füße führen ihn an Plätze und in Gassen hinein, von denen er weiß, dass er dort die größte Chance hat, eine willige Frau zu treffen. Auf einem der Plätze kommt eine Frau auf Olaf zu. Die Spannung steigt. Alles geschieht „in der Dämmerung, am Abend des Tages, als es Nacht wurde und dunkel war". Die fein herausgeputzte, gut duftende Dame, die sich dem jungen Mann aufdrängt, ist eine unerfüllte Frau. Ihr Mann ist oft nicht zu Hause, sie fühlt sich einsam und sagt:

„Ich bin zur Tür hinausgegangen, ich machte mich auf die Suche nach dir."

Klingt da nicht eine deutliche Anspielung durch in dieser nächtlichen Begegnung? Du bist für mich der Wahre. Du hast das, wonach ich suche. Mit unwiderstehlichen Sätzen, die vor Sex nur so triefen, will die Frau Olaf zu mehr verleiten:

„Ich habe mein Bett mit schönen bunten Decken aus Ägypten gepolstert und mit Parfüm besprengt. Komm doch mit! Wir wollen uns die ganze Nacht hindurch lieben und uns bis zum Morgen vergnügen!"

Alle Sinnesorgane von Olaf werden gereizt. Er sieht, riecht, fühlt, hört und schmeckt. Er ist erregt. Sein ganzes Denken wird von der Aussicht auf eine Nacht mit ungehemmtem Sex eingenommen. Noch ahnt er nicht, dass er diese Nacht nicht überleben wird.

„Er folgte ihr ins Haus wie ein Ochse, der zum Schlachten geführt wird – in sein eigenes Verderben rannte dieser Dummkopf! Ohne es zu wissen, lief er in eine tödliche Falle. Sie hatte ihn gefangen wie einen Vogel im Netz."

Olaf, der Ochse, wurde am Ende geschlachtet. Getrieben durch Lust und gesteuert durch seine Sinnesreize rannte er in sein eigenes Verderben. Salomo schließt dieses Kapitel mit einer Warnung an junge Männer:

> *„Lasst euch von solch einer Frau nicht verführen, sondern geht ihr aus dem Weg! Denn sie hat schon viele Männer zu Fall gebracht, die Zahl ihrer Opfer ist groß. Ihr Haus steht am Rand des Abgrunds; wer zu ihr geht, den reißt sie mit in den Tod.“*

Was aussieht wie eine Nacht voll schamlosem Sex ist in Wirklichkeit der Eintritt in die Kammern des Todes. Wenn du nicht aufpasst und dich von weiblicher Schönheit bezaubern lässt, setzt du einen Schritt auf den Weg in das Verderben, in die Hölle. Die Frau wird zum Objekt. Ein Spielzeug. Gut genug, um es zu genießen und danach ...

Lust hält nicht, was sie verspricht

In dem Buch „*Die drei Musketiere*“ lässt sich der junge D'Artagnan auf Milady de Winter ein, obwohl ihn seine Freunde vor ihr gewarnt hatten. Tief in seinem Herzen weiß er, dass sie recht haben. Dennoch wagt er den Schritt. Um ihre Zuneigung zu gewinnen, geht D'Artagnan hin und gibt vor, jemand anderes zu sein.

Lust lässt uns zu jemand anderem werden. Wir verlieren uns selbst, wir verraten uns selbst. Und nicht selten überrollen uns die weiteren Ereignisse. So auch D'Artagnan. Gefangen von der Lust, geht D'Artagnan Schritt um Schritt weiter, er macht Aufwartungen und verstrickt sich immer tiefer. Er kommt dahinter, dass er hoffnungslos verliebt ist, doch Lady de Winter macht ihm klar, dass „er ihr nichts bedeute“. Und wo D'Artagnan dachte, sie für seine Ziele benutzen zu können, wird er von ihr benutzt. Sie schickt ihn fort. Noch schlimmer, sie will ihn töten. Ihrem Mordkommando fällt letzten Endes Constance, D'Artagnans Jugendliebe, zum Opfer.

Lust raubt einem Mann seinen Wert, seine Identität und letztlich sein Leben. Lust ist ein schlechter Partner. Sie hält nie, was sie anfänglich verspricht. Ihre Dinge sind nie so unschuldig, wie sie zu sein scheinen.

Wie können wir der Lust die Stirn bieten?

Bezüglich des Umgangs mit Lust und Verführung gibt es schlechte und gute Neuigkeiten. Um mit den schlechten anzufangen: Es ist eine Illusion zu denken, eines Tages werden die Verführungen auf dieser Erde ein Ende haben. Verführungen gehören zu unserem Leben. Die gute Nachricht ist, dass du tatsächlich ein siegreiches Leben leben kannst und du dich nicht immer verleiten lassen musst.

Um anzufangen, so zu leben, ist es wichtig, dass du weißt, was du willst. Bist du bereit, radikal zu sein? Willst du rein leben? Willst du mit der Sünde brechen? Solange du dir darüber nicht im Klaren bist, bist du eine einfache Beute für die Verführung. Olaf, der Ochse aus Sprüche 7, spazierte durch die Stadt. Was wäre passiert, wenn die Frau nicht so aktiv gewesen wäre? Wäre er dann bei ihr im Bett gelandet? Olaf hatte sicherlich ein bisschen die Einstellung *mañana-mañana*, wir werden schon sehen. Im Prinzip wollte er es nicht, aber er wollte mal gucken, was so passiert.

Es ist gut, wenn du eine klare Position hast und sie radikal aussprichst. Nichts anderes sagt Jesus mit seinen Worten: „Wenn dein Auge oder deine rechte Hand (für die meisten ihre wichtigste Hand) dich zur Sünde verleiten will: Weg damit! Sei radikal!"

Angesichts einer Verführung ist es wichtig, frühzeitig „Nein" zu sagen. Sei dir deiner Grenzen bewusst. Setze sie, wenn du noch einigermaßen fest stehst. Suche nicht Verlockungen auf, so wie Olaf, der geradewegs auf die Gefahr zulief! Wir Menschen sind einfach beeinflussbar. Nicht umsonst wird so viel Geld in der Werbeindustrie investiert. Wenn du weißt, dass bestimmte

Menschen dich negativ beeinflussen oder dir das Bewusstsein für Zeit, Familie und Würde nehmen, dann suche diese Menschen nicht mehr auf. Vermeide den Kontakt mit ihnen. Umgekehrt: Umgib dich mit Menschen, die dich inspirieren und scharfsinnig machen und dir helfen, rein zu leben. Sei dir bewusst, dass es Momente gibt, in denen du verletzlicher bist als sonst. In Amerika benutzen Hilfsgruppen dafür das Akronym HALT. Du bist anfälliger dafür, verführt zu werden, wenn du Hungry, Angry, Lonely oder Tired (hungrig, zornig, einsam oder müde) bist. Landest du in einer HALT-Zone, solltest du ein paar Extrasicherheiten um dich herum haben.

Rede zum Beispiel mit ein paar vertrauenswürdigen Menschen offen über deine Lust oder deinen Streit. Bring die Dinge ans Licht! Das entfernt den Engel der Finsternis aus deiner Schwachheit. Deine Frau oder deine Freunde können für dich beten und dich nach einiger Zeit fragen, wie es dir auf dem Gebiet der Sexualität geht. Manche Männer tragen ein Kreuz oder einen besonderen Ring, den sie von ihrer Frau bekommen haben. Das Schmuckstück erinnert sie an den Bund, den sie mit Gott und ihrer Frau geschlossen haben.

Angesichts der Tatsache, dass Lust vor allem in unserem Denken beginnt, ist es wichtig zu lernen, unser Denken auf das auszurichten, was „heilig ist, rein und gut". Manch einem hilft es, sich in bestimmten Situationen zu fragen: *What would Jesus do?* Wie würde Jesus es finden, was ich gerade tue? Oder woran ich im Augenblick denke?

Manchmal hilft es auch, einfach zu kontextualisieren, das heißt, das Denken über die Verführung zu erheben. Gedanken wie: „Ja, das ist eine schöne Frau, aber vielleicht hat sie eine dreckige Unterhose an", können sehr ernüchternd sein. Oder sich einmal vorzustellen, was man alles verlieren würde (Freimütigkeit, Freiheit, Freude und Vertrauen), wenn man der Versuchung nachgeben würde.

Offensiv beten

Salomo schenkt Lust, Verführung und Sexualität viel Aufmerksamkeit. Warnungen gibt er zu Recht reichlich. Allerdings schreibt er wenig darüber, was man tun kann, um ein reines und heiliges Leben zu führen. Tipps und Tricks bleiben außen vor. Als wollte er damit sagen: Das überlasse ich voller Vertrauen eurer Kreativität und Vielseitigkeit.

Ein Umgang, der mir (Henk) geholfen hat im Kampf gegen die Lust, ist das offensive Gebet. Wenn eine verführerisch hübsche Frau in meine Gedankenwelt tritt, muss ich mich entscheiden: Gebe ich der Versuchung nach? Oder mache ich etwas anderes damit? Martin Luther sagte einmal: „Du kannst nicht verhindern, dass Vögel über dein Haupt fliegen. Aber dass sie Nester in deinem Haar bauen, kannst du verhindern." Ich habe gelernt, „das Landen eines Vogels" als Anlass zu nehmen, um für meine Beziehung, auch die sexuelle Beziehung, mit meiner Frau Ruth zu beten. Ich sehe das Ganze so: Jedes Mal, wenn der Teufel mich durch eine Verführung zu Fall bringen will, benutze ich diesen Reiz, um einen Extra-Segen für meine Beziehung mit Ruth zu erbeten. So richtet sich das Vorhaben des Teufels genau gegen ihn selbst. Je mehr er mich verführt, desto mehr bete ich für meine Frau und für unsere Beziehung und desto besser wird diese. Dann wird er von selbst müde und wird etwas anderes probieren. Diese Strategie funktioniert für mich in jeder Hinsicht sehr gut.

Liebe oder Lust

Auf der Reise des Jungen mit dem Jutesack zum Mann mit einem Auftrag und einer Vision ist der richtige Umgang mit Liebe und Lust von allergrößter Bedeutung. Der Lust nachzujagen wird dich deiner männlichen Kraft, deines Freimuts und Vertrauens berauben. Lass daher deine Lust hinter dir zurück.

Sexualität ist eine der schönsten Erfindungen Gottes, sie ist so fein und zerbrechlich, dass du mit größter Vorsicht damit umgehen musst. Sie bedeutet so viel mehr als der Geschlechtsverkehr zwischen Mann und Frau. Im Grunde geht es bei Sexualität um die von Gott gegebene Lebensenergie, die sich in einem wahrhaftigen Zusammenleben äußert.

Es geht um Intimität.
Es geht um Liebe.

Gebrauche diese Lebensenergie, um denjenigen Schönheit, Würde und Leben zu geben, die dessen beraubt worden sind!

„Die drei Freunde – denn, wie gesagt, Athos hatte geschworen, keinen Schritt für seine Ausrüstung zu unternehmen – also gingen morgens in aller Frühe zur Tür hinaus und kamen erst sehr spät wieder nach Hause. Sie irrten durch die Straßen und schauten aufs Pflaster, um zu sehen, ob vielleicht der ein oder andere, der hier vor ihnen gegangen war, seinen Geldbeutel auf der Straße liegen gelassen hatte. Es schien, als wären sie damit beschäftigt, Spuren zu lesen, so andächtig spähten sie überall, wo sie gingen, zu Boden. Als sie einander begegneten, wechselten sie entmutigte Blicke, als ob sie damit sagen wollten: Hast du schon etwas gefunden?“

ALEXANDRE DUMAS

Kapitel 13

Kapitale Gerissenheit lernen

Ping!

Jemand fragte mich (Henk) einmal, worüber ich nächsten Sonntag predigen würde. „Über das Geben“, antwortete ich. „Oh, dann komme ich nicht“ war seine Reaktion darauf. Offensichtlich löst das Thema Geld starke Gefühle in uns aus. Und Geld wegzugeben, zu spenden, ist ein sehr sensibles Thema. Die meisten Männer haben nun einmal viel mit Geld zu tun. Und es fällt ihnen nicht per se leicht, etwas von dem wegzugeben, wofür sie stundenlang und hart gearbeitet haben. Je nach Lebenssituation kostet Geld wegzugeben dich mehr als nur den Geldbetrag, zum Beispiel wenn du gerade eine Fast-pleite-Erfahrung hinter dir hast. Das Thema Geld darf daher in einem Männerbuch nicht fehlen.

Jesus sprach regelmäßig über das Geld und den Umgang damit. Im Kapitel über die theologische Bedeutung des Vogels Strauß sahen wir bereits, wie Jesus das humorvolle Gleichnis vom Kamel und der Nadel erzählte. Es steckt voller Witz, zugleich nimmt es aber auch eine radikale Wendung:

> *„Eher geht ein Kamel durch ein Nadelöhr, als dass ein Reicher in Gottes neue Welt kommt.“*

Zuerst lachten die Menschen über das Bild des Kamels mit der Nadel, doch der Spaß war schnell vorbei. Es ist einfacher für ein Kamel, durch ein Nadelöhr zu kriechen, als dass jemand, der 30 000 Euro im Jahr verdient, in das Königreich Gottes gelangt.

Sie waren über die Aussage Jesu irritiert und fingen an, mit den Füßen zu scharren. Verlegen wandten sie ihre Blicke ab. Der Schock saß tief. „Warum machte Jesus das immer wieder?", fragten sich wahrscheinlich die Jünger. Die Stimmung war gerade so vergnüglich, da bringt er wieder einen Satz hervor, der jeden erkalten lässt. Stammelnd fragten sie ihn:

„Wer kann dann überhaupt gerettet werden?"

Offensichtlich steht Geld, bevor wir es wissen, unserer Rettung im Wege. Das bedeutet andersherum: Es ist lebenswichtig, gut mit Geld umgehen zu lernen. Aber wie stellt sich Jesus einen guten Umgang mit Geld vor?

Zwei Extreme

In der Geschichte des Christentums bewegte sich die Auffassung über den rechten Umgang mit Geld immer zwischen zwei Extremen. Auf der einen Seite gab es Menschen wie Franz von Assisi, der das Gebot Jesu, alles zu verkaufen und wegzugeben, sehr wörtlich nahm. Getreu der asketischen Lebensweise: Zieh einen haarigen Mantel an, binde ihn mit einem Tau fest und folge Jesus nach, in die weite Welt. Nimm kein Geld mit, keine Reisetasche, keine Wechselkleidung. Nichts. Diese radikale Nachfolge wurde durch einige Aussagen Jesu unterstützt, wie: „Sammle dir keine Schätze auf Erden" und „Verkaufe, was du hast, gib es den Armen und komm und folge mir nach". In diesem Extrem steckt kein Wort von Assisi, es ist allerdings nur eine Seite der Medaille.

Das andere Extrem prägten Männer wie Luther und Calvin. Ihr Credo war: Arbeite hart, verdiene viel, spare viel und gib viel. Aus dieser Arbeitsethik entwickelte sich später die theologische Grundlage des sogenannten „American Dream" (Amerikanischen Traum) in den USA. Auch diese Ethik wird von Bibeltexten belegt: Der barmherzige Samariter war beispielsweise kein armer Mann. Er besaß genügend Geld, um die Herberge für den Hilfsbedürftigen anzuzahlen, ehe er seine Handelsreise fortsetzte.

Und in der Apostelgeschichte begegnen wir dem reichen Hauptmann Kornelius, der als frommer und gottesfürchtiger Mann für seinen großen Glauben gelobt wurde. Selbst Jesus und die Jünger erlebten Versorgung durch reiche Frauen, die ihnen folgten und „dienten mit ihrer Habe“. Offensichtlich können Glaube und Reichtum doch miteinander einhergehen. Armut wie auch Reichtum sind vom biblischen Standpunkt zu verteidigen. Trotzdem bleibt die Frage: Wie sollen wir mit Geld umgehen?

Jesu seltsamstes Gleichnis

In Lukas 16 erzählt Jesus sein vielleicht seltsamstes Gleichnis. Bibelausleger haben sich über diese Geschichte jahrhundertelang den Kopf zerbrochen: Es gab einen Großgrundbesitzer, der in einer prächtigen Villa in einer großen Stadt wohnte. Ab und zu besuchte er seine weiter entfernten Ländereien. Was er dort auf einer seiner Reisen sah, gefiel ihm gar nicht. Einen seiner Bauernhöfe hatte er einem Manager anvertraut. Dieser leitete den Betrieb schlecht. Auf der Stelle entließ der Großgrundbesitzer seinen Manager. Zum Schluss erhielt er noch einen letzten Auftrag: Mach eine Endabrechnung! Der Manager ärgerte sich: „Was mache ich jetzt? Meinen Posten bin ich los. Ein Feld umgraben kann ich nicht, und zum Betteln bin ich zu stolz.“

Ping! Plötzlich hatte der Manager eine Idee: Alle Schuldner seines Chefs, die er im Laufe der Woche sprechen konnte, sollten einen Teil ihrer Schulden erlassen bekommen. Er hätte dann ein paar dankbare und für sich gute Kontakte, an die er sich wenden konnte, wenn er nächste Woche auf der Straße stand.

Bis dahin ist es eine normale Geschichte. Es gibt einen Bösen, der seinen Chef bestiehlt. Was geschieht mit dem Bösewicht? Wie reagiert Gott auf so viel Unehrlichkeit? In den Versen acht und neun steht: Und der Herr wurde wütend auf den unehrlichen Verwalter! „Zuerst entlasse ich dich auf der Stelle wegen deiner Unehrlichkeit und dann bestiehlst du mich noch weiter?“ Und

Jesus sagte: „Sei nicht ungerecht und stehle kein Geld, aber sei ein guter Mitarbeiter und tue Gutes."

Steht es da so? Nicht direkt. Auch wenn wir erwarten, dass etwas in dieser Richtung kommen würde, sagt Jesus etwas ganz anderes:

> *„Und der Herr lobte den ungetreuen Verwalter, weil er klug gehandelt hatte; denn die Kinder dieser Welt sind unter ihresgleichen klüger als die Kinder des Lichts. Und ich sage euch: Macht euch Freunde mit dem ungerechten Mammon, damit, wenn er zu Ende geht, sie euch aufnehmen in die ewigen Hütten."*

Jesus ruft uns auf, dem Beispiel des Betrügers zu folgen und Geld so einzusetzen, dass es für uns den Weg zum Himmel ebnet. Geld hält dich also nicht nur vom Himmel fern, es kann dich auch in den Himmel hineinbringen. Aber wie? „Nimm dir ein Beispiel an dem untreuen Verwalter", sagt Jesus. Wie bitte? Ruft Jesus uns mit dieser Stelle dazu auf, unsere Vorgesetzten zu bestehlen, Rechnungen zu fälschen und anderen Leuten die Schulden zu erlassen?

Die Lektion ist vielschichtiger. In einer anderen Bibelübersetzung klingen Jesu Worte so:

> *„Jesus, der Herr, lobte das vorausplanende Handeln des gerissenen Verwalters. Denn im Umgang mit ihresgleichen sind die Menschen dieser Welt klüger und geschickter als die, die sich zu Gott bekennen. Jesus erklärte seinen Jüngern: ‚Ich sage euch: So klug wie dieser ungerechte Verwalter sollt auch ihr das Geld einsetzen. Macht euch Freunde damit! Dann werdet ihr, wenn euch das Geld nichts mehr nützen kann, einen Platz im Himmel bekommen.'"*

Geld ist nicht neutral

Auffallend ist, wie Jesus das Geld nennt. Er redet vom „ungerechten Mammon". Diese Worte entblößen nicht nur die Eigenschaften der Macht des Geldes, mit ihnen stellt Jesus auch das Geld als eine persönliche Macht, als einen Gott, dar: der Mammon. Und er zeigt uns, welcher Natur diese persönliche Macht ist: ungerecht. „A-dikos“ steht dort wörtlich im Griechischen, was so viel bedeutet wie das Gegenteil von „gut“, also „schlecht“. In einer niederländischen Bibelübersetzung, der Willibrord-Bibel, steht an dieser Stelle:

„Mache dir Freunde mithilfe des Geldteufels.“

Anders gesagt: Setze den Geldteufel auf eine Art ein, dass er deiner Rettung dient. Benutze das, was schlecht ist, um etwas Gutes zu erreichen. Das klingt schlau, findest du nicht? Mindestens genauso schlau wie der untreue Verwalter.

Vom Gedanken des ungerechten Mammons kommend will Jesus uns deutlich machen, dass Geld mehr als eine bloße Ansammlung von Münzen und Scheinen ist. Geld ist nicht neutral. Menschen in der Welt verstehen das oft besser als Christen. Hinter Geld steckt oft mehr als die Summe eines Betrags. 1 Million kann mehr bedeuten als eine Million, sie ist nicht nur einfach das. Sie kann beispielsweise ein Menschenleben wert sein. Manchmal können es auch zehn sein. Millionen können deine Ehe wert sein oder deine Beziehung zu deinen Kindern. Wie viele Väter haben ihre Familie auf dem Altar des Geldes geopfert? Sie arbeiten, damit sie jährlich ein paar Tausend Euro mehr verdienen, aber verpassen dafür das Aufwachsen ihrer Kinder.

Geld ist nicht neutral.

Wie viele Menschen sind bereits wegen ihrer teuren Turnschuhe oder eines anderen Kleidungsstücks beraubt, geschlagen oder gar ermordet worden? Wegen des Geldes werfen manche Menschen ihre Integrität oder Würde fort, sie lassen sich kaufen. Andere reden nicht mehr miteinander wegen des Geldes, manchmal sogar Jahre. Und wir schreiben dem Geld Macht zu, die eigentlich nur Gott gehören sollte: Geld macht glücklich, schützt, gibt Status, Ansehen, Einfluss, Wohlstand. Menschen lügen, stehlen, betrügen, werden mürrisch oder machen sich Sorgen wegen des Geldes. Und wir führen Krieg, um Geld in seiner schwarzen und flüssigen Form zu besitzen – Öl.

Menschen gehen sogar hin und ruinieren ihre Gesundheit, um ein bisschen mehr Geld zu haben. In Amerika wurde mal ein Wettbewerb veranstaltet: „Was ist das Verrückteste, das du für 10 000 Dollar in bar tun würdest?" Der Gewinner war ein Mann, der einen drei Meter großen Baum von der Krone bis zu den Wurzeln aufgegessen hat, einschließlich Blättern, Rinde und Stamm. 18 Stunden brauchte er dafür. Danach hatte er Bauchschmerzen.

Aus Amerika kennen wir so etwas, aber auch hierzulande gibt es Beispiele. In einer niederländischen Ausgabe des Reality-TV-Formats „Big Brother" mussten die letzten Teilnehmer untereinander abstimmen, wem aus ihrer Gruppe sie den Sieg und den Hauptpreis am meisten gönnen würden. Einer von ihnen erklärte dabei, dass er die Hälfte der Siegprämie einem guten Zweck spenden würde. Später ging er als Gewinner aus der Sendung hervor und erklärte dann vor Millionen niederländischer Fernsehzuschauer: „Ich bin der gute Zweck."

Sobald Silber ins Spiel kommt

Geld ist ein sensibles Thema. Jesus war das bestens bewusst. Über kein anderes Thema, außer über das Reich Gottes, redete er mehr. Warum? Weil unser Umgang mit Geld Bände darüber spricht, wer wir sind. Geld kann unter deine Haut kriechen und sich in dir festsetzen. Wir verbalisieren das dann auch und sagen: „Er ist reich." Oder: „Der ist arm." Das sind Identitätsaussagen.

Ein reicher, alter, unglücklicher Mann fragte einmal einen weisen Rabbi um Rat.

„Ich bin so unglücklich", jammerte der alte Geizhals.

Der Rabbi antwortete: „Sieh einmal aus dem Fenster. Was siehst du?"

„Ich sehe überall Menschen", antwortete der Mann.

„Sieh nun einmal in den Spiegel", bat ihn der Rabbi, „und erzähl mir, was du siehst."

„Ich sehe mich selbst", sagte der Mann.

Der Rabbi sah den alten Mann an und sagte: „Im Fenster ist Glas. Im Spiegel ist auch Glas. Aber auf dem Glas des Spiegels liegt eine dünne Lage Silber. Und sobald Silber ins Spiel kommt, haben wir die Neigung, alle anderen Menschen aus dem Auge zu verlieren und nur noch uns selbst zu sehen."

Schlau wie ein Fuchs

Wie nun sollen wir mit dem ungerechten Mammon umgehen? – Die Antwort lautet: Sei so schlau wie der untreue Verwalter, und tue das, was der Geldteufel am wenigsten erwartet. Jesus selbst war klug darin, den Teufel immer wieder in die eigene Falle laufen zu lassen. Von Anfang an hat Satan versucht, Jesus zu töten. Immer wieder misslangen die Mordanschläge auf den Sohn Gottes. Bis sich dem Teufel eine Situation bot, wo alles vorbereitet war und die rundum perfekt erschien: Judas, einer der eigenen Leute Jesu, war bereit, Jesus zu verraten. Die Pharisäer waren so verärgert über den Unruhestifter, dass sie bereit waren, ihn zu töten. Pilatus, der römische Oberbefehlshaber, war in seiner Position so schwach, dass er bereit war, nachzugeben. Und Jesus ließ alles bereitwillig über sich ergehen.

Ich kann mir vorstellen, dass Satan seinen schwefeligen Atem angehalten hat, als Jesus ans Kreuz genagelt wurde. Sollte sein Erzfeind noch einen letzten Trick auf Lager haben? Würde Jesus entkommen? Aber es geschah nichts. Jesus ließ sich kreuzigen. Er ließ sich töten. Er gab seinen Geist in die Hände seines himmlischen Vaters.

Satan jauchzte. Das Totenreich erbebte vom teuflischen Kreischen der unzählbaren Dämonen. Endlich hatten sie gewonnen. Der Sohn Gottes war tot. Ihr Plan hatte funktioniert. Doch das Kreuz war kein Siegeszeichen für Satan, es war der Ort seiner Niederlage. Auf Golgatha hatte Satan sein eigenes Grab geschaufelt. Er ließ Jesus von Soldaten zugrunde richten und merkte nicht, dass sein eigener Schädel zerschmettert wurde. So schlau war das Kreuz. Jesus täuschte Satan und schlug ihn mit seinen eigenen Waffen. In das kleine Gehirn des Teufels passte nicht die Vorstellung des Evangeliums, von Gottes Rettungsplan, hinein, dass jemand sein Leben für die Bosheit anderer geben würde.

Verfahre auf dieselbe Art mit dem Thema Geld: Gib dem Geldteufel nicht das, was er erwartet! Gib ihn weg. Der ungerechte Mammon hegt in seiner begrenzten Vorstellung nur einen Gedanken: Menschen wollen mich haben, haben, haben. Immer nur mehr von mir. Menschen sind bereit für mich zu stehlen, zu lügen und zu betrügen, ja sogar zu töten. Niemand kann meiner Anziehungskraft widerstehen.

Doch dann gibt es plötzlich Menschen, die ihn achtlos weggeben. Sie geben, schwups, hundert Euro in die Kollekte. Das begreift und versteht der Geldteufel nicht. Es übersteigt seine Vorstellung. Aber diese Art, Geld einzusetzen, wird dir Freude und Freunde bescheren. Jetzt und in der Ewigkeit. Drum sei schlau wie ein Fuchs und behandle Geld auf die profanste und herzloseste Art, indem du es weggibst.

Gott braucht dein Geld nicht, aber du brauchst das Geben

Zu geben ist die effektivste Art, von der Macht des Mammons frei zu werden. Warum? Weil es entgegengesetzt zur Natur des Geldes ist. Jesus sagt: „Nimm dir ein Beispiel an der Listigkeit des schlechten Managers. Tue, was der Meister nicht erwartet." Jedes Mal, wenn du Geld weggibst, schaffst du dir selbst ein bisschen mehr Freiheit. Und du gibst dir selbst mehr Möglichkeiten, Gott mehr zu vertrauen statt dem Geld. Zwar braucht Gott dein Geld nicht, aber du brauchst das Geben. Jesus forderte einmal die Menschen auf, sie sollten sich „Schätze im Himmel" sammeln. Und er hielt ihnen vor: „Denn wo dein Schatz ist, da wird auch dein Herz sein." Herzen haben nun mal die Angewohnheit, ihrem Schatz zu folgen. Wenn du das Leben hier auf dieser Erde als deine Bestimmung siehst, wirst du all den Wohlstand und die Dinge, die du sammelst, nur für dich selbst behalten. Du kaufst dir luxuriöse Güter, vergrößerst deinen Besitz und investierst in immer neue Möglichkeiten für mehr Reichtum. Letzlich sitzt du am Ende auf einem großen Berg voller Schätze, die alle dir gehören.

Dein Leben kannst du aber auch als eine Umzugstour verstehen. Deine Kostbarkeiten lädst du in einen großen Umzugswagen mit dem Ziel Himmel. Du fährst in deinem PKW hinterher und hast nur das Nötigste bei dir. Alles, was du schon vorher wegschicken konntest, steckt in dem Umzugswagen. Am Ziel eines Tages angekommen, wirst du erfahren, welchen Segen deine Kostbarkeiten verbreitet haben. Du wirst Freunden begegnen, von denen du nicht einmal wusstest, dass es sie gibt. Vielleicht ist da ein kleiner Junge aus Indien, der zur Schule gehen konnte, weil du in seine Patenschaft investiert hast. Oder eine dankbare Mutter, die dich umarmt, weil du durch deine Spende ihre Kinder mit Nahrung versorgt hast. Oder ein Mann, der durch deinen Mikrokredit einen eigenen Laden aufbauen und so seine Familie versorgen konnte. Gehe weise mit dem Geld um, das Gott dir anvertraut hat, damit du Freunde hast, wenn Geld nicht mehr die geringste Rolle spielt! Paulus schreibt an Timotheus:

> *„Den Reichen musst du unbedingt einschärfen, sich nichts auf ihren irdischen Besitz einzubilden oder sich auf etwas so Unsicheres wie den Reichtum zu verlassen. Sie sollen vielmehr auf Gott hoffen, der uns mit allem reich beschenkt, damit wir es genießen können. Sie sollen Gutes tun und gern von ihrem Reichtum abgeben, um anderen zu helfen. So werden sie wirklich reich sein und sich ein gutes Fundament für die Zukunft schaffen, um das wahre Leben zu gewinnen.“*

Jeder Mann hat die Wahl zwischen einem Lebensstil, der gekennzeichnet ist durch Geben oder Nehmen. Männer, die lernen freigiebig zu sein, werden merken, dass ihr Jutesack spürbar leichter wird. Du musst dir weniger Sorgen machen, du bekommst mehr

Freunde und die erstickende Wirkung des Geldteufels verliert ihren Halt an deiner Seele. In diesem Leben geht es nicht nur um dich. Es geht um alle Menschen, denen du durch dein Leben zum Segen sein kannst. Gott vertraut dir nicht Tausende Euro an, damit du nur dich selbst versorgen kannst. Dein Überfluss bedeutet Verantwortung zu übernehmen für Menschen, die weniger haben.

„D'Artagnan verbarg sein Gesicht an Athos' Brust und brach in Schluchzen aus. ‚Weine', sagte Athos, ‚weine, dein Herz erfüllt mit Liebe und Leben und Jugend! Ach, könnte ich doch so weinen wie du!' Und er führte seinen Freund fort, herzlich wie ein Vater, tröstend wie ein Priester, in einer Größe, die nur ein Mann besitzt, der viel gelitten hat."

ALEXANDRE DUMAS

Kapitel 14

Verlust verkraften

Richtung Sonne fliehen

Die Nachricht traf mich (Theo) wie ein Schlag. Es ging um eine Meldung aus Afghanistan und was dort mit einem 13-jährigen Jungen passiert war. Sorglos hatte er mit seinen Freunden auf einem Feld in der Nähe seiner Schule Fußball gespielt, ehe zweihundert Taliban-Kämpfer kamen und ihn folterten. Wie das geschah und wie lange es dauerte, wurde nicht gesagt. Am Ende wurde er erschossen. Was dort im Detail geschehen ist, mag ich mir nicht vorstellen, aber ein herzzerreißendes Foto hat sich tief in meine Erinnerung gebrannt: das Foto eines Baumes auf einem kahlen Feld, an dem der leblose Junge vor den Augen der Dorfgemeinschaft aufgehangen war. Der Grund für diese Gräueltat war, dass der Junge auf einer nahe gelegenen amerikanischen Basis geholfen hatte. Wobei? Das wurde nicht bekannt.

Stillgelegt

Es geht mir nicht darum zu argumentieren, wer die Guten und wer die Bösen sind. Es geht mir um etwas anderes: die Nachricht und das Foto. Das Foto steht dafür, was ein Verlust mit uns macht. Verlust bringt zum Stillstand. Er verändert das Leben. Er macht aus einem Film ein einziges, eingefrorenes Bild. Die Welt drumherum dreht sich weiter, nicht aber im Dorf des Jungen.

Dort ist der Film angehalten. Alles steht still. Und während die Welt schon wieder mit anderen Dingen beschäftigt ist, geht es in der einst friedlichen afghanischen Gemeinschaft nur um diesen einen Moment. Starr sind die Augen der Dorfbewohner auf den Jungen gerichtet. Sie liebten ihn innig. Und jetzt mussten sie seinen kleinen Körper ansehen. Leblos. An einem Baum.

Keiner in der Welt wird ahnen, wie dunkel es nun werden wird in der Familie und Dorfgemeinschaft des Jungen und was der tief gehende Verlust eigentlich bedeutet. Das ist doch bestürzend, oder? Gewöhnlich vollzieht sich das Ganze bei uns ungefähr so: Nach deinem Tag im Büro, auf der Arbeit, machst du den Fernseher an. Du siehst ein schreckliches Foto, das dir durch Mark und Bein geht. Du bist tief erschüttert. Einen Moment lang hältst du inne und hörst dir die Nachricht an. Dann schaltest du den Fernseher wieder aus. Anschließend gehst du den Tisch decken. Dein Leben geht weiter. Aber in dem Moment, als du gerade das Essen verteilst, kommt der Film des Lebens an zahlreichen Orten in der Welt, womöglich auch in deiner eigenen Straße, zum Stillstand.

Verlust bricht ein

Verlust sorgt dafür, dass das Bild einfriert. Das Leben steht dann auf einmal still. Verlust bewirkt das immer. Er bricht in deine Welt ein, und er bringt ein unerwartetes Ende mit: für die Vergangenheit, so wie sie war; für die Zukunft, auf die du hofftest; und für das Heute, wie du gerade gelebt hast. Du musst nicht nur von etwas Abschied nehmen, wie es war, sondern auch wie es hätte sein können – so unterschiedlich die Situationen auch sein mögen:

- Deine Mutter ruft an, um zu sagen, dass dein Vater plötzlich gestorben ist. Was nie gesagt wurde, wird nun unausgesprochen bleiben.
- Deine Frau packt ihre Sachen. Sie zieht aus. Für immer.

- Der Doktor teilt dir mit, dass die Krankheit nicht heilbar ist. Das Bett wird zum Gefängnis.
- Euer gerade geborenes Kind hat eine Behinderung.
- Dein Arbeitgeber hatte keine Wahl und musste Personal einsparen.
- Von deinem älteren Bruder erfährst du über Missbrauch in der Familie.
- Nach kräftezehrenden Versuchen bekommst du die Diagnose, dass die Unfruchtbarkeit definitiv ist.
- Du hast alles dafür getan, aber der Rauswurf deines Kindes aus der Schule ist nicht mehr zu vermeiden.
- Du warst optimistisch, aber nach drei Jahren ging der Betrieb doch pleite.

Zwei kleine Schuhe, die nie getragen werden sollten

Verlust bricht oft mitten ins Leben hinein. Unvermittelt. Überwältigend. Brutal:

- Als ich noch ein Teenager war, klingelte einmal das Telefon. Ich nahm ab: „Hallo, hier ist Theo." Die Frauenstimme klang gehetzt: „Ist dein Vater auch zu Hause?" Ich glaubte nicht, sonst hätte er wohl abgehoben, also antwortete ich: „Nein, ist er nicht." – „Oh", reagierte die Frau und fuhr fort: „Kannst du deinem Vater bitte ausrichten, dass mein Mann tot in seinem Stuhl sitzt?" – „Ähm", stockte ich und konnte gerade noch hervorbringen: „Das werde ich machen." Und ich erinnere mich, dass ich es nicht verhindern konnte, mir Gedanken zu machen, wie diese Situation und der Verlust für sie sein mussten.
- Ich freute mich, als einer meiner Jugendfreunde heiratete. Er und seine Frau waren ein wundervolles Paar. Aber innerhalb eines Jahres war ihre Ehe gescheitert. Sie verloren alles, was sie einmal gehabt hatten, beziehungsweise besaßen sie nie, wonach sie verlangt hatten.

- Harmke (meine Frau) und ich hatten in der Zeit, in der wir in Griechenland lebten, eine gute Freundschaft zu einem Paar in Athen, Vicken und Salpi, aufgebaut. Salpi konnte herrlich kochen, also genossen wir unsere Treffen mit den besten Mahlzeiten. Zwei Jahre später musste Vicken uns erzählen, dass Salpi, nachdem sie 45 Tage im Koma gelegen hatte, gestorben war. Er blieb mit zwei kleinen Kindern zurück. Das letzte Mal, als ich ihn sprach, war für ihn der Verlust kaum noch zu ertragen.
- Vor einiger Zeit hatten wir einen ägyptischen Freund für einige Tage zu Gast. Wir machten Witze über die holländische Küche, die sich abwechselten mit seiner Freude über den nie zuvor gesehenen Schnee sowie tiefen Gesprächen über das Leben. Seine acht Monate alte Tochter war bereits ihr halbes Leben an Krebs erkrankt. Das Baby würde ihn besiegen, lautete die Prognose der Ärzte. Also stopften wir vor seiner Abreise noch zwei kleine Schühchen in seinen Koffer. Kurz darauf bekamen wir die Nachricht, dass das kleine Mädchen den Kampf gegen die Krankheit verloren hatte.

Verlust ist nicht zu messen

Angesichts von Verlust und Trauer verstehen sich manche Menschen auf die zweifelhafte Kunst des Vergleichens. Aber Verlust ist nicht gleich Verlust. Du kannst ihn nicht messen. Sein Schmerz ist untereinander nicht vergleichbar. Jeder Verlust ist für sich schlimm, jeder auf seine eigene Art. Die Frage danach, welcher der Menschen aus den oben erzählten Beispielen nun den größten Verlust erlitten hat, tut nichts zur Sache und ist einfach nicht richtig und angemessen. Zu vergleichen führt nur zu ungesunden Extremen. Auf der einen Seite denken Menschen, die einen großen Verlust erlitten haben, niemand sonst habe je größeres Leid erfahren als sie. Niemand könne sie je verstehen, geschweige denn helfen. Unvermeidlich graben sie sich immer tiefer in ihr

Selbstmitleid. An das andere Extrem docken diejenigen an, die denken, sie dürften angesichts ihres geringfügigen Verlustes nicht mehr trauern. Sie hören vielleicht von anderen oder sagen sich selbst: „So schlimm war es doch nicht. Es geht doch eigentlich." Sie denken, nur bei einer Amputation dürfe man weinen, nicht aber bei einem gebrochenen Arm.

Angesichts von Verlust und dem Schmerz darüber geht es jedoch nicht um die Frage, welcher nun der Schlimmere ist. Worum es wirklich geht, ist die Frage: Wie gehst du mit einschneidendem Verlust um?

Gewinnen oder verlieren

Verlusterfahrungen sind unvermeidlich. Früher oder später hat jeder damit zu tun. Der eine mehr, der andere weniger. Manchmal verborgen, manchmal sichtbar. Bei dem Thema gibt es weder Gewinner noch Verlierer. Jeder, der mit einer solchen Erfahrung konfrontiert ist, gehört zu den Verlierern. Doch wir können gewinnen oder verlieren in der Art und Weise, wie wir auf den Verlust reagieren und mit dem Schmerz umgehen.

Der amerikanische Autor und Religionsphilosoph Jerry Sittser weiß, wie das ist. Auf einen Schlag verlor er bei einem tragischen Autounfall seine Mutter, seine Frau Lynda und sein Töchterchen Diana Jane. Er selbst überlebte das Unglück, zusammen mit seiner Tochter Catherine und seinen Söhnen David und John. In einem seiner Bücher beschreibt er einen Traum, den er nach einem beängstigenden Moment in tiefster Finsternis hatte:

> *„Ich träumte von einer untergehenden Sonne. Ich rannte wie ein Wahnsinniger nach Westen, in dem verzweifelten Versuch, die Sonne zu überholen und in ihrer Wärme und ihrem Licht zu bleiben. Aber ich war am Verlieren. Die Sonne war schneller am Horizont und war innerhalb kürzester Zeit verschwunden. Auf einmal stand ich in der Dämmerung. Ausgelaugt hörte ich auf zu rennen und blickte mit einer ängstlichen Vorahnung über meine Schulter nach Osten. Ich sah eine tiefe Finsternis*

aufziehen. Ich war zu Tode benommen durch die Finsternis. Obwohl ich es eigentlich besser wusste, wollte ich weiter hinter der Sonne herlaufen. Ich wusste, dass es sinnlos war, da ich bereits gesehen hatte, dass die Sonne schneller war als ich. Ich verlor allen Mut und sank voller Verzweiflung zu Boden. In diesem Moment dachte ich, dass ich für immer in der Dunkelheit leben würde, ich fühlte die Angst bis in meine Seele."

Flucht zur Sonne oder ein Lauf durch die Finsternis

Wir können auf zweierlei Art auf Verlust reagieren: Du kannst Richtung Westen laufen oder dich dem Osten zuwenden. Du kannst vor dem Verlust flüchten oder ihm ehrlich begegnen. Du kannst den Schmerz verleugnen oder ihn durchleben. Richtung Westen zu laufen scheint anziehender zu sein. Es ist die Flucht zu der sinkenden Sonne. Nach Osten zu laufen verlangt mehr Mut. Es ist der Weg mitten durch die Dunkelheit. Gleichzeitig ist es aber auch der schnellste Weg zur Sonne und dem Licht des neuen Tages entgegen. Die Wahl zwischen Osten und Westen ist lebensentscheidend und wichtig. Sittser sagt dazu:

„Wir machen es unnötig schlimmer, wenn wir unseren Verlust zu noch mehr Verlust führen lassen: das schleichende Verlorengehen unserer Seele, unseres Herzens."

Und ein Stück weiter:

„Eine falsche Wahl wird unser Herz sterben lassen, und das ist ein schlimmerer Tod als der eines Geliebten oder des Verlusts deiner Arbeit oder deiner Gesundheit."

Wir Männer wenden uns von Natur aus nicht so schnell gen Osten. Wir mögen das nicht so, unseren Gefühlen zu begegnen. Wir wollen es eher vermeiden, in die Auseinandersetzung zu gehen. Wie kommt das?

Manu Keirse, ein klinischer Psychologe und niederländischer Autor viel gelesener Bücher über Verlust und Trauer, sagt:

„Männer werden von jung auf darin erzogen, Gefühle nicht zu äußern: ‚Ein großer Junge weint doch nicht.' Anstatt Gefühle zu zeigen, neigen

Männer dazu, diese in Arbeit und Aktivität abzureagieren. Sie müssen sich als stark erweisen und werden ermutigt, eine beschützende und aktive Rolle einzunehmen. Oft haben sie auch Mühe, anderen in ihren Emotionen nahe zu sein und sie auf eine adäquate Art zu unterstützen. Sie neigen dazu, weit weg von allem zu bleiben, was mit Emotionen zu tun hat."

Außerdem macht er deutlich:

„Beziehungen von Männern sind oft mehr auf Aktivitäten als auf Gefühle ausgerichtet. Sie neigen zum Wettstreit. Schwäche zu zeigen ist nicht erlaubt. In Momenten der Trauer haben sie also auch weniger Menschen um sich herum, die sie auffangen können, und sind weniger erfahren darin, ihre Gefühle zu äußern und zu teilen."

Wie heißt es so schön: Männer sind „stark". Männer sind Arbeiter. Männer weinen nicht. Männer machen weiter. Die Folge davon: Männer werden einsam. Männer leben isoliert. Und irgendwann fragen diese Männer sich: Wo ist es schiefgegangen? Wo habe ich mein Herz verloren? Wo ist meine Energie, Kraft und Vitalität geblieben? Warum kann ich das Leben nicht mehr so lieben, wie ich es mal tat? Warum fange ich an zu zweifeln, ob ich das Leben überhaupt je geliebt habe?

Scham

Henk und ich begegnen regelmäßig Männern, die sich für ihre Gefühle von Trauer und Schmerz schämen. Scham, die entstanden ist aus dem Gefühl, „es nicht richtig zu machen". Denn wenn du „stark bist" und „du deine Gefühle unter Kontrolle hast", dann „tust du das Richtige". Ein „ausgeglichener Mann" bleibt in allen Momenten „rational". Zumindest lautet so die weitverbreitete Überzeugung. Mit dieser Ansicht habe ich (Theo) mal einen Mann getroffen, der seine Schwester verloren hatte. Zehn Jahre lag das zurück. Zu Hause hatte er nie darüber gesprochen. Das Leben war für ihn einfach weitergegangen. Jetzt, mit einem Mal, kam der Verlust zurück. Dieser Mann steckte plötzlich im Leben fest. Er wollte nicht mehr zu seiner Arbeit gehen. Er war in sich gefangen und gehemmt.

Das Erlebnis eines Verlusts lässt sich nicht verdrängen. Die Flucht nach Westen, zur Sonne, funktioniert nicht. Die Sonne sinkt schneller, als du laufen kannst.

Auch sprach ich mal mit einem Mann, der vor Kurzem seinen Vater verloren hatte. Ich fragte ihn, ob er einen Weg durch den Verlust und die Leere finden konnte. Er antwortete: „Ja, das geht gut, aber es dauert etwas länger, als ich erwartet habe.“ Ich fragte ihn, wie lange denn der Tod seines Vaters zurücklag. Seine Antwort überraschte mich und war ebenso vielsagend: „Sechs Wochen.“ Ich fragte mich erstaunt, was er denn erwartet hatte.

Wie würdest du damit umgehen, wenn dein Vater stirbt? Oder: Wie bist du damit umgegangen? Damit stirbt auch ein Teil in dir. Die Trauer darüber darf sein. Du darfst zugeben, dass du zu unruhig bist, um auf dem Sofa zu sitzen, aber auch zu lustlos, um etwas zu unternehmen. Du darfst sagen, dass du dich über die Menschen ärgerst, die dich gut gemeint trösten wollen mit der Bemerkung, dass dein Vater jetzt im himmlischen Zuhause ist. „Ja“, denkst du dann, „das stimmt, aber ich bin immer noch hier und vermisse ihn.“ Du darfst sagen, dass das Beten gerade nicht über deine Lippen geht, dass es nicht klappt, dass du böse und verwirrt bist, dass Gefühle der Verzweiflung und Bitterkeit dich überfallen, dass noch viel zu viel Schmerz in eurer Beziehung bestand, der jetzt noch schwerer zu heilen sein würde. Du darfst deinem Verlust Raum geben, und er muss seine Zeit bekommen. Gewöhnlich dauert das länger als sechs Wochen.

„Du weinst nie, oder?“

Als mein Sohn Manuel vier Jahre alt war, fragte er mich einmal völlig aus dem Zusammenhang heraus: „Hey, Papa, du weinst nie, oder?“ Ich war perplex. Es beschäftigte ihn mehr in seinem

Köpfchen, als ich vermutet hatte. Und ich war auch etwas erschrocken. Schlagartig wurde mir bewusst, wie sehr Manuel auf das achtete, was ich als sein Vater tat. Indem er mich beobachtete, versuchte er zu verstehen, wie das Leben so funktioniert. Und mir wurde neu bewusst, wie sehr ich als Vater die emotionale Entwicklung meines Sohnes und meiner Tochter beeinflusse. Der bekannte amerikanische Pastor und Schriftsteller Gordon MacDonald unterstreicht das mit einem schmerzhaften Beispiel:

> *„Weißt du noch, dass du ein Kind warst und etwas passierte, was dich furchtbar enttäuschte? Du konntest deine Tränen kaum zurückhalten. Also stehst du dort mit deinem Gesicht so beherrscht wie möglich, damit keine Tränen zu sehen sind. Aber es funktioniert nicht und du fängst an zu weinen. Und dein Vater schreit dich an: ‚Hör auf zu weinen. Oder ich werde dir etwas zu weinen geben. Was bist du nur für eine Heulsuse!' Ich höre die Worte ‚Was bist du nur für eine Heulsuse!' immer, wenn eine Emotion in mir aufkommt."*

„Willst du wissen, wie ernst es ist? Kannst du das vertragen?"

Übrigens ist es nicht wahr, dass ich nie weine. Obwohl ich schon früher Verluste in meiner Umgebung miterlebt hatte, drang die Gebrochenheit vor ein paar Jahren mit größerer Geschwindigkeit und Härte als je zuvor in mein Leben ein. Es war im April 2007, als bei meiner drei Jahre älteren Schwester Krebs festgestellt wurde. Sie arbeitete selbst als Onkologiekrankenschwester. Nachdem sie ihrer Vorgesetzten ihre Beschwerden genannt hatte, entschieden die beiden einen Scan durchzuführen. Es sah sehr besorgniserregend aus. Direkt schlossen sich andere Untersuchungen an.

Ich weiß noch genau, wie ich vom Ernst ihrer Lage erfuhr. Ich war zu dem Zeitpunkt in Peking und rief meine Schwester an, um ihr zum Geburtstag zu gratulieren. Da lag sie bereits im Krankenhaus. Sie erzählte mir, dass sie in zwei Tagen operiert werden sollte und dass sie sich viele Sorgen über das Resultat der Operation machte. Sie fragte mich: „Willst du wissen, wie ernst es ist? Kannst du das vertragen?“ Ich wusste nicht, ob ich das konnte, aber ich sagte: „Ja.“ Sie erzählte mir, dass sie davon ausging, nur noch eine eingeschränkte Lebenszeit hier auf der Erde zu haben. Noch nie zuvor war ich so nah mit einem möglichen Verlust durch den Tod konfrontiert gewesen. Ich war zutiefst erschrocken.

In den darauffolgenden Monaten verschlechterte sich der Gesundheitszustand meiner Schwester drastisch. Die Chemotherapie schlug nicht an, und aus der Zeit wurden Monate, Wochen und Tage des stetigen Schwächerwerdens – für meine Schwester wie auch die ganze Familie. Verschiedenste Emotionen und Gedanken warfen mich hin und her. Es war eine ermüdende Zeit. Und es gab zu viele Gegensätze: Die Zeit stand still, aber das Leben ging weiter. Alles fühlte sich unwirklich an, aber es passierte wirklich. Manchmal begriffen wir das, aber wünschten uns, dass es nicht geschah. Und letztlich ... ging es schnell, aber es dauerte doch lang.

Nach fünf Monaten Krankheit starb meine Schwester an Krebs. Sie war 31 Jahre alt. Trotz ihres Kampfes gegen die Krankheit gab es Frieden mit Gott. Und trotz der tausend unbeantworteten Fragen gab es eine tiefe Ruhe in Jesus. Mein erstes Gefühl war Erleichterung. Kein Leiden mehr. Ein paar Stunden später überkamen mich die ersten Tränen. Und plötzlich wurde mir schlagartig das Ende bewusst: Nie wieder!

Es waren die heftigsten Tränen, die ich je geweint habe.

Wie wirst du reagieren?

In der Zeit nach einem Verlust musst du zu einem passenden Zeitpunkt eine Wahl treffen: Wie gehe ich mit meinem Verlust um?

Eine Wahl, vor der jeder Mann steht, der mit einem solchen Schlag konfrontiert ist. Egal, welcher Art der Verlust sein mag, ob groß oder klein, verborgen oder sichtbar. Vielleicht hat er früh im Leben stattgefunden, vielleicht hat er dich auch erst spät getroffen. Du musst wählen zwischen dem Verleugnen oder Durchleben und dich damit entscheiden zwischen dem Weg des Jungen oder dem Weg des Mannes hinauf zum Gipfel des Berges.

Nehmen wir einmal an, du entscheidest dich, den Lauf nach Osten anzutreten – mitten hinein in die Finsternis. Du hast dich entschieden, dem Schmerz ins Auge zu sehen. Du weißt, es ist der schwierigste, aber schnellste Weg ins Licht. Wie sieht diese Reise dann aus?

Kurve zehn

Einen Verlust zu verarbeiten ist, wie einen Berg zu bezwingen. Der Weg vor dir ist steil, schwierig und ermüdet dich. Es kommen Momente, in denen du das Gefühl hast, kaum weiterzukommen. Aber du machst trotzdem weiter. Eigentlich würdest du am liebsten flüchten, aber du weißt, dass der Weg nach vorn der richtige ist. Du machst daher weiter.

Ein Vater, der seinen zehnjährigen Sohn durch Krebs verloren hatte, hatte sich ein besonderes Ziel gesetzt. Er wollte nun Spenden sammeln, sodass Mittel für die Bekämpfung von Krebs bereitgestellt und entwickelt werden konnten. An einem Tag fuhr der Mann, ein Fahrradfahrer, sechsmal einen Berg in den französischen Alpen hinauf. Auf jeder Tour war Kurve Nummer zehn die schwerste. Denn dort dachte er jedes Mal an seinen verstorbenen zehnjährigen Sohn.

Auf deinem Weg hinauf zum Gipfel wirst du Momente erleben, in denen dir alles wehtun wird, dein ganzer Körper, all deine Emotionen. Manchmal willst du dieser Stimmung nachgeben. Ein anderes Mal versuchst du, deinen Schmerz zu überschreien. Und dann wiederum gibt es Momente, in denen du dir sagst, dass es hervorragend läuft und kaum besser gehen kann. Manchmal würdest du am liebsten vielleicht auch weglaufen, um alles für eine kurze Zeit zu vergessen. Manchmal könnte es dann helfen, sich selbst zum Narren zu halten und sich zu sagen: „Ich besteige nicht einen steilen Berg, es ist nur eine unschuldige Landstraße." Aber du weißt genau, dass das nicht helfen wird. Du musst durchhalten. Es gibt nur einen Weg, über deinen Verlust hinwegzukommen, und zwar indem du ihn durchlebst.

Ein schönerer Mensch

Den Berg zu bezwingen ist keine einmalige Sache. Du wirst mehrere Male nach oben und deine Trauer immer wieder neu durchleben müssen. Obwohl du dachtest, diesen Punkt hinter dir gelassen zu haben, kommt er doch wieder zurück. Genauso wie der Vater auf dem Fahrrad, den jedes Mal in Kurve Nummer zehn die Trauer heftig packte. Aber während du unterwegs bist, wirst du merken, wie die scharfen Kanten der Trauer abgeschliffen werden. Du wirst an dir selbst feststellen, wie es dir wieder gelingen wird, normale Dinge zu genießen. Und du wirst entdecken, dass du dich geändert hast. Nebensächlichkeiten sind nun weniger wichtig, und du hast eine bessere Sicht auf das bekommen, was im Leben wirklich zählt. Mit jeder Serpentine, der du trotzt, entdeckst du, wie du dich danach sehnst, Zeit mit den Menschen zu verbringen, die dir etwas bedeuten. Du fängst an, deinen Freunden neue Wertschätzung zu zeigen. Du löst dich von Erwartungen anderer und denkst mehr darüber nach, was Gott an dir findet. Du fängst an, mehr im „Jetzt" zu leben. Du merkst, dass der Verlust auch einen reinigenden Effekt hat. Du wirst ein schönerer Mensch. Und schließlich entdeckst du, dass der himmlische Vater es für dich zum Guten gewendet hat, indem er ein Mehr an Mann aus dir gemacht hat.

Besteige den Berg, identifiziere dich mit deinem Verlust und durchlebe den Schmerz! Wende dich nach Osten und gehe durch die Dunkelheit hindurch!

„‚Und ich‘, sagte D’Artagnan, (…)
‚ich vergebe dir und weine über dich.‘“

ALEXANDRE DUMAS

Kapitel 15

Freiheit finden

„Ich vergebe dir, Drecksack"

Niemand kommt ungeschoren durch seine Kindheit, Jugend und den Rest seines Lebens. Menschen werden verletzt und verletzen andere. Wir erleben seelische Verwundungen und fügen anderen Wunden zu. Die australische Psychologin Julie Fitness untersuchte, was Menschen, die sich sehr nahestehen, kaum einander vergeben können. Sie entdeckte, dass Partner es sehr schwer finden, ihrem Mann oder ihrer Frau zu vergeben, wenn diese(r) fremdgegangen war oder den Kindern Schmerz zugefügt hatte. Väter wiederum können es kaum vergeben, wenn ihre Tochter mit Hinz und Kunz ins Bett geht. Und Eltern fällt es schwer zu vergeben, wenn ihr Sohn einen kriminellen Weg einschlägt. Taten, die verletzt haben, aber auch eine ausgesprochene Ablehnung („Dich kann niemand lieben"), ein erwarteter Perfektionismus („Wie kann es sein, dass du nur Zweiter wurdest?") oder negative Vorhersagen („Aus dir wird nie etwas werden") können hart treffen und lange schmerzen. Mindestens genauso schmerzhaft ist, dass die tiefsten Wunden gerade die Menschen zufügen, die dir am nächsten stehen. Sie treffen dich am härtesten. Der amerikanische Therapeut Neil Anderson sagt dazu:

> *„Von den Hunderten Menschen, die ich begleitet habe, setzten fünfundneunzig Prozent Vater oder Mutter oben auf die Liste. Drei der ersten vier Namen sind meistens nächste Familienmitglieder."*

Josef, der Mann, der die Schläge bekam

Jemand, der besonders hart getroffen wurde von Menschen, die ihm nahestanden, war Josef. Seine eigenen Brüder konnten ihn wegen seines starken Selbstvertrauens nicht ausstehen. Zudem war er als Jüngster, und damit vor allen anderen, Vaters Liebling. Und dann hatte er noch diese seltsamen Träume. Darin drehte sich immer alles um ihn und wie sich andere vor ihm beugen mussten.

Mit der Zeit entwickelten sich die Gefühle seiner Brüder von Wut zu blinder Raserei. Irgendwann hatten sie kein freundliches Wort mehr für ihn übrig. Sie fingen an ihn zu hassen und wollten ihn am liebsten ermorden. Beinahe wäre das auch passiert, aber letztlich entschieden sich die Brüder dazu, Josef als Sklaven nach Ägypten zu verkaufen.

Den eigenen Bruder fast zu ermorden und ihn als Sklaven zu verschachern, waren einschneidende Formen des Verrats. Damit fügten sie ihrem Bruder Josef eine tiefe Wunde an seiner Seele zu. Er versuchte das Beste aus seiner Lage zu machen. In Ägypten gab er sein Bestes als Sklave im Hause des Potifar, aber als dessen Frau ihn der Vergewaltigung beschuldigte, widerfuhr ihm abermals Unrecht. Unschuldig landete er im Gefängnis und seiner Seele wurde erneut eine Wunde zugefügt. Im Gefängnis bewahrte Josef nichtsdestotrotz Haltung. Da der Gefängnisaufseher sehr zufrieden mit ihm war, wurde ihm schon bald die Leitung anvertraut. Und weil Josef gut Träume auslegen konnte, landete er schon bald am Hof des Pharaos als eine der mächtigsten Personen des Landes.

Eines Tages wurde Josef mit seiner Vergangenheit konfrontiert. In Kanaan herrschte eine Hungersnot. Seine Brüder waren nach Ägypten gekommen, um Getreide zu kaufen. Sie standen unmittelbar vor Josefs Nase, erkannten ihn aber nicht. Josef hingegen wusste, wer sie waren. Und er wusste, wer er war. Er war nicht länger der kleine Bruder mit dem schönen Mantel, den man achtlos in eine Grube werfen oder aus dem Weg räumen konnte, indem man ihn an eine Karawane verkaufte. Er war jetzt ein erwachsener Mann und mächtiger Vizekönig von Ägypten.

Was wird er unternehmen?

Für Josef wäre es ein Leichtes gewesen, Rache an seinen Brüdern und das Recht in eigene Hände zu nehmen. Durch sie war er in der Grube, anschließend in der Sklaverei und später im Gefängnis gelandet. Im Handumdrehen hätte Josef allen Schmerz in süße Rache verwandeln können. Er hätte seine Brüder für ihre dummen Taten bluten lassen können. Aber Josef musste sich entscheiden, denn er hatte die Wahl: Soll ich meinen Brüdern vergeben oder nicht? Soll ich meine Hassgefühle gegenüber den Menschen, die mir etwas angetan haben, loslassen? Soll ich mein Recht auf Rache und Vergeltung geltend machen? Soll ich das Gott überlassen? – Die Entscheidung lag in diesem Moment bei ihm. Was tat Josef?

> *„Da konnte Josef sich nicht länger beherrschen. ‚Verlasst den Raum!', befahl er seinen Hofbeamten erregt. Nun war er mit seinen Brüdern allein. Er brach in Tränen aus und weinte so laut, dass die Ägypter es hörten. Auch am Hof des Pharaos sprachen bald alle davon. ‚Ich bin Josef!', sagte er zu seinen Brüdern. ‚Lebt mein Vater noch?' Fassungslos standen die Brüder vor ihm. Sie brachten keinen Ton heraus."*

Josef hatte sich entschieden zu vergeben.

Er hatte sich entschieden, Gott regieren zu lassen.
Er hatte sich entschieden, keine Vorhaltungen zu machen.
In nur vier Worten kam all das zum Ausdruck:
„Lebt mein Vater noch?"

Und die Brüder? Die waren zutiefst erschrocken und hatten Angst, dass Josef dennoch Rache nehmen würde, wenn ihr Vater Jakob tot wäre. Aber Josef hatte wirklich vergeben. Er beruhigte sie:

> *„Aber Josef erwiderte: ‚Habt keine Angst! Ich maße mir doch nicht an, euch an Gottes Stelle zu richten! Was er beschlossen hat, das steht fest!*

Ihr wolltet mir Böses tun, aber Gott hat Gutes daraus entstehen lassen. Durch meine hohe Stellung konnte ich vielen Menschen das Leben retten. Ihr braucht also nichts zu befürchten. Ich werde für euch und eure Familien sorgen.' So beruhigte Josef seine Brüder, und sie vertrauten ihm."

Vergeben ist manchmal furchtbar und scheint manchmal unmöglich

Josef hatte vergeben. Diese Vergebung war vollständig, denn er war sogar in der Lage, seine Brüder zu trösten und zu beruhigen. Aber bevor er das tat, hatte er auch den Prozess der Vergebung durchkämpft. So stellte er seine Brüder denn auch zuerst auf eine Probe und nahm sich viel Zeit.

Jemandem zu vergeben ist oft kein einfacher Prozess. Vergeben zu müssen ist manchmal furchtbar und scheint bisweilen unmöglich. Wir können uns so verraten, im Stich gelassen oder verletzt fühlen, dass Vergebung das Letzte ist, was uns einfällt. Und auch das Letzte ist, was wir tun wollen. Bosheit, Frust und Groll über Unrecht, das uns angetan wurde, ergeben eine Mischung starker Gefühle in unserem Herzen. Diese Emotionen dürfen da sein. Sie drücken unseren Glauben daran aus, dass es eine höhere Moral gibt, dass wir im Innersten nach Gerechtigkeit suchen und dass Verletzungen, Unrecht und Böses nicht ungestraft bleiben dürfen. Manchmal gehen diese Emotionen mit Worten einher, wie:

„Ich werde mit ihm abrechnen."

„Ab jetzt halte ich so viel wie möglich Abstand zu ihm."

„Wie sehr wünsche ich mir, dass ihm etwas Schlimmes passiert."

Von Natur aus wollen wir, dass demjenigen, der uns auf irgendeine Art verletzt hat, genauso viel Schmerz widerfährt, wie er uns angetan hat.

Zum Kotzen

Ich (Theo) hatte mal ein Gespräch mit einem Vater, der seinem Schwiegersohn vergeben musste. Er erzählte: „Meine Tochter lebt momentan in Scheidung. Ihr Mann hat sie auf grobe Art betrogen. Er spielte in einer Band, kam oft spät nach Hause, betrank sich und suchte dann Frauen auf. Eines Nachts nahm er sogar zwei Frauen mit zu sich nach Hause. Was denkst du, wie erniedrigend das für meine Tochter war? Außerdem misshandelte er sie und übernahm überhaupt keine Verantwortung für ihren zweijährigen Sohn. Nie wechselte er eine Windel, noch nahm er den kleinen Kerl auf den Arm, um mit ihm eine Verbindung aufzubauen. Weißt du, was er dazu gesagt hat? ‚Ach, der merkt doch nichts davon, dafür ist er noch viel zu klein. Wenn er größer ist, dann sage ich ihm schon, dass ich ihn liebe.'

Erst als die Ehe vor dem Aus stand, kam meine Tochter zu mir. Ich fragte sie, warum sie nicht früher gekommen war, dann hätte ich helfen können. Sie hatte sich geschämt. Sie hatte alles getan, um die Ehe zu retten. Jeden Tag hatte sie ihrem Mann Frühstück ans Bett gebracht, um von ihrer Seite weiterhin Liebe zu geben. Das hat sie monatelang durchgehalten. Bis zu dem Tag, als der Chef ihres Mannes anrief: ‚Ich habe Ihren Mann mit meiner Frau im Bett gefunden. Auf heißer Tat.'

Ihr Ekel war so groß, dass sie sich buchstäblich übergeben musste. Das Maß war voll. Von da an wohnte unsere Tochter wieder bei uns zu Hause. Ich fragte sie, ob sie Johan vergeben hatte. ‚Ja. Ich war rasend vor Wut. Aber ich habe ihm letztendlich vergeben können.' Ich bewundere sie."

Wie sieht der Vergebungsprozess aus?

Zu vergeben bedeutet nicht so zu tun, als wäre alles, was dir angetan wurde, nicht so schlimm. Vergebung lässt Schmerz nicht sofort verschwinden. Auch ist sie kein Synonym für das

Vergessen. Sie stellt auch nicht Beziehungen wieder her, so wie sie vor Beginn der Verletzungen mal waren. Zu vergeben bedeutet, sich selbst von dem anderen zu befreien, der einen verwundet hat.

Als Petrus Jesus fragte: „Wie oft muss ich vergeben? Siebenmal?", antwortete Jesus: „Nicht siebenmal, sage ich dir, sondern siebzigmal sieben." Jesus benutzte diese Multiplikation sehr bewusst. Sehr oft musst du nämlich jemandem genau dasselbe noch einmal vergeben. Nicht weil der andere 490-mal dasselbe mit dir tun wird, sondern weil es 490-mal in deinen Gedanken aufkommen kann. Schmerzhafte Szenen, die dir widerfahren sind, können sich wie in einer Endlosschleife vor deinem inneren Auge wiederholen. Zu vergeben heißt, diese DVD in solchen Momenten auszuschalten und ins Regal zu legen. Ansonsten wirkt sie wie Gift, das dein Inneres mehr und mehr beschädigt. Zu vergeben heißt zu sagen: „Ich lasse mein Leben nicht länger durch das beherrschen, was mir angetan wurde. Du hast mich genug Energie gekostet. Du hast mir genug Jahre gestohlen. Ich vergebe dir."

Es tut gut, Vergebung laut auszusprechen. Oft hat das eine sehr befreiende Wirkung. Auch ist es stärkend und heilend, dies in Anwesenheit anderer zu tun. Zum Beispiel zusammen mit Glaubensgeschwistern in der Gemeinde oder guten Freunden. Sie können das alles mit dir teilen, für dich beten und deine Entscheidung bezeugen, dass du vergeben hast. Und bitte denk nicht, dass das immer ordentlich und emotionslos geschehen muss. Eine Frau, die als Mädchen von ihrem Opa missbraucht wurde, sagte:

„Ich habe ihm vergeben, dem Drecksack!"

Gibt es Menschen in deiner Umgebung, denen du noch vergeben musst? Für etwas, das sie dir vor kurzer oder langer Zeit angetan haben? Gibt es noch schmerzhafte Szenen, die sich immer wieder in deinen Gedanken abspielen? Es kann um tiefe, große Verletzungen gehen, genauso wie um relativ kleine, derer wir uns manchmal gar nicht so bewusst sind, die aber nichtsdestotrotz nagend ihr Werk anrichten. Es ist erleichternd, auch mit den

„kleinen Dingen“ den Weg der Vergebung zu gehen. So habe ich (Theo) es selbst erfahren:

In einem kleinen Dorf

Ich bin in einem Dorf im Südwesten der Niederlande, in der Provinz Zeeland, aufgewachsen. Das Dorf war klein und man fühlte sich sicher. Ich konnte zu Fuß zur Schule gehen, und alle meine Freunde wohnten in unmittelbarer Nähe. Ich hatte in dem kleinen Dorf eine herrliche Kindheit. Bis auf eine Sache: der Nachbarsjunge. Er mochte mich nicht und ich ihn auch nicht. Er war älter und stärker als ich und fuhr gemeinsam mit seinen Freunden regelmäßig durch das Dorf auf der Suche nach „Beute“. Wenn ich dann mit meinen Freunden auf der Straße spielte, passierte es schon mal, dass „die großen Jungs“, angeführt von meinem Nachbarsjungen, uns mit ihren Fahrrädern umringten. Ich saß dann fest und sollte meist eine Frage beantworten, die sie mir immer wieder gestellt haben: „Was willst du?“ Als Kind konnte ich damit nicht viel anfangen. Ich empfand die ganze Situation als einschüchternd und erniedrigend. Sobald ich oder einer meiner Freunde eine Lücke zwischen den Fahrrädern entdeckte, rannten wir in den nächstliegenden uns bekannten Garten. Dann hatten wir es wieder geschafft, ohne zerrissene Kleider zu entkommen.

Ich erinnere mich auch noch, wie unsere Nachbarn in ihrem Garten ein großes Schwimmbecken hatten. Einmal durfte ich auch darin schwimmen, was ich mir schon lange gewünscht hatte. Von meinem Dachfenster aus hatte ich oft auf das blaue Wasser geguckt. Es sah toll aus, vor allem bei schönem Wetter. Und dann wurde ich eingeladen, einmal darin zu schwimmen. Ich nahm die Einladung an. Es war herrlich, aber nicht von langer Dauer. Mein Ausflug ins Schwimmbecken endete mit Mobbing und Schikanen durch meinen Nachbarsjungen.

Ich erinnere mich auch noch an eine andere Auseinandersetzung mit ihm: Mit einer Gruppe hatte ich gerade Verstecken gespielt, da kam er angerannt. Er hielt etwas in seinen Händen. Es war ein Gasbrenner, mit einer sehr großen Flamme. Damit nahm er Kurs auf mich. Als Kind hatte ich jetzt drei Möglichkeiten: hart zuschlagen, schnell weglaufen oder beides. Ich entschied mich für das Zweite, weil ich darin einfach am besten war. Die Sache mit dem Gasbrenner sollte ein Witz sein, erfuhr ich später. „Natürlich", dachte ich. Sehr witzig war das. Als Jungs hatten wir beide einen sehr unterschiedlichen Humor. Wegen solchen und ähnlichen Erlebnissen hegte ich eine große Abneigung gegen meinen Nachbarsjungen.

Als ich zehn Jahre alt war, zogen wir dann als Familie um. Ich ging auf eine neue Schule, hatte neue Freunde und eine neue Lebensphase begann. Ich dachte nicht mehr oft an meine Kindheit zurück.

Erst Jahre später kam ich wieder nach Zeeland, in die Nähe des kleinen Dorfs, in dem ich aufgewachsen war. Ich war zusammen mit meiner Frau unterwegs und fand die Gelegenheit toll, ihr zu zeigen, wo ich als Kind aufgewachsen war. Also fuhren wir in das Dorf. Alles war noch viel kleiner, als ich es in Erinnerung hatte. Damals musste ich die ganze Straße hinunter, dann links um die Ecke und wieder die ganze Straße entlang, um zu meiner Schule zu gelangen. Damals war das für mich ganz schön weit zu laufen. Jetzt, durch die Augen eines erwachsenen Mannes, war diese Strecke nicht mehr so lang wie früher.

Während ich auf der Straße lief, fühlte ich es. Auf einmal war es wieder da, dieses Gefühl der Bosheit. Unbemerkt und leise hatte es sich verborgen gehalten, wie ein schwelendes Feuer. Und jetzt flammte es wieder auf. Ich war am Ort seiner Erzeugung: das Dorf, die Straße, das Haus, der Nachbarsjunge. Und was ich damals schon so gern getan hätte, aber mich nie getraut hatte, formte sich in meinen Gedanken nun in einem wütenden Satz: Wenn ich ihm jetzt begegne, schlage ich ihn zusammen.

Auf einmal wurde mir klar, dass die Schikanen meines

Nachbarsjungen mehr mit mir gemacht hatten, als ich es für möglich gehalten hatte. Tief in mir hatten sie geschlafen, und ich hatte sie vergessen. Aber jetzt wurden sie plötzlich wach. Ich fühlte den Ärger und Groll. Und mir wurde bewusst, dass ich meinem Nachbarsjungen vergeben musste, weil ich das noch nie getan hatte. Außerdem wollte ich keine „Kartoffeln" des Nicht-Vergebens, auch keine kleinen, in meinem Jutesack auf meiner Reise auf den Berg mitschleppen. Dass Bosheit irgendwo im Verborgenen, unter der Oberfläche meiner Seele, weiterschwelen darf, wollte ich nicht. Ich verweigerte ihr den weiteren Einfluss und vergab meinem Nachbarsjungen. Damals wie heute sehne ich mich danach, dass mein Herz atmen kann und in der Fähigkeit wächst, Liebe zu geben und zu empfangen.

Weihnachtsessen

Ob es nun um größere oder relativ kleine Dinge geht, Vergebung zu schenken ist lebenswichtig. Niemand will sich beim Weihnachtsessen Sorgen über die Sitzordnung machen: Wer kann noch nebeneinandersitzen und wer nicht? Niemand will „eigentlich überhaupt keinen Kontakt mehr" zu seinen Eltern, Brüdern oder Schwestern haben. Niemand will bitter werden. Aber all das passiert, denn nicht zu vergeben beschädigt nun mal das Leben. Dem anderen hingegen zu vergeben öffnet das Leben neu und führt in Freiheit.

Der amerikanische Psychologe Dr. Frederic Luskin forschte über die Kraft von Vergebung und entdeckte, dass sie Bosheit, Depression und Stress vermindert und Gefühle der Hoffnung, des Mitgefühls und des Selbstvertrauens schenkt. Er zog daraus den Schluss, dass Vergebung sich positiv auf Beziehungen und Gesundheit auswirkt. Nicht nur das: Vergebung bewahrt auch unsere Seele vor Schaden. Oder um es mit den Worten des Religionsphilosophen Sittser auszudrücken:

„Nicht vergeben ist wie ein Feuer, das im Bauch schwelt, wie Rauch, der die Seele erstickt. Es ist destruktiv, weil es verräterisch ist. Manchmal flammt es in der Form einer bitteren Verurteilung oder eines Wutausbruches auf. Aber meistens ist es damit zufrieden, im Hintergrund anwesend zu bleiben, wo es unbemerkt und leise sein tödliches Werk vollbringt."

Niemand kommt ungeschoren durchs Leben. Schläge treffen uns hart und verursachen Wunden und Verletzungen. Ob diese nun schlafen oder ob wir sie vergessen haben, wir werden früher oder später erwachen. Dann wird uns bewusst, dass sie mehr in uns angerichtet haben, als wir gedacht hatten: Die Schläge von einst schmerzen dann noch immer, wir finden sie noch immer gemein. Noch immer sind wir entsetzt über das Unrecht, das uns angetan wurde, und wir sind noch immer verärgert. In solch einem Moment ist es wichtig, uns bewusst zu werden, dass Vergebung der Weg ist, um Gefühle des Ärgers abfließen zu lassen, sodass der stechende Schmerz heilen kann.

Nur der Weg der Vergebung kann verhindern, dass die Reise vom Jungen zum Mann unterbrochen wird und wir verbittert stecken bleiben. Und nur der Weg der Vergebung kann verhindern, dass unsere Lebenslust, unsere Arbeitsfreude, unsere Freundschaft, unsere Ehe und sogar unser Verständnis für Gott nicht durch Verletzungen gekennzeichnet werden.

Josef und Jesus

Nehmen wir an, du willst so sein wie Josef. Du entscheidest dich für die Vergebung. Woher nimmst du die Kraft dafür?

Es gibt nur einen Grund, warum wir den Weg Josefs gehen können. Und der Grund ist, dass Jesus diesen Weg als Erster gegangen ist. Für uns. Damit uns vergeben wird.

Genauso wie Josef war Jesus der Liebling seines Vaters.

Genauso wie Josef hütete Jesus die Herde seines Vaters.

Genauso wie Josef wurde Jesus zu seinen Brüdern geschickt,

von seinen Brüdern gehasst und von ihnen verkauft zum Preis eines Sklaven.

Genauso wie Josef wurde Jesus gebunden, falsch beschuldigt und gefangen genommen.

Genauso wie Josef fing Jesus an zu wirken, als er ungefähr dreißig Jahre alt war.

Genauso wie Josef wurde Jesus durch das Leiden erhöht und rettete ein Volk.

Genauso wie Josef vergab Jesus denen, die ihm Böses angetan hatten.

Und genauso wie bei Josef gebrauchte Gott bei Jesus das, was ihm angetan wurde, zum Guten, um den Weg der Vergebung aufzutun. Dieser Weg macht es möglich, dass wir bei Gott Vergebung finden können, genauso wie andere bei uns.

Der Apostel Paulus fasst diesen Weg hervorragend zusammen:

„Mit Bitterkeit, Jähzorn und Wut sollt ihr nichts mehr zu tun haben. Schreit einander nicht an, redet nicht schlecht über andere, und vermeidet jede Feindseligkeit. Seid vielmehr freundlich und barmherzig, und vergebt einander, so wie Gott euch durch Jesus Christus vergeben hat. Ihr seid Gottes geliebte Kinder, daher sollt ihr in allem seinem Vorbild folgen. Geht liebevoll miteinander um, so wie auch Christus euch seine Liebe erwiesen hat. Aus Liebe hat er sein Leben für uns gegeben. Und Gott hat dieses Opfer angenommen."

Vergib!

Es ist der Weg zur Heilung.

Es ist der Weg zu mehr Leichtigkeit im Leben.

„Endlich hob Richelieu den Kopf, festigte seinen Adlerblick auf das ehrliche, offene und kluge Gesicht ihm gegenüber, las in diesem Angesicht, auf dem Tränen ihre Spuren hinterlassen hatten, all das, was es die letzten Monate hatte durchstehen müssen, und dachte zum dritten oder vierten Mal darüber nach, was für eine prächtige Zukunft D'Artagnan vor sich hatte und wie sehr ein verständiger Meister mit seinem Eifer, seinem Mut und seiner Einsicht zufrieden sein würde."

ALEXANDRE DUMAS

Kapitel 16

Perspektive gewinnen

Das leere Ei

Als ich (Theo) einmal meinen Sohn Manuel zusammen mit meiner Tochter Rosan im Auto zur Schule brachte, schüttete es wie aus Eimern. Plötzlich blieb unser linker Scheibenwischer stehen. „Ausgerechnet jetzt", dachte ich. Durch den Wasserfilm auf der Windschutzscheibe blickte ich in eine Welt, die plötzlich ganz anders aussah. Meine Sicht war verschwommen. Abstände richtig einzuschätzen war nun schwierig, und ich hoffte, noch auf der richtigen Fahrbahn unterwegs zu sein. Ich dachte, dass der Wischer nicht einfach zu reparieren sei, und ich entschied mich dafür, bis nach Hause weiterzufahren. Zum Glück funktionierte der rechte Scheibenwischer ja noch. Also streckte ich meinen Oberkörper nach rechts, über meinen Sitz hinaus, so wie man es oft bei jungen Männern in schnellen Autos sieht, um noch einigermaßen ordentlich am Verkehr teilnehmen zu können. Rechtskurven waren kein Problem. Der Kreisverkehr mit der Linkskurve hingegen war eine ernsthafte Herausforderung. Ich beugte mich etwas über das Armaturenbrett, um die Kurve einsehen zu können. Zum Glück hatte ich nur noch eine Kurve vor mir. Ich war froh, dass wir unversehrt zu Hause ankamen, umso mehr, weil Rosan bei mir hinten im Auto saß.

„Warum muss es so laufen, wie es läuft?“

Ein Mann in der Blüte seines Lebens erzählte mir von dem Moment, als sein „Scheibenwischer“ stehenblieb. Was vorher lange Zeit für ihn deutlich gewesen war, verschwamm auf einmal. Sein Blick hatte eine Trübung erlebt: „Wenn das Reich Gottes bereits angebrochen ist, warum ist es dann so schwer zu erkennen? Warum ist alles so mühsam? Warum muss alles so kompliziert sein? Warum muss es so laufen, wie es läuft? Geht es nicht anders? Deutlicher zum Beispiel? Kannst du echt nicht drum herumkommen, dass Jesus König ist? Was, wenn doch alles bloß ein großer Witz ist?“

Und jemand anderes ließ mich wissen: „Ich mühe mich nun schon seit Jahren, um einen Unterschied im Leben von Menschen und Situationen in der Welt zu machen. Inzwischen bin ich an den Punkt gekommen, wo ich mich frage: ‚Wie viel Sinn hat das eigentlich? Welche Bedeutung hat das alles in der Geschichte des Lebens?‘“

Jeder Mann läuft früher oder später Gefahr, an den Punkt zu kommen, wo der Scheibenwischer nicht mehr funktioniert. Du wirst wach, und unwillkürlich fragst du dich, ob es überhaupt einen Unterschied macht, wenn du aufstehst oder nicht. Du sitzt auf der Arbeit und plötzlich fühlst du dich todmüde von dem nie enden wollenden Strom an E-Mails, dringenden Mailboxnachrichten, Terminen und Mikrowellenmahlzeiten. Du sitzt bei Freunden, aber hast keine Energie mehr. Du willst schon seit Jahren einen anderen Job, hockst aber noch immer an derselben Position. Du bist fest davon überzeugt, dass eine gute Ehe mit jedem weiteren Jahr besser wird, aber hegst den Eindruck, dass bei dir die Rolltreppe nach unten führt. Du fragst dich: Wo sind eigentlich meine Jugendfreunde geblieben? Wie weit will ich gehen, um meine Ideale zu verwirklichen? Ist dieses Gefühl der Einsamkeit normal? Und darüber hinaus: Wo ist eigentlich das Leben im Überfluss, das Jesus uns versprochen hat? Wo ist Gott eigentlich, wenn ich ihn so sehr brauche? „Die Freude am Herrn ist deine Stärke“, sagt man mir. Aber warum merke ich so wenig von beidem? Habe ich überhaupt noch Zeit für mein geistliches Leben? Es scheint, als würden andere es viel besser hinkriegen als ich. Sollten sie auch manchmal von sich selbst enttäuscht sein? Warum scheint das Leben immer komplizierter zu werden? Ich dachte immer, dass sich meine Besorgnis im Laufe der Jahre in Gefühle der Unbefangenheit und Freiheit wandeln würde, aber dem war nicht so.

Auf einmal trübt sich dein Blick auf die Wirklichkeit. Die Richtung, die du einst eingeschlagen hast, steht nicht mehr klar vor deinem Auge. Und du musst allerlei Kapriolen unternehmen, um die Kurven des Lebens zu bewältigen. Das fühlt sich irgendwie nicht gut an. Vor allem, weil du Verantwortung für die Menschen auf der Rückbank hast. Insofern bringt es auch andere in Gefahr, wenn nichts mehr klar vor Augen ist.

Ernsthafte Signale

Männer sind gewöhnlich gut darin, solche Signale zu ignorieren. Wir haben einfach viel zu viel zu tun, und sobald es ruhiger wird und wir wieder mehr Zeit für uns selbst, unsere Freunde und unsere Familie haben, wird alles wieder gut. Dennoch wissen wir, dass die genannten Fragen Signale tiefer liegender Gefühle in uns sind. Unbewusst spüren wir, dass da etwas los ist. Nur nehmen wir uns oft zu wenig Zeit, um auf unser Inneres zu hören. Denn die Signale erinnern uns daran, dass das Leben größtenteils nicht so läuft, wie wir es erwartet haben. Kennst du diese Feststellung: „Das Leben macht meistens nicht das, was ich erwartet habe“? Und was für viele Männer noch schwieriger ist: Dasselbe scheint auch für Gott zuzutreffen. Gott tut nicht, was *ich* erwartet habe.

Elf endlose Kilometer

Zwei Männer waren auf der staubigen Strecke von Jerusalem nach Emmaus unterwegs. Ihre Schultern hingen herab, ihre Schritte waren träge und sie diskutierten heftig miteinander. Elf Kilometer, die sich endlos anfühlten, lagen vor ihnen. Auf diesem Weg schossen die Warnsignale wie Feuerpfeile aus ihrem Innern heraus. Ihre Fragen überschlugen sich. Die beiden waren sich ihres Gefühls sehr bewusst: Enttäuschung. Nichts war so gelaufen, wie sie es erwartet hatten. Und man spürte ihre Verwirrung: „Wir hatten erwartet, dass Jesus die Römer verjagen und Freiheit und Heilung bringen würde. Bis zum letzten Moment hatten wir gehofft, Jesus würde noch vom Kreuz steigen. Alle unsere Hoffnungen lagen doch auf ihm. Doch jetzt sind die Römer immer noch da und Jesus ist tot. Allem Anschein nach weiß Gott nicht, was er tut. Hat er vielleicht die Regie verloren? Manchmal jedenfalls fühlt es sich an, als würde er ein Spiel mit uns spielen, als würde er uns im Stich lassen."

Jahrhundertelang hatten Männer Gottes feurig den kommenden Messias prophezeit, einen streitbaren Helden, der das Volk von der Unterdrückung befreien sollte. Infolgedessen hatten Tausende Männer, Frauen und Kinder so wie du und ich sehnsüchtig auf den Mann gewartet, der ihnen das Leben, so wie es ihnen geschildert wurde, zurückgeben würde. Und tatsächlich: Er war gekommen. Nur auf eine Art, die niemand erwartet hatte. Irgendwo war etwas anders als erwartet gelaufen, und jetzt war er tot.

Nur ein Punkt auf der Karte

Wenn Dinge anders laufen, als wir das erwartet haben, wenn Gott nicht das tut, was wir wollen, sollten wir aufpassen und aufmerksam sein. Vor allem, wenn unsere Enttäuschung überhandnimmt. Als Menschen neigen wir dann dazu zu flüchten, und wir setzen bildlich gesprochen auf das Laufen. An sich ist das eine gute

Sache. Wir versuchen solchen Situationen und Menschen, die uns enttäuscht haben, auszuweichen. Wir verlassen und meiden Orte, an denen wir enttäuscht wurden. Wir wollen uns so schützen vor künftigen Situationen, die uns womöglich erneut enttäuschen, und fangen an wegzulaufen. „Das passiert mir nie wieder." Und bevor wir es ahnen, sind wir unterwegs nach Emmaus.

Emmaus ist nicht mehr als ein Punkt, eine unbedeutende Markierung auf der Weltkarte. Das Dorf ist wie eine Nadel im Heuhaufen. Du musst dir darüber im Klaren sein, dass dieser Ort existiert, sonst würdest du an ihm vorbeilaufen, ohne zu merken, dass er da war.

Der Name dieses Dorfes steht symbolisch für ein Leben, das nicht mehr ist als ein Schatten dessen, was es hätte sein können. Der Gang nach Emmaus ist insofern deine natürliche Reaktion auf Enttäuschung: Du willst dich zurückziehen und neigst dazu, dein Leben ganz klein zu machen.

Ein Neun-Liter-Eimer

Auch das Kornmaß steht als ein Bild dafür, wie sich Enttäuschung äußert und ausdrückt. Das Kornmaß ist eine Art Eimer, der neun Liter fasste und den Männer gebrauchten, um Korn in der richtigen Menge zu messen. Jesus sprach über diesen Eimer in der Bergpredigt, dass niemand eine Lampe unter einen solchen stellen würde, weil das Licht dann verlöschen würde.

„Ihr seid das Licht, das die Welt erhellt. Eine Stadt, die hoch auf dem Berg liegt, kann nicht verborgen bleiben. Man zündet ja auch keine Öllampe an und stellt sie unter einen Eimer. Im Gegenteil: Man stellt sie so auf, dass sie allen im Haus Licht gibt. Genauso soll euer Licht vor allen Menschen leuchten. Sie werden eure guten Taten sehen und euren Vater im Himmel dafür loben."

Was Enttäuschung macht

Sowohl Emmaus als auch das Kornmaß sind treffende Bilder dafür, was Enttäuschung mit uns macht. Sie sorgt dafür, dass wir in das winzig kleine Dorf Emmaus laufen. Dort angekommen, verkriechen wir uns unter einem Kornmaß.

Enttäuschung führt dazu, dass uns das Leben entgleitet, sie erlischt unser Herz. Wir erwarten dann nicht mehr viel vom Leben. Denn wo keine großen Erwartungen mehr gehegt werden, erlebt man auch keine Enttäuschung. Wir ziehen uns unweigerlich zurück. In Gebeten vermeiden wir es, Gott zu bitten, damit wir kein Problem mehr mit unbeantworteten Gebeten haben. Wir nehmen keine Risiken mehr auf uns, denn „letztes Mal ging das ja auch nicht so gut aus". Wir fangen an, uns über Menschen zu ärgern, die ihr Leben ausgelassen feiern, weil wir all diese aufgepumpte Freude nicht nötig haben. Sie sollten ein bisschen mehr nachdenken und ein bisschen weniger fühlen.

Wenn allerdings unser Herz unterdrückt gehalten wird, scheint unser Licht nicht mehr für andere. Es wird dann dunkel um uns herum. Menschen in unserer Nähe fangen an, so etwas zu spüren. Und sie merken auch, wenn du anfängst, dich zurückzuziehen. Enttäuschung führt letztlich zu einem Leben unter dem Eimer. Dort erlischt deine Erwartung an das Leben. Freude und Ausgelassenheit schwelen noch etwas nach, aber der Rest ist gestorben. Und währenddessen wird Jesus zu einem Fremden:

> *„Während sie miteinander sprachen und nachdachten, kam Jesus und ging mit ihnen. Aber sie – wie mit Blindheit geschlagen – erkannten ihn nicht."*

Wie der Fremde hilft

Enttäuschung schreit danach, geheilt zu werden, und es ist beeindruckend zu sehen, wie „der Fremde" den beiden Emmausgängern dabei half, zu genesen. Er kam zu ihnen, stellte Fragen und ließ sie reden. Dann legte er liebevoll den Finger auf die wunde Stelle: „Du hast ein Problem mit Unglaube. Das hat zwei Gründe: Du bist einerseits zu besorgt, um klar zu denken, und andererseits weißt du zu wenig von der Schrift, um Gottes Absicht verstehen zu können." Daraufhin erklärte er den beiden die Schrift und vollendete zum Schluss den Heilungsprozess, indem er ihnen die Augen ihres Herzens öffnete für seine Gegenwart:

„Da plötzlich erkannten sie ihn."

Zu ihrer großen Überraschung war der Fremde gar kein Fremder. Jesus war nicht tot, sondern lebte. Mitten unter ihnen. Und hier offenbarte sich, dass Gott doch genau wusste, was er tat.

Wir sind neugierig, wie das passierte. Vielleicht sahen sie seine Hände, oder sie erkannten seine Stimme. Wir wissen es nicht. Die Art, auf die Jesus seine Gegenwart offenbart, ist zutiefst ein Geheimnis. Wir können nicht mehr sagen, als dass es geschieht. Das galt für die Emmausjünger damals und gilt für uns noch heute. Jesus ließ sie spüren, dass er da war, und damit war ihre Heilung vollendet.

Mühe mit dem Kreuz

Das Problem der zwei Emmausjünger lag darin, dass sie nur auf das Kreuz starrten. Sie sahen sich blind an einer Wand des Leidens. Und sie verstanden dabei nicht, dass Leid einen Platz in Gottes Plan haben kann. Ist das nicht nachvollziehbar? Das Kreuz ist einfach sehr schwierig zu verstehen. Ein Musketier sagte einmal über das Kreuz:

> *„Das Kreuz ist so plump. Ich war bei jemandem zum Essen eingeladen und da hing ein Kreuz. Da konnte ich nicht mehr essen. Das Kreuz ist so plump. Die Idee, dass das Kreuz auch durch mich geschah, fühlt sich so schwer an. Es ist so schwierig, mit dem Kreuz umzugehen, da es sich ungerecht anfühlt. Gnade ist so unbegreiflich groß. Du wirst den Eindruck nicht los, dass etwas dahinterliegen muss. Und du wirst den Eindruck nicht los, dass du letztlich doch etwas tun musst."*

Das Kreuz ist so schwer. Auf das Kreuz zu starren, ist, wie auf eine Wand des Leidens zu starren. Die einzige Art, auf das Kreuz zu blicken, ohne dass es dich überwältigt, ist, es durch das Licht der Auferstehung zu betrachten. Vom Ostersonntag aus gesehen bekommt der Karfreitag ein Ziel. Nur durch die Auferstehung am Sonntagmorgen bekommt der Kreuzestod am Freitagnachmittag einen Sinn und eine Bedeutung. Ohne die Auferstehung wäre unser Glaube noch immer ohne Inhalt. Nur weil das Grab leer ist, können wir das Kreuz verändert anschauen und in Kirchen und Gemeinden von ihm singen.

Jonathan, der Junge, der so anders war

Jemand, der diese Botschaft verstanden hatte, war der kleine Jonathan. Er war mit dem Downsyndrom geboren worden und war Teil einer Sonntagsschulklasse, deren Kinder alle ungefähr acht Jahre alt waren. Die andern Kinder hatten Probleme damit, Jonathan mit seinem „Anderssein" zu akzeptieren. Aber die Gruppenleiter bemühten sich immer wieder kreativ, Jonathan zu integrieren. Nichtsdestotrotz blieb etwas an Distanz.

Am Sonntag nach Ostern brachte die Sonntagsschullehrerin einige Kisten mit, in denen einmal Socken gelegen hatten. Sie hatten die Form großer Eier. Damit sollte die Klasse etwas Schönes gestalten. Jedes Kind erhielt ein Ei. Die Aufgabe lautete, etwas zu finden, das für neues Leben steht. Die Kinder sollten ihr Symbol in der eiförmigen Kiste aufbewahren. Dann wollten sie zusammen in der Klasse die Eier öffnen und nachschauen, was sie gefunden hatten.

Zurück in der Klasse stand der Tisch voll mit „Eiern". Die Sonntagsschullehrerin öffnete eins nach dem anderen. In einem steckte eine Blume, in einem anderen ein Schmetterling, in wieder einem anderen ein Blatt. Begleitet von begeisterten Rufen der Kinder öffnete die Lehrerin das nächste Ei.

Es war leer.

Die Kinder riefen, dass das dumm und unfair war. Sie waren entsetzt, dass jemand sich nicht an die Aufgabe gehalten hatte.

Da flüsterte Jonathan leise: „Das ist von mir."

Die Kinder stöhnten, dass Jonathan auch nie etwas richtig machen konnte. Aber Jonathan sagte nachdrücklich: „Es ist leer. Das habe ich extra gemacht. Das war meine Absicht. Es ist leer. Leer. Das Grab war leer!"

Da wurde es still in der Klasse. Jeder staunte über Jonathans Ei. Und von diesem Moment an umarmten die Kinder Jonathan und nahmen ihn an. Er wurde völlig und ganz akzeptiert.

Kurz darauf starb Jonathan. An einer Infektion, die Kinder ohne Behinderung meist problemlos überlebt hätten. Bei seiner Beerdigung traten die Kinder der Sonntagsschulklasse geschlossen mit ihrer Lehrerin an den Sarg. Jeder von ihnen hielt etwas in Händen. Es waren keine Blumen. Jedes Kind legte eine eiförmige Kiste, in der einmal Socken aufbewahrt waren, auf den Sarg.
Sie waren alle leer.

„Das leere Ei" gibt Hoffnung

Die Auferstehung von Jesus Christus wirft ihr gewaltiges Licht auf das Kreuz und inspiriert zum Leben. Sie verleiht Energie. Ist es nicht auffällig, dass die Emmausjünger direkt nach der Begegnung mit Jesus nach Jerusalem zurückgingen? Plötzlich waren sie keine Emmausjünger mehr. Ihr Leben hatte eine Wendung genommen, und sie machten sich prompt auf den neuen Weg.

Den rational Denkenden fiel das auch auf und kopfschüttelnd hörte man sie sagen: „Unverantwortlich. Wie dumm kann man sein. Es ist dunkel und spät. Räuber und Gesinde sind unterwegs. Den Weg zu gehen, ist wie eine direkte Bitte um Probleme. Bleibt doch einfach, wo ihr seid." Aber die zwei hörten das schon nicht mehr. Sie waren schon lange fort. Vielleicht flogen sie, beflügelt wie sie waren. Sie hielt nichts mehr davon ab, am größten Abenteuer teilzunehmen, das die Welt je gesehen hatte.

Was tust du, wenn das Leben nicht so läuft, wie du es erwartet hast? Was tust du, wenn Gott nicht so handelt, wie du es erwartet hast? Wenn Enttäuschung in dein Leben einzieht und Jesus ein Fremder zu sein scheint? Läufst du nach Emmaus? Gibst du enttäuscht auf? Oder lässt du es zu, dass Jesus dich heilt? Nährst du weiter deine Hoffnung? Lässt du es zu, dass Gott dein Herz formt? Dass er dich zu dem Mann macht, den er beabsichtigt hat?

Titanium

Vor Kurzem sprach ich (Theo) mit Hansie. Wenn jemand, menschlich gesehen, allen Grund hat aufzugeben, dann ist er es. Hansie ist Notarzt, fährt Krankenwagen und hat schon viel zu viele Menschen sterben sehen. Er weiß auch, was es heißt, selbst in einen Unfall verwickelt zu sein. Vor acht Jahren, damals war er dreißig Jahre alt, wurde ihm ein Motorradunfall fast zum Verhängnis. Bei dem Unfall zertrümmerte sein Oberschenkelknochen. Seine Muskeln und Nerven blieben allerdings – Wunder über Wunder – nahezu unverletzt. Fünfeinhalb Jahre lang konnte Hansie nicht laufen. Nach etlichen Operationen, dem Einsatz von Titanium, zahlreichen Rehas und Krücken kann er sich seit zwei Jahren wieder fortbewegen. Fünfeinhalb Jahre nicht laufen und Dinge, die man gerne macht, nicht tun können, verlangte viel Geduld von der Familie. Und diese Zeit schuf viel Raum, um nachzudenken, und viel zu viele Gelegenheiten, der Enttäuschung einen Platz zu geben und das Handtuch zu schmeißen. Und doch wurde Jesus kein Fremder für Hansie. Hansie nährte aus ihm seine Hoffnung, und er entschied sich dafür, sich vom himmlischen Vater formen zu lassen.

„Ich sehe es als eine reinigende Zeit. Gott hat mich stillgelegt und mir mitten in dieser Zeit eine neue Ausrichtung geschenkt. Gott weiß, was das Beste ist. Er gibt kein komfortables Leben. Es geht ihm nicht um das, was du hast, sondern darum, wer du wirst. Ich vertraue weiter darauf,

dass Gott weiß, was er tut, und die Seile fest in Händen hält – was auch immer geschieht."

Kein Punkt, sondern ein Komma

Das leere Grab ist Gottes Heilmittel gegen Enttäuschung. Es erinnert uns an die herrliche Tatsache, dass Gott die Regie nicht verloren hat. Das Grab macht unserem Herzen deutlich, dass Gott genau weiß, was er tut, und mehr über das Leben weiß als wir. Nur wir sehen das oft nicht. So ließ Gott Pilatus nicht aus Zufall handeln und Jesus verurteilen, sondern er entschied sich so für den Kampf gegen Satan. Auch ließ Gott die Römer nicht aus Zufall in Ruhe, sondern sein Zorn wandte sich gegen viel gefährlichere Wesen, die er ausschalten wollte. Gott zögerte die Befreiung Israels auch nicht ungeplant hinaus, sondern schloss in der Befreiung die gesamte Menschheit mit ein. All das geschah auf eine unerwartete Art und Weise: durch das Leiden hindurch.

Gott versteht so viel mehr vom Leben als wir. Insofern ist das Kreuz nicht ein Punkt, sondern das herrlichste Komma der Weltgeschichte. Die Geschichte endet nicht am Kreuz, sondern wird fortgesetzt. Die Auferstehung ist der Beginn eines neuen herrlichen Kapitels.

Noch was: Wir sollten uns der Kraft bewusster werden, durch die Jesus Christus aus dem Tod auferweckt wurde. Diese Geisteskraft steckt durch den Glauben in uns. Jetzt. Wir brauchen nur einen Blick auf die zwei Emmausjünger zu werfen, um zu entdecken, was diese Kraft bewirken kann. Die Kraft der Auferstehung inspiriert. Sie gibt dem Leben Hoffnung. Sie lässt Herzen entflammen und schärft unsere Herzen. Jesus ist hier. Unsere Füße wollen aufbrechen.

Genau wie diese zwei.

*„Danach schnallte Vater D'Artagnan
seinem Sohn seinen eigenen Degen um,
küsste ihn zärtlich auf beide Wangen und
gab ihm seinen Segen."*

ALEXANDRE DUMAS

Kapitel 17

Das Erbe weitergeben

Gewinnen wie die Deutschen

Irgendwann ereilt dich in deinem Leben der Moment, an dem dein Herz aufhören wird zu schlagen. Dein Blut wird nicht mehr durch deinen Körper strömen. Und dein Zwerchfell zieht sich ein letztes Mal zusammen. Du stirbst. Vielleicht konntest du dich auf diesen Moment vorbereiten, vielleicht reißt er dich aber auch mitten aus dem Leben – mit einer plötzlichen Grausamkeit für all deine lieben Menschen um dich herum.

Was lässt du dann zurück?

Leonard Woolf, ein angesehener britischer Politiker, schließt seine Autobiografie mit den Worten:

„Nun, da ich achtundachtzig Jahre alt bin und auf siebenundfünfzig Jahre politische Arbeit in England zurückblicke, wissend, was meine Ziele und Resultate waren, und seit 1914 über die Geschichte Großbritanniens und der Welt grübelte, erkenne ich, dass ich nahezu nichts zustande gebracht habe. Die Welt von heute und die Geschichte des menschlichen Ameisenhaufens während der letzten siebenundfünfzig Jahre würden exakt genauso aussehen, wenn ich Tischtennis gespielt hätte, anstatt in Kommissionen zu sitzen und Bücher und Absichtserklärungen zu schreiben. Somit muss ich mir selbst und jedem, der dieses Buch liest, zu meiner Schande gestehen, dass ich mich ein langes Leben mit 150.000 bis 200.000 Stunden komplett sinnloser Arbeit abgemüht habe."

Niemand will am Ende seines Lebens zu dem Schluss kommen, dass er genauso gut hätte Tischtennis spielen können. Es liegt eine universelle Sehnsucht in uns Menschen, der Existenz unseren Stempel aufzudrücken, einen Unterschied zu machen, zu fühlen, dass unser Leben zählt. Wir wollen in Erinnerung bleiben. Manche machen Fernsehen, andere schreiben Bücher. Manche gründen eine Firma, andere richten eine Stiftung ein. Wieder andere investieren sich in ihre Kinder und hoffen, dass etwas von ihnen in ihrem Nachwuchs weiterlebt. Aber alle tun das aus derselben Sehnsucht. Sie wollen die Welt wissen lassen:

Ich war hier. Ich war ein Teil dieser Welt.

Alexander der Große, der Mann der immer kleiner wurde

Als Harmke und ich in Thessaloniki wohnten, spazierten wir regelmäßig den Boulevard entlang. Dort steht inmitten all der Zeugnisse der klassischen Antike ein Reiterstandbild Alexanders III. von Mazedonien.

Alexander wurde bereits in jungen Jahren König, nachdem sein Vater ermordet worden war. Er brachte Ordnung in das Land und zog mit einer Armee von 45.000 Mann in den Krieg gegen das mächtige persische Reich. Alexander war ein brillanter Stratege. Er schlug jedes Heer, das sich ihm in den Weg stellte. Auch die Perser zogen den Kürzeren und mussten Alexander mit seinen 25 Jahren als ihren Herrscher anerkennen. Aus Alexander III. wurde Alexander der Große. Sein Reich erstreckte sich von Ägypten bis Indien, und sein Einfluss als Herrscher war ohnegleichen. Griechisch wurde Amtssprache und der Handel florierte. Menschlich gesehen spielte er ein sehr erfolgreiches Spiel. Aber Alexander der Große hatte ein Problem. Er war so im Hier und Jetzt beschäftigt und darauf fixiert, sein Reich zu vergrößern, dass er vergaß, in die nächste Generation zu investieren. Im Alter von 32 Jahren starb er, ohne seine Nachfolge geregelt zu haben. Die Folgen waren verheerend. Nach seinem Tod kämpften seine Freunde um den ersten Platz im Reich und räumten sich gegenseitig aus dem Weg. Bald darauf übernahmen die stärksten Generäle die Macht, wodurch das Reich in vier Teile zerfiel. Und inmitten des ganzen Tumults fanden viele von Alexander geliebte Menschen den Tod: seine Mutter, seine Frau, sein (Halb-)Bruder, seine (Halb-)Schwester und die meisten seiner besten Offiziere. Die Vision Alexanders für das Hier und Heute war legendär, sein Mangel an Vision für die Zukunft verblüffte, aber die Vorbereitung seines Erbe war desaströs.

Wie bereitest du dein Erbe vor?

Wie du lebst, bestimmt, wie man sich an dich erinnern wird. Dein Leben entscheidet maßgeblich, wie dein Erbe einmal aussehen wird. Dein erreichtes Alter spielt dabei kaum eine Rolle. Selbst wenn du über hundert Jahre alt werden solltest, wird das kaum Einfluss haben. Ein langes Leben ist nicht alles. Jahrzehntelang kannst du einzig und allein für dich selbst leben und niemandem wird es dadurch besser oder schlechter gehen. Beim Erbe geht es darum, wie du lebst. Das ist entscheidend. Was willst du deinen Geliebten, der Gemeinschaft, von der du ein Teil bist, sowie der Welt hinterlassen? An welcher Erinnerung willst du bauen?

Der nächsten Generation ein positives Erbe zu hinterlassen und auf sie zu übertragen, ist nicht selbstverständlich. In der Bibel können wir das Leben von Hunderten Menschen studieren. Wir sehen, wie ihr Leben seinen Anfang genommen hat und wie es endet. Dreiviertel der Lebensgeschichten enden nicht gut. Sie nutzten nicht die Möglichkeit, der nächsten Generation auf den richtigen Weg zu helfen.

Nimm zum Beispiel Gideon. Er spielte eine fantastische erste Halbzeit. Nach einem etwas zögerlichen Start siegte er über den grausamen Feind, der Israel so lange heimgesucht und beraubt hatte. Dadurch kehrte Ruhe ins Land zurück. Für vierzig Jahre.

Kinder konnten wieder sorglos draußen spielen, Frauen endlich wieder üppige Mahlzeiten zubereiten und die Männer waren erfüllt durch den Ertrag ihrer Arbeit. Der Stand zur Pause war klar zu Gideons Vorteil. Aber in der zweiten Halbzeit ging viel schief. Das Volk wurde von Gideon zum Götzendienst verleitet, er entwickelte Starallüren und fing an, sich als König aufzuführen. Frauen interessierten ihn sehr, und er bekam siebzig Söhne. Einen von ihnen nannte er „Abimelech“, was vielsagend nichts anderes bedeutete als „Vater ist König“.

Nach Gideons Tod orientierten sich die Israeliten erneut an dem Götzen Baal, und es entbrannte ein grausamer Streit zwischen seinen Söhnen. Abimelech tötete alle seine Brüder mit ein und demselben Stein, er verbrannte Menschen bei lebendigem Leibe und rottete Städte aus. Sein Leben endete mit einem zertrümmerten Schädel.

Weisheit und Reichtum sagen nichts

Oder denk an Salomo. Auch er spielte eine vielversprechende erste Halbzeit. Er hatte Gott um Weisheit gebeten und empfing sie. Er schaffte gigantische Bauprojekte und vollendete den Tempel. Die Einweihung des Tempels war ein historischer Moment, denn Gottes Herrlichkeit kam mächtig darauf herab. Auch der Handel blühte unter ihm auf. Das Leben war gut. Salomo versilberte seine Weisheit auch auf literarischem Gebiet. Von ihm stammen 3.000 Sprüche, 1005 Lieder und wissenschaftliche Arbeiten über Botanik und Zoologie. Unter Salomo fand eine überwältigende Entwicklung statt. Darum steht in 1. Könige 10:

> *„Salomo übertraf alle Könige der Erde an Reichtum und Weisheit. Menschen aus aller Welt kamen zu ihm, um etwas von der Weisheit zu hören, die Gott ihm gegeben hatte.“*

Bis zur Hälfte seines Weges scheint Salomo auf ein reiches Erbe hinzusteuern. Aber dann kommt die zweite Halbzeit und 1. Könige 11 berichtet uns:

„Er hatte 700 Frauen, die aus fürstlichen Häusern kamen, und 300 Nebenfrauen. Er ließ sich von ihnen immer mehr beeinflussen. Und so verführten sie Salomo im Alter dazu, auch ihre Götter anzubeten. Der Herr, sein Gott, war ihm nicht mehr wichtiger als alles andere in seinem Leben, wie es noch bei seinem Vater David gewesen war."

„So tat er, was Gott verabscheute. Er diente nicht mehr dem Herrn allein wie sein Vater David."

Der Traum zerplatzte. Sein Erbe schrumpfte zusammen.

Warum die zweite Halbzeit so wichtig ist

Zwischen Deutschland und den Niederlanden herrscht seit Jahrzehnten eine prägnante Fußball-Rivalität. Für beide Nationalmannschaften ist der jeweils andere der zweithäufigste Länderspielgegner. Treffen die beiden in einem Turnier aufeinander, sprechen die Reporter von einem Klassiker. Die WM- und EM-Spiele zwischen Deutschland und den Niederlanden waren meist legendär und haben Fußballgeschichte geschrieben. Mindestens genauso bedeutend ist, bei allem Respekt für unser Oranje-Team, die Kunst der deutschen Elf, einen Rückstand in der zweiten Hälfte noch aufzuholen und das Spiel für sich zu entscheiden. Es ist fast so etwas wie ein Markenzeichen der deutschen Nationalmannschaft.

Im Viertelfinale der Fußballweltmeisterschaft 2010 in Südafrika eiferten wir mit Oranje dieser Art, ein Spiel zu entscheiden, nach. Wir spielten gegen Brasilien. Ende der ersten Halbzeit stand es 0 : 1. Aber in der zweiten Hälfte drehte sich das Spiel. Der Ball flog zweimal in das brasilianische Tor. Wir gewannen mit 2 : 1. Die Niederlande schwebten auf Wolke sieben. Zweihundert Millionen Brasilianer und sechzehn Millionen Niederländer waren Zeugen: Ein Spiel ist erst vorbei, wenn auch die zweite Halbzeit gespielt ist. Endlich gewannen wir einmal wie die Deutschen.

Dieses Fußballbeispiel illustriert das Leben Gideons und Salomos: Eine gut gespielte erste Hälfte reicht nicht aus. Der Zwischenstand sagt nichts aus. Es kommt auf das ganze Spiel an. Gideon besiegte 135.000 Mann, unter ihm blühte das Reich auf, aber Gideon bekam Starallüren und ruhte sich vorzeitig auf seinen Lorbeeren aus. Sein Sohn Abimelech war anschließend eine Katastrophe. Salomo wiederum vergaß die Spielregeln. Sein Herz war nicht länger bei Gott, sondern bei den Frauen, und er verfiel dem Götzendienst. Sein Sohn Rehabeam war ein Schrecken und das Königreich zerbrach in zwei Teile. Sowohl Gideon als auch Salomo hatten ihre Begeisterung, ihre Leidenschaft, ihre Hingabe für den Herrn verloren, und sie versäumten es, an die nächste Generation zu denken. Ihre Söhne waren eine Tragödie für das Volk.

Treu bleiben bis zum Ende

Gut abzuschließen ist keine Selbstverständlichkeit, genauso wenig wie ein reiches Erbe. Beides verlangt ein Leben, das bis zum letzten Atemzug auf den Herrn ausgerichtet ist. Bis zu dem Moment, in dem wir in die Ewigkeit übergehen, fordert es volle Leidenschaft für den Dienst in seinem Reich. Erst dann und nicht früher, wenn wir erschöpft im Himmel ankommen, ist das Spiel vorbei und hören wir Gott sagen:

„Du warst tüchtig und zuverlässig. In kleinen Dingen bist du treu gewesen, darum werde ich dir größere Aufgaben anvertrauen. Ich lade dich zu meinem Fest ein!“

Wie sieht der Weg zu einem reichen Erbe aus?

Das Leben mit Ewigkeitsperspektive zu leben, ist der erste Schritt hin zu einem reichen Erbe. Denn das Wissen darum, dass uns eines Tages ein herrliches Erbe im Himmel erwartet, inspiriert zum Bau eines herrlichen Erbes hier auf der Erde. Paulus schreibt über die zukünftige Pracht, die wir einmal empfangen werden:

„Ich bin ganz sicher, dass alles, was wir zurzeit erleiden, nichts ist, verglichen mit der Herrlichkeit, die Gott uns einmal schenken möchte."
„(...) er hat ihnen die Hoffnung gegeben, dass sie zusammen mit den Kindern Gottes einmal von Tod und Vergänglichkeit erlöst und zu einem neuen, herrlichen Leben befreit werden."

Rührt sich angesichts dieser beiden Abschnitte nicht etwas Unbehagen bei uns, wenn wir auf den Istzustand unseres Lebens sehen? Setzen wir uns wirklich so stark ein, dass wir leiden? Wie verhält sich unser Leben zu dem, was Gott eines Tages für uns bereithält? Was macht es mit uns, wenn wir feststellen, nachdem wir kaum eine Sekunde in der Ewigkeit angekommen sind, wie unser Leben wirklich ausgesehen hat? Vielleicht werden wir uns dann fragen:

Oh, mein Gott, warum war ich nur so selbstsüchtig?
Warum habe ich nicht mehr gegeben, mehr geteilt, mehr getan?
Warum war ich nicht mehr wie Jesus? Lebendig für meine Geliebten, mitdenkend für meine Mitmenschen und ein Geber denen, die weniger hatten?
Warum war ich nicht kompromissloser?
Warum gab ich mich eher Dingen hin, als dass ich in Menschen investiert habe?
Warum lebte ich für Dinge, die nur achtzig Jahre dauerten?
Warum habe ich nicht ewigen Schätzen nachgejagt?

Eine Antwort darauf, warum wir uns all diese Fragen stellen, können wir schon heute finden. Denn wir vergessen oft, dass wir nicht uns selbst gehören. Darum drückt Paulus uns aufs Herz:

„Niemand von uns lebt für sich selbst, und niemand stirbt für sich selbst. Leben wir, dann leben wir für den Herrn, und sterben wir, dann sterben wir für den Herrn. Ganz gleich also, ob wir leben oder sterben: Wir gehören dem Herrn."

Wem gehörst du?

Viele Menschen meinen, dass das, was sie haben und wer sie sind, Ergebnisse ihrer eigenen Anstrengung sind. Wer so denkt, beginnt sich um seinen persönlichen Erfolg zu drehen. Menschen hingegen, die erkennen, dass alles, was sie sind und an Eigentum haben, Gott gehört, fangen an, anderen zu geben. Und am besten dient man dem Herrn, indem man so gut wie möglich anderen Menschen dient. Dienen bedeutet, sich zu investieren in Menschen – und das ist der beste Weg, um an einem reichen Erbe zu bauen. So wächst aus dem tiefen Bewusstsein, dass wir nicht uns selbst gehören, auch das Bewusstsein dafür, Gott eines Tages erklären zu dürfen, was wir mit unserem Leben bewirkt haben:

> *„Wir werden alle einmal vor Gott stehen, und er wird über uns urteilen. So steht es in der Heiligen Schrift: ‚So wahr ich lebe, spricht der Herr: Vor mir werden alle niederknien, und alle werden bekennen, dass ich der Herr bin!' So wird also jeder für sich selbst vor Gott Rechenschaft ablegen müssen."*

Wir Menschen sind sehr gut darin, aufeinander zu achten, was der andere so treibt, vor allem aber, was er nicht gut macht oder sogar lässt. Angesichts der Worte von Paulus ist es daher schlauer, wenn du dich einfach auf dein eigenes Leben konzentrierst. Das ist schon Aufgabe genug. Später bekommt jeder Mensch ausführlich die Möglichkeit, Gott zu erklären, was er mit seinem Leben gemacht hat und warum er so gelebt hat, wie er es getan hat. Vielleicht empfindest du den Gedanken daran jetzt bedrohlich, aber das muss nicht sein. Er möchte dich vielmehr zu einem gebenden und sich verschenkenden Leben inspirieren. Gott sieht das, was du tust. Er schätzt es, und du wirst später zusammen mit ihm darüber sprechen können. Diese Perspektive wird dir helfen, dich auf die Dinge auszurichten, die wirklich einen Unterschied machen:

> *„Was Gott euch geschenkt hat, soll nicht in Verruf geraten. Wo Gottes neue Welt beginnt, geht es nicht mehr um Essen und Trinken. Es geht darum,*

dass wir gut und richtig miteinander umgehen und dass Gott uns durch seinen Heiligen Geist mit Frieden und Freude erfüllt."

Leer saugen oder beitragen

Im Reich Gottes geht es nicht um Erfolg. Die Fragen an dich lauten also später nicht: „Wie viele Menschen konntest du mit der Summe deiner Leistungen beeindrucken? Welche Tricks hattest du drauf, und was haben sie gebracht? In was für einem Auto bist du gefahren?" Die Fragen werden vielmehr sein: „Hast du das Gute, das Gott dir anvertraut hat, beschädigt oder zur vollen Blüte gebracht? Ist die Welt nun ein Ort mit mehr Gerechtigkeit, mehr Frieden und mehr Freude, weil du in ihr gelebt hast? Hast du konsumiert, andere immer wieder leer gesaugt, oder hast du aktiv dazu beigetragen, die Welt zu verändern? Warst du ein Nehmer oder ein Geber?"

Ein Musketier erzählte in diesem Zusammenhang:

„Entscheidungen, die ich getroffen habe, besaßen im Allgemeinen keinen Ewigkeitswert. Sie drehten sich mehr um die Frage, wie ich so schnell wie möglich ein großes Haus und allerlei schöne Dinge um mich herum ansammeln konnte. Ich zog meinen Stolz aus der Markenkleidung, die ich trug, und fühlte mich in einem großen Auto als jemand Besonderes. Wenn es irgendwie ging, schob ich auf der Autobahn alle zur Seite, denn jetzt kam ich. Die Andachten auf dem Charakterwochenende sprachen mich so gezielt an, dass ich Gott weinend gedankt habe. Nach all den Jahren des ‚Kirchgangs' hatte er mir die Augen ein bisschen geöffnet. Ich durfte erkennen, dass meine Entscheidungen nur bis zum Tod reichten und keinen Zentimeter weiter."

Persönlicher Erfolg oder Bedeutsames für andere

Warum fühlen sich viele Menschen, sogar die erfolgreichsten, oft elend, gelangweilt und unerfüllt? Weil sie dem „persönlichen Erfolg" nacheifern und sich nicht investieren, etwas „Bedeutsames für andere“ zu schaffen. Und so zu leben erfüllt nicht. Es kostet dich vielmehr dein Leben. Nur zu bekommen, zu greifen, zu nehmen, zu saugen, schenkt grundsätzlich keine Befriedigung. Menschen, die das nicht verstehen, gehen weiterhin davon aus, dass ihre Unzufriedenheit erst recht durch unzureichenden persönlichen Erfolg bedingt ist. Aber das Gegenteil ist der Fall und wahr: Je mehr Erfolg ein Mensch hat, desto mehr hungert er danach. Ein Teufelskreis entsteht, dessen endloses Streben zum Verlust des Lebens führt, noch ehe man im körperlichen Sinne stirbt. So sagt Jesus:

> *„Wer sich an sein Leben klammert, der wird es verlieren. Wer aber sein Leben für mich und für Gottes rettende Botschaft einsetzt, der wird es für immer gewinnen. Denn was gewinnt ein Mensch, wenn ihm die ganze Welt zufällt, er selbst aber dabei Schaden nimmt?“*

Das Beste ist, gebend zu leben, sagt Jesus. Gib so viel wie möglich, und du bekommst am meisten zurück. Das ist das Paradoxon des Evangeliums. Manche Menschen verhalten sich dabei wie ein Block Eisen. Erst wenn du mit einem Hammer draufschlägst, löst sich etwas. Andere sind wie ein Schwamm, man muss sie wringen, um etwas herauszubekommen. Wieder andere sind wie ein Brunnen. Sie geben, verteilen und lassen Segen fließen. Wenn du diese Bereitschaft des Gebens mitbringst, darfst du auch empfangen, und zwar nicht nur du – auch die nächste Generation.

Wie geht das? Du kannst nicht mehr geben, als Gott dir gibt. Solange du gibst, gibt Gott. Er gibt immer mehr. Und du darfst dir sicher sein: Geben lässt dein Erbe wachsen, weil du den Drang nach persönlichem Erfolg gegen die heilige Sehnsucht nach Bedeutsamkeit im Leben anderer eintauschst.

Gaben an die nächste Generation

Was haben wir der nächsten Generation zu geben? Ermutigung zum Beispiel. Frag dich beispielsweise mal: Wer wird sich durch meine Worte fähiger fühlen? Wenn du selbst zurückschaust und darüber nachdenkst, wer bis jetzt den meisten Einfluss auf dein Leben hatte, wirst du wahrscheinlich entdecken, dass es die Menschen waren, die dich mit ihren Worten ermutigt haben.

„Wer Ehrfurcht vor Gott hat, hilft vielen Menschen durch das, was er sagt (...).“

Welche Menschen hast du durch die Nahrung deiner Worte gestärkt? Wer läuft mit mehr Mut, mehr Fokus, mehr Leidenschaft und mehr Orientierung herum, nur weil du ihn mit Worten der Wahrheit, Kraft und Liebe ermutigt hast?

John Wendel und seine Schwestern

Du kannst auch deinen Besitz mit der nächsten Generation teilen und über die Frage nachdenken: Was mache ich mit dem, was ich besitze? Wie kann ich meine materiellen und finanziellen Mittel der nächsten Generation zugutekommen lassen?

Zu den wohl bemitleidenswertesten Menschen, die je gelebt haben, gehören John Wendel und seine Schwestern. Obwohl sie eine gigantische Geldsumme von ihren Eltern geerbt hatten, gaben sie zeit ihres Lebens kaum etwas davon aus. Sie taten alles, was in ihrer Macht stand, um so viel Geld wie möglich für sich zu behalten. John überzeugte seine Schwestern sogar, nicht zu heiraten. Fünfzig Jahre lang lebten sie zusammen im gleichen Haus in New York City. Als die letzte Schwester 1931 starb, betrug das Vermögen der Wendels mehr als 100 Millionen Dollar. Das einzige Kleid, das sie besessen hatte, war selbst genäht. Sie hatte es fünfundzwanzig Jahre lang getragen.

Die Geschichte der Wendels gleicht der des Mannes im Lukasevangelium, Kapitel 12. Gott sagt in dem Gleichnis zu ihm:

„‚Du Narr! Noch in dieser Nacht wirst du sterben. Wer bekommt dann deinen ganzen Reichtum, den du angehäuft hast?‘ So wird es allen gehen, die auf der Erde Reichtümer sammeln, aber mit leeren Händen vor Gott stehen.“

Männer sind nicht so die Redner

Eine andere Art, in die zukünftige Generation zu investieren, ist durch deine Einsicht. Frage dich dazu selbst einmal: Wer könnte, von dem was ich gelernt habe, profitieren?

Angeblich sind Männer nicht so die Redner. In vielen Fällen stimmt das, und das ist schade. Doch damit laufen wir auch Gefahr, dass vieles an Weisheit, Wissen und Einsicht, die wir durch Schaden und Schande, Verlust und Sieg und durch Fallen und Aufstehen errungen haben, für die nächste Generation Männer verloren geht.

Was hat Gott dich gelehrt, das für andere wertvoll sein könnte?

Der christliche Autor Gordon MacDonald beschreibt die Trauer eines Sohnes, der sich fragt, warum sein Vater ihm nie sein Herz gezeigt hat. Er bedauert, dass sein Vater ihm nicht geholfen hat, mehr vom Leben und den Kämpfen eines Mannes zu verstehen. Er hätte so viel davon profitieren können. In einem Brief schreibt der Sohn seinem verstorbenen Vater:

„Oh, mein Vater, warum hast du nie dein wahres Herz geöffnet, wenn ich zu dir sah? Warum hast du nur über Tatsachen und Meinungen mit mir gesprochen, wenn ich so gerne wissen wollte, ob ich Gefühle haben darf? Mein Vater, warum hast du mir nie erzählt, dass du manchmal so gebrochen warst, dass du weglaufen wolltest, dass du furchtbar enttäuscht warst, als Menschen dich im Stich gelassen haben, dass du vielleicht sogar einige Male zornig auf Gott warst, dass du Trauer empfandest, weil du deinen Vater auch nie gekannt hast, dass der Schmerz der Einsamkeit an dir genagt hat und du Sehnsucht nach einem Freund hattest … oder dass du ab und zu vielleicht selbst an deinem eigenen Mannsein gezweifelt hast?“

Die heldenhafteste zweite Halbzeit, die je gespielt wurde

Eine der wesentlichsten Arten, für die nächste Generation ein Segen zu sein, liegt in der Frage: Habe ich den Weg zu Gott gezeigt? Ein Mann, der jeden Tropfen seiner Energie für dieses Ziel gab, war Paulus. Zu Beginn spielte er eine bescheidene erste Hälfte. Er eiferte sehr für Gott und das Kommen seines Königreichs, nur er äußerte es auf die falsche Art. Viele Männer, Frauen und Kinder, alle Nachfolger Jesu, fanden durch das Zutun von Saulus den Tod. Aber Gott griff ein. In der Halbzeitpause erhielt er einen neuen Namen und Paulus spielte die heldenhafteste zweite Hälfte, die ein Mann nur spielen kann. Kurz vor dem Schlusspfiff seines Lebens reflektiert er die intensiven Dienstjahre für den König und sagt zu Timotheus:

„Doch ich habe mit vollem Einsatz gekämpft; jetzt ist das Ziel erreicht, und ich bin im Glauben treu geblieben.“

Paulus beendete sein Spiel des Lebens gut und ließ ein reiches Erbe zurück. Unermüdlich wies er Menschen auf Christus hin. Zahlreich fanden Menschen zum Glauben an Jesus Christus. Überall entstanden Gemeinden, die aufblühten und Städte veränderten. Bis zum heutigen Tag erntet Generation um Generation die Früchte seines Lebens.

Drei Musketiere

Vor ein paar Jahren war ich für meine Arbeit mit „Athletes in Action“ in Südafrika. Dort begegnete ich drei besonderen Männern, die ganz im Sinne von Paulus, aber jeder auf seine persönliche Art, anderen Menschen den Weg zu Gott zeigten: Norman, Ewald und Henley. Ihre Leben illustrieren, was es bedeutet, in die nächste Generation zu investieren.

Begraben unter Freundlichkeit

Norman (57) war lange Zeit ein verbitterter Rassist. Er hasste Menschen mit schwarzer Hautfarbe wie auch Kinder. Groll war tief in seiner Lebensgeschichte verankert. Schon früh war Norman aus der Reihe gefallen. Eine angeborene Muskelkrankheit ließ ihn erst im Alter von sechs Jahren anfangen, hinkend zu laufen. Ein Familienfoto von früher zeigt seinen Bruder und seine Schwester, energisch und ausgelassen, sowie einen ineinandergesunkenen Jungen, der auf den Schultern seines Vaters sitzt, weil er zu schwach war zu laufen: der kleine Norman.

Zweimal hatte er ernsthaft versucht, eine Frau für sich zu gewinnen. Einmal als Teenager und dann noch einmal in seinen Zwanzigern. Beide Male kam nichts zustande.

„Ich verfluche den Tag meiner Geburt!", hatte Norman eines Tages herausgeschrien. Seine Mutter stand in diesem Moment direkt neben ihm und war wie vom Schlag getroffen.

Später fand Norman Arbeit in den Diamantenminen. Er entwickelte sich zu einem Waffenexperten und fing an ein Leben zu führen, das dazu passte. Bis vor ein paar Jahren.

Norman war aufgefallen, dass seine Nachbarn jeden Sonntagmorgen „irgendwo" hingingen. Eines guten Tages fragte Norman einmal nach. „Komm mal mit uns mit, wir zeigen dir, wo wir hingehen" war die Antwort der Nachbarn. Und so ging Norman den Weg zur Kirche mit, ohne dass er sich darüber bewusst war. Als er das Gebäude betrat, geschah etwas, das für einen Rassisten, der Schwarze und Kinder hasst, ein Albtraum sein muss: Eine Gruppe schwarzer Kinder kam begeistert auf ihn zugelaufen und begrüßte ihn ausführlich. Er versuchte noch abwehrende Worte und Gebärden zu finden, aber es war schon zu spät. Die Kinder drängten sich um ihn und begruben ihn unter überschwänglicher Freundlichkeit. In diesem Moment bekam er etwas geschenkt, was er noch nie zuvor bekommen hatte. Tief in ihm passierte etwas. Auf einen Schlag wurde er ein neuer Mensch. Später gab er all seine Waffen ab. Er hatte keine Zeit mehr für sie. Seine Energie steckte er von da an in die Arbeit mit Behinderten und Gefangenen. Er will wie Christus für sie sein.

Abwesende Väter

Ein paar Tage später besuchte ich Ewald (38). Über staubige Wege erreichte ich den Slum, in dem Ewald wohnte. Er lief mir entgegen und begrüßte mich herzlich. Ich schaute mich um und sah drei kleine, alte Wohnwagen, ein Vorzelt und eine improvisierte Ecke, die man als Küche durchgehen lassen konnte. Hier wohnte er zusammen mit seiner Frau und drei Pflegekindern. „Warum?", fragte ich ihn. „Warum hast du einen guten Job, dein Haus und deinen Besitz aufgegeben und beschlossen, an einem harten und gefährlichen Ort zu leben? Wie bist du dazu gekommen?" Ewald antwortete: „Eines Abends haben meine Frau und ich den Film ‚Second Chance' gesehen. Durch ihn hat Gott zu uns geredet. Wir konnten nicht anders, als drastische Entscheidungen zu treffen. Es ist ein Privileg, Jesus zu folgen und dies für ihn tun zu dürfen." Daraufhin erzählte er mir von der Not der Menschen in dem Slum. „Die zwei größten Probleme hier sind Alkohol und abwesende Väter. Die einzige Art von ‚Unterhaltung', die Kinder hier haben, ist, Mitglied in einer Bande zu sein, Leim zu schnüffeln und Drogen zu konsumieren. Wir sind hierhergezogen, um unter diesen Menschen zu sein. Wir wollen Kinder und Teenager aus der absteigenden Spirale befreien und ihnen helfen, ein menschenwürdiges Leben aufzubauen."

Volle Mägen

Kurz darauf begegnete ich Henley. Auf den ersten Blick ein harter Kerl, aber seine Augen verrieten sein freundliches Herz. Dieser 40-Jährige ist vor drei Jahren radikal zum Glauben gekommen. „Ich hatte ein eigenes Geschäft, misshandelte meine Angestellten, wenn sie Fehler machten, bezahlte unaufhörlich Bestechungsgelder, trank eine Flasche Whiskey am Tag und hatte eine schlechte Ehe. In dieser Zeit gab mir jemand eine Bibel. Zu Hause warf ich sie wütend auf den Küchentisch, verärgert, dass jemand sich getraut hatte, mir eine Bibel in die Hand zu drücken. Ein halbes Jahr später sagte meine Frau, dass, wenn ich mich nicht ändern würde, sie die Scheidung wolle. Notgedrungen fing ich an in der Bibel zu lesen. Ich las ungefähr eine Stunde darin und war ein anderer Mensch. Gott hatte mich ergriffen und begann, mein ganzes Leben auf den Kopf zu stellen."

Während ich mit Henley sprach, konnte ich mir kaum vorstellen, dass dieser sympathische Mann niemanden sehen, geschweige denn helfen wollte. Heute hilft er allen, denen er begegnet. Neben seinem Job gibt er jeden Tag 350 Kindern zu essen. Damit bringt er Erleichterung in zahlreiche Familien. „Leere Bäuche sorgen dafür, dass Kinder geschlagen und missbraucht werden aus Gefühlen des Frusts und der Ratlosigkeit. Wenn du Essen gibst, kommen Kinder mit vollen Bäuchen nach Hause, wodurch sie erneut eine Quelle von Freude werden und Ruhe in die Familie zurückkehrt." Jeden Tag fühlen 350 Kinder das Evangelium in ihren Mägen landen. Henley investiert jeden Tag in die nächste Generation und baut so an einem reichen Erbe.

Was lässt du zurück?

Sir Leonard Woolf war desillusioniert und musste zu seiner Schande gestehen, dass er sich ein Leben lang mit vollkommen sinnloser Arbeit abgemüht hatte. Alexander der Große hatte vergessen, über seinen Tod hinauszuschauen, und hinterließ ein katastrophales Erbe. Gideon und Salomo hatten beide eine fantastische erste Halbzeit gespielt, aber dann bekam der eine Starallüren und der andere vergaß die Spielregeln. Saulus hatte mühevoll begonnen, aber spielte als Paulus eine legendäre zweite Halbzeit und endete gut. Norman, Ewald und Henley waren an die richtige Abzweigung geraten und sind heute gut unterwegs. Jeder dieser drei hatte irgendwann den Pfad des Jungen verlassen und den Weg des Mannes gewählt. Auf ihrer Lebensreise hatten sie die Sucht nach persönlichem Erfolg verloren, und zwar durch einen Riss in ihrem Jutesack. Bedeutsames für andere zu schaffen wurde zum Mittelpunkt ihrer Mission.

Und du?

An welcher Erinnerung baust du? Welches Erbe planst du für deine Geliebten zurückzulassen, für die Gemeinschaft, von der du ein Teil bist, für die Welt?

Drücke der nächsten Generation deinen von Gott gegebenen Stempel auf!

Bald hast du die Ewigkeit, um dich auszuruhen.

Epilog

Der Mann mit einer Mission

Wer bin ich? Sie sagen mir oft,
ich träte aus meiner Zelle
gelassen und heiter und fest,
wie ein Gutsherr aus seinem Schloss.

Wer bin ich? Sie sagen mir oft,
ich spräche mit meinen Bewachern
frei und freundlich und klar,
als hätte ich zu gebieten.

Wer bin ich? Sie sagen mir auch,
ich trüge die Tage des Unglücks
gleichmütig lächelnd und stolz,
wie einer, der Siegen gewohnt ist.

Bin ich das wirklich, was andere von mir sagen?
Oder bin ich nur das, was ich selbst von mir weiß?
Unruhig, sehnsüchtig, krank, wie ein Vogel im Käfig,
ringend nach Lebensatem, als würgte mir einer die Kehle,
hungernd nach Farben, nach Blumen, nach Vogelstimmen,
dürstend nach guten Worten, nach menschlicher Nähe,
zitternd vor Zorn über Willkür und kleinlichste Kränkung,
umgetrieben vom Warten auf große Dinge,
ohnmächtig bangend um Freunde in endloser Ferne,
müde und leer zum Beten, zum Denken, zum Schaffen,
matt und bereit, von allem Abschied zu nehmen?

Wer bin ich? Der oder jener?
Bin ich denn heute dieser und morgen ein andrer?
Bin ich beides zugleich? Vor Menschen ein Heuchler
und vor mir selbst ein verächtlich wehleidiger Schwächling?
Oder gleicht, was in mir noch ist, dem geschlagenen Heer,
das in Unordnung weicht vor schon gewonnenem Sieg?

Wer bin ich? Einsames Fragen treibt mit mir Spott.
Wer ich auch bin, du kennst mich, dein bin ich, o Gott!

(aus: Dietrich Bonhoeffer. Widerstand und Ergebung)

Dieses Gebet schrieb der Theologe und Prediger Dietrich Bonhoeffer. Während des Zweiten Weltkriegs war Bonhoeffer Häftling der Nationalsozialisten und im Militärgefängnis Berlin-Tegel untergebracht. Er legte das Gebet am 8. Juli 1944 einem Schreiben an seinen Freund Eberhard Bethge bei. Bonhoeffer hatte Juden geholfen zu entkommen. Während seiner Gefangenenzeit war er in verschiedenen Gefängnissen und Konzentrationslagern interniert. Drei Wochen vor der Befreiung wurde er hingerichtet.

Wer bist du?

Du bist eine Geschichte.

Du steckst in einem Abenteuer.

Du bist mit Jesus unterwegs.

Und in diesem Lebensprozess formt Gott dich zu dem Mann, den er beabsichtigt hat.

Gott nimmt dabei keine Abkürzungen. Einmal einen Löwen zu töten, ist nicht genug. Der Vater benutzt das Leben so, wie es ist, um dich zum Mann zu formen. Der Jutesack ist dabei. Unterwegs darfst du Abschied nehmen von dem alten Mann. Du verlierst den Stier, die Kartoffeln und den Raben.

Du findest das Leben.

Wer bist du?

Der Junge mit dem Jutesack oder der Mann mit einem Auftrag, einer Mission und einer Bestimmung?

Gebete

Übergabegebet

Herr Jesus Christus,
du kennst mich vollkommen.
Meine Vergangenheit, mein Heute und meine Zukunft sind für dich ein offenes Buch.
Es gibt nichts, was ich getan habe, das dich erschrecken könnte, weil du es nicht weißt.
Du erforschst und kennst mich. Und du willst mich.
Danke für deine Gnade. In deinem Wort und in diesem Buch.
Ich will dich kennen. Dir mein Leben geben.
Komm in mein Leben, Vater. Wasche mich rein. Fülle mich.
Ergreife Besitz von mir. Leite mich. Sende mich.
In Jesu Namen.
Amen.

Sonntag

Vater, Gott, allerhöchster Herr,
danke, dass ich heute in dein Haus gehen,
über die Schwelle treten und dir nahe kommen darf.
Schenk mir Gnade, dir etwas zu bringen. Mich selbst.
Durchdringe mich mit deinem Geist,
damit ich singe, bete und höre,
auf eine Art, die zu jemandem passt, der von dir gerettet ist.
Segne unsere Gemeinde, lass sie dein Instrument der Gnade sein,
für Menschen in unserer Nähe und anderswo.

Montag

Vater,
heute und die ganze Woche bist du der Herr über meine Arbeit.
Schenk mir ein heiliges Feuer von innen,
damit ich eifrig und voller Liebe arbeite.
Wo ich vor Aufgaben Angst habe, bitte ich um Kraft,
sodass ich nicht beherrscht werde durch Faulheit,
sondern Tatkraft.
Ich bitte um neue offene Türen, Gelegenheiten, die du mir gibst,
um mein Gebiet zu erweitern.
Ich bete, dass ich immer erst den Menschen sehe
und dann das Produkt, die Ziele oder das Problem.
Lass mich wie ein Baum sein, gepflanzt an Wasserbächen,
der seine Frucht bringt zu seiner Zeit und dem alles gelingt.

Dienstag

Vater im Himmel,
danke für die Frau, die du mir gegeben hast.
Zeige mir, wie ich sie ehren
und ihr dienen kann auf eine Art,
die ihrer würdig ist.
Schenk mir Gnade, sie so zu lieben,
dass sie aufblüht wie eine frische Blume.
Lehre mich für *(Name deiner Frau)* zu beten, auf eine Art,
dass meine Gebete wie ein Schild um sie herum sind.
Ich bete, dass du unsere Beziehung erneuerst, dass du uns
neue Leidenschaft für dich und einander schenkst. Lass meine
Worte aufbauend und nicht niederschmetternd für sie sein.
Mache mein Herz weich für sie, damit ich vergebe und sehe,
was sie braucht, noch bevor sie darum bitten muss.
Segne unsere Beziehung
und lass sie ein stiller Hinweis deiner Liebe für uns alle sein.

Mittwoch

Herr Jesus Christus, Sohn Gottes,
erbarme dich über uns.
Schaffe in mir ein reines Herz und erneure meinen Geist,
damit ich dir diene und folge.
Heute sage ich dir:
Du bist der Erste, der Allerwichtigste in meinem Leben.
Wen habe ich im Himmel außer dir?
Und außer dir begehre ich nichts auf dieser Erde.
Schenk mir die Gnade, meinen Vater und Mutter
zu verlassen und meiner Frau anzuhängen.
Öffne mein Herz für Freunde.
Lass mich ein Jonatan für einen David sein,
und stelle mir einen Jonatan an die Seite,
um mein Herz zu beschützen.
Herr, du weißt, welche Kartoffeln
ich in meinem Jutesack mitschleppe.
Erinnere mich an die Dinge, die ich loslassen darf,
damit ich dir in Freiheit folge.

Donnerstag

Mein Herr Jesus Christus,
heute bete ich für die Kinder dieser Welt.
Ich erflehe deinen Segen, deine Salbung und deinen Schutz
für die Kinder, die du mir anvertraut hast.
Lehre mich dich immer mehr zu kennen als meinen himmlischen Vater.
Und lass mich meine Kinder „bevatern“,
so wie du dich meiner erbarmst.
Lass mir Gnade zuteilwerden,
meine Kinder zu dir zu führen.
Schenk ihnen ein Herz,

das dich kennt und dir nachfolgt.
Lass dein Werk an mir offenbar werden
und deine Herrlichkeit über meinen Kindern.
Auch bete ich für die zahlreichen Kinder in Not:
die missbrauchten, die misshandelten,
die Kindersklaven, die verworfenen,
die obdachlosen, die hungrigen,
die kranken – ein Meer des Leidens, ein Ozean des Unrechts.
Lass dein Recht auf dieser Erde herrschen.
Lass dein Königreich mit Macht anbrechen.
Segne all die Kirchen und Menschen, die Kindern helfen.
Und auch bitte ich dich: „Maranatha", komm, Herr Jesus, komm.

Freitag

Lieber Gott,
befreie mich aus dem Würgegriff des Geldes, von Sex und Macht.
Zeige mir, wo mein Wollen, Denken und Handeln mit diesem Virus infiziert sind.
Warum sollte ich mein Leben von den Götzen dieser Welt rauben lassen?
Warum sollte ich mich mit nachgemachten Göttern begnügen,
wenn du, der Allerhöchste, mich kennen willst?
Schenk mir ein reines Herz, Herr, um zu geben, statt zu nehmen.
Lasse mich schnell sein zu dienen, statt zu herrschen.
Lass mein Herz voll an Liebe sein und nicht verhärtet durch Lust.
Öffne meine Augen für deine Ziele für mein Leben.
Lass mich ehrbar wandeln, im Licht, so rein, dass ich nichts verbergen muss.

Samstag

Treuer Vater im Himmel,
es ist wieder eine Woche vorüber.
Sie ist schnell vergangen.
Bevor ich es merkte, drehte ich wieder durch. Lebte ich zu schnell.
Mit dem Berg in Sicht begnügte ich mich wieder mit meinen
Runden auf dem See.
Die alten Muster, die alte Leere, mein altes Ich.
Danke, dass du, der Gott des Himmels und der Erde,
der Vater der Ewigkeit, mich aufsuchst.
Erneuere, ja, verjünge mein Denken.
Führe mich zu neuem Leben. Durch Ruhe. Durch etwas Spiel.
Erwecke mein Innerstes und stärke mein Herz mit Brot und Wein.
Ich will heute langsam leben.
Warten auf meine Seele.
Auf dich.

Quellenangaben

Alle Bibelzitate, sofern nicht anders angegeben, sind der Bibelübersetzung „Hoffnung für alle" entnommen. Mögliche kursive Schreibweisen in den Bibelzitaten wurden von den Autoren vorgenommen.

Kapitel 1: Dem Leben auf der Spur – Der innere Riss

S. 27: Die Geschichte von Chris McCandless ist beschrieben in dem Buch „In die Wildnis" von Jon Krakauer und als Film erschienen unter dem Titel: Into the wild
S. 28: Jon Krakauer: In die Wildnis
S. 29: Jon Krakauer: In die Wildnis

Kapitel 2: Bindungen lösen – „Für meinen Vater"

S. 40 ff.: Filmzitate aus dem Film Rudy, 1993
S. 42: J. Marvin Eisenstadt: Parental loss and genius, 1978
S. 47: „Darum wird ein Mann seinen Vater": 1. Mose 2,24 (LÜ)

Kapitel 3: Geliebt von Gott – „Ich will dich"

S. 52: „Kind [...], wie konntest du uns": Lukas 2,48
S. 52: „Warum habt ihr mich gesucht?": Lukas 2,49
S. 53: „Sie haben keinen Wein mehr": Johannes 2,3–4
S. 53: „Wer ist meine Mutter": Matthäus 12,48 (LÜ)
S. 53: „Als nun Jesus seine Mutter sah": Johannes 19,26
S. 54: „Wer seinen Vater oder seine Mutter": Matthäus 10,37
S. 54: „Wenn jemand zu mir kommt": Lukas 14,26 (LÜ)
S. 58: „Dies ist mein geliebter Sohn": Matthäus 3,17
S. 62: „Du zeigst mir den Weg": Psalm 16,11
S. 63: „Was kann David noch mehr": 1. Chronik 17,18 (LÜ)

Kapitel 4: Für die Liebe kämpfen – Bereit sein zu sterben

S. 70: „Ordnet euch einander unter; so ehrt ihr Christus“: Epheser 5,14
S. 71: „Ihr Männer, liebt eure Frauen so“: Epheser 5,25
S. 75: „Denn Gott hat die Menschen so sehr“: Johannes 3,16

Kapitel 5: Echte Freundschaft leben – Ich mache dich zu meinem König

S. 83: „Nach diesem Gespräch traf David Jonatan“: 1. Samuel 18:1–5
S. 84: „Durchbohrt liegt Jonatan auf deinen Bergen“: 2. Samuel 1,25–26
S. 89: „Ist noch jemand übrig geblieben“: 2. Samuel 9,1 (LÜ)
S. 91: „Wer bin ich, dein Knecht, dass du dich“: 2. Samuel 9,8 (LÜ)
S. 92: „Ihr seid meine Freunde“: Johannes 15,14
S. 92: „Und siehe, ich bin bei euch“: Matthäus 28,20 (LÜ)

Kapitel 6: Das Abenteuer Glaube – Schlafend auf die andere Seite

S. 100: „An jenem Tag“: Markus 4,35 (ELB).

Kapitel 7: Gewaltig werden – Jagen wie Nimrod

S. 115: „Wen soll ich senden“: Jesaja 6,8 (ELB)
S. 115: „Ich suchte einen Mann“: Hesekiel 22,30
S. 115: „Er sah, dass niemand da war“: Jesaja 59,16
S. 122: „Kusch aber zeugte den Nimrod“: 1. Mose 10,8–9

Kapitel 8: Den Anfang wagen – Drei Musketiere

S. 126: „Der Herr steht dir bei, du starker Kämpfer“: Richter 6,12+14
S. 126: „Ich helfe dir!“: Richter 6,16
S. 130: „Da wurde Gideon vom Geist des Herrn ergriffen“: Richter 6,34
S. 131: „Gideon rief die Männer der Stämme“: Richter 7,23–25
S. 135: „Vielleicht hilft uns der Herr“: 1. Samuel 14,6
S. 135: „Ich bin dabei“: 1. Samuel 14,7
S. 135: „‚Pass auf‘, fuhr Jonatan fort“: 1. Samuel 14,8–10

Kapitel 9: Ermutigung erfahren – Auf heißer Tat

S. 151: „Siehe, ich stehe vor der Tür“: Offenbarung 3,20

Kapitel 10: Kontrolle abgeben – Die Aussage Jakobs

S. 160: „Jetzt bin ich endlich schwanger“: 1. Mose 25,22
S. 162: „Ich will sieben Jahre“: 1. Mose 29,18
S. 163: „Es gehört deinem Diener Jakob“: 1. Mose 32,19
S. 165: „Nur er blieb noch allein“: 1. Mose 32,25
S. 165: „Deshalb sorgt euch nicht um morgen“: Matthäus 6,34
S. 167: „Plötzlich stellte sich ihm ein Mann“: 1. Mose 32,25
S. 167: „Wie heißt du“: 1. Mose 32,28
S. 167: „Ja, nicht umsonst trägt er den Namen Jakob“ 1. Mose 27,36
S. 169: „Von jetzt an sollst du nicht“: 1. Mose 32,29
S. 169: „Er selbst lief an die Spitze des Zuges“: 1. Mose 33,3
S. 169: „Nimm es also an!“: 1. Mose 33,11

Kapitel 11: Freude am Spiel – Die theologische Bedeutung des Vogels Strauß

S. 173: „Lasset uns Menschen machen“: 1. Mose 1,26
S. 175: Filmzitat aus Fightclub, 1999
S. 176: „Ich sprach zum Lachen“: Prediger 2,2 (LÜ)
S. 176: „Der Unvernünftige freut sich an bösen Taten“: Sprüche 10,23
S. 176: „Der Tor lacht mit lauter Stimme“: Jesus Sirach 21,20
S. 178: „Schiffe ziehen dort vorüber“: Psalm 104,26
S. 179: „Weinen hat seine Zeit“: Prediger 3,4
S. 181: „könntet ihr zu diesem Berg sagen“: Matthäus 17,20
S. 181: „Selig sind, die da Leid tragen“: Matthäus 5,4 (LÜ)
S. 181: „Ihr verblendeten Führer“: Matthäus 23,24 (LÜ)
S. 182: „Darum rühme ich die Freude“: Prediger 8,15

Kapitel 12: Lust besiegen – Die Schlachtung Olafs des Ochsen

S. 187: „Lass mich deinem Herzen nahe sein“: Hohelied 8,6–7
S. 190: „Schon wer eine Frau mit begehrlichen“: Matthäus 5,28–30
S. 192: „in der Dämmerung, am Abend des Tages“: Sprüche 7,9
S. 192: „Ich habe mein Bett mit schönen bunten Decken“: Sprüche 7,16–18
S. 192: „Er folgte ihr ins Haus wie ein Ochse“: Sprüche 7,22–23
S. 193: „Lasst euch von solch einer Frau“: Sprüche 7,25–27

Kapitel 13: Kapitale Gerissenheit lernen – Ping!

S. 199: „Eher geht ein Kamel durch ein Nadelöhr“: Matthäus 19,24
S. 200: „Wer kann dann überhaupt“: Matthäus 19,25
S. 202: „Und der Herr lobte den ungetreuen Verwalter“: Lukas 16,8–9 (LÜ)
S. 207: „Den Reichen musst du unbedingt einschärfen“: 1. Timotheus 6,17–19

Kapitel 14: Verlust verkraften – Richtung Sonne fliehen

Kapitel 15: Freiheit finden – „Ich vergebe dir, Drecksack!“

S. 227: „Da konnte Josef sich nicht länger beherrschen“: 1. Mose 45,1–3
S. 227: „Aber Josef erwiderte: ‚Habt keine Angst!‘“: 1. Mose 50,19–21
S. 229: Johan und Janneke sind nicht die echten Vornamen, aus Gründen der Privatsphäre wurden sie geändert.
S. 235: „Mit Bitterkeit, Jähzorn und Wut sollt ihr nichts“: Epheser 4,31–5,2

Kapitel 16: Perspektive gewinnen – Das leere Ei

S. 241: „Ihr seid das Licht, das die Welt erhellt“: Matthäus 5,14–16
S. 242: „Während sie miteinander sprachen“: Lukas 24,15–16
S. 243: „Da plötzlich erkannten sie ihn“: Lukas 24,31

Kapitel 17: Das Erbe weitergeben – Gewinnen wie die Deutschen

S. 252: „Salomo übertraf alle Könige der Erde“: 1.Könige 10,23–24
S. 253: „Er hatte 700 Frauen“: 1. Könige 11,3–4
S. 253: „So tat er, was Gott verabscheute“: 1. Könige 11,6
S. 254: „,Du warst tüchtig und zuverlässig“: Matthäus 25,23
S. 255: „Ich bin ganz sicher“: Römer 8,18
S. 255: „(...) er hat ihnen die Hoffnung gegeben“: Römer 8,21
S. 255: „Niemand von uns lebt für sich selbst“: Römer 14,7 ff–8
S. 256: „Wir werden alle einmal vor Gott stehen“: Römer 14,10b–12
S. 256: „Was Gott euch geschenkt hat“: Römer 14,16–17
S. 258: „Wer sich an sein Leben klammert“: Markus 8,35–36
S. 259: „Wer Ehrfurcht vor Gott hat“: Sprüche 10,21
S. 259: „Du Narr! Noch in dieser Nacht“: Lukas 12,20–21
S. 261: „Doch ich habe mit vollem Einsatz gekämpft“: 2. Timotheus 4,7

Epilog: Der Mann mit einer Mission

S. 267: Dietrich Bonhoeffer, Widerstand und Ergebung.
Gütersloher Verlagshaus, Gütersloh, in der Verlagsgruppe Random House GmbH.

Studienmaterial

Zu diesem Buch wurde passendes Studienmaterial entwickelt. Die Fragen und Aufträge dienen als Hilfsmittel, um den Inhalt der Kapitel persönlich zu vertiefen. Es empfiehlt sich, das Buch gemeinsam mit anderen Männern zu lesen und das Studienmaterial zusammen zu bearbeiten. Sich darüber auszutauschen im Gespräch bringt viel Segen hervor und stärkt Männerfreundschaften auf eine besondere Art.

Das Material ist gratis als Download erhältlich auf:
www.der4temusketier.de

Dankwort

Liebe Harmke und Ruth, herzlichen Dank für eure Liebe und Unterstützung. Ohne euch wäre dieses Buch nicht entstanden. Neben euch fühlen wir uns erst wirklich ganz Mann! Ihr seid es wert, dass wir für euch sterben.

Wir wollen unseren beiden Vätern danken. Unsere Lebenskapitel sind miteinander verwebt. Wir lieben euch!

Jan, Pieter, Jannes und Johannes, wir finden es herrlich, zusammen mit euch das Abenteuer aufzusuchen. Ihr habt Mut. Danke!

Derek, Eugene, Jaap, Janneke und Marco, herzlichen Dank für eure Mühe, das Manuskript durchzuarbeiten! Euer Beitrag war wertvoll.

Ernst, vielen Dank, dass du es mit uns angegangen bist. Wir haben Bewunderung für deine Kreativität und Geduld.

Außerdem danken wir allen Musketieren recht herzlich, die uns eine persönliche Geschichte eingesandt haben.

Über die Autoren

Henk über Theo:

Ich wünschte, dass ich mehr Theo ähneln würde. Theo ist ein prächtiger Mann! Körperlich ist er gut trainiert, ein super Schwimmer, und er liebt das Leben draußen in der Natur. Von außen sieht es also gut bei ihm aus. Und von innen noch viel mehr. Er hat Charakter. Er ist ein Mann, der durchhält. Integer. Sanftmütig.

Jemand, dem ich blind vertraue.

Seine Frau Harmke und ihre vier Kinder Manuel, Rosan, Luca und Norah sind mit Theo als Vater gesegnet.

Theo ist als Leiter von „Athletes in Action" (AIA) in den Niederlanden mein Nachfolger. Die letzten Jahre hat er diese Position und Verantwortung mutig ausgefüllt. AIA ist jetzt besser dran als zu dem Zeitpunkt, als ich noch das Amt ausführte. Dank Theos ausgezeichneter Leitung.

Es war herrlich, dieses Buch miteinander zu schreiben. Viele Lektionen aus der Wildnis der 4ten-Musketier-Charakterwochenenden wurden nun auf Papier festgehalten, mit der Hoffnung, dass noch mehr Männer durch diese Männerbewegung gesegnet werden.

Theo über Henk:

Ich finde es immer herrlich, mit Henk etwas zu unternehmen. Er inspiriert, denn Henk liebt das Leben. Wie keinen anderen kenne ich ihn als einen Mann der kreativen Initiative. Ein Pionier mit Mut. Ein scharfsinniger, schneller und origineller Denker. Die Überraschungsmomente und Dynamik, die er damit erzeugt, genieße ich in vollen Zügen.

In Henk verbirgt sich darüber hinaus ein prächtiges Herz. Freundlich. Bewegt. Lebenslustig. Mutig. Ein Herz, das sich tief berühren lässt von Schönheit und Not.

Henk spricht immer mit viel Liebe und Bewunderung von seiner Frau Ruth und ihren drei Kindern Manoa, Emma und Chris. Sie dürfen sich glücklich schätzen mit einem Mann und Vater, der sich vor allem anderen für sie einsetzt.

Ich habe Henk kennengelernt als Gründer und Leiter von „Athletes in Action" (AIA) in den Niederlanden. Jetzt ist er Pastor für Gemeindeentwicklung in der „Vrije Evangelisatie" in Zwolle und ein inspirierender Redner und Autor.

Das Schreiben dieses Buches war ein Abenteuer für sich, mitten angesiedelt in der Geschichte, die wir beide leben. Wir hoffen, dass es viele Männer weiterbringt in der Entwicklung ihrer eigenen Geschichte sowie ihres Lebensziels.

MIX
Papier aus verantwortungsvollen Quellen
FSC® C014496

Verlagsgruppe Random House FSC® N001 967
Das für dieses Buch verwendete FSC®-zertifizierte Papier
Munken Premium Cream liefert Arctic Paper Munkedals AB, Schweden.

Die niederländische Originalausgabe
erschien im Verlag Uitgeverij Kok, Utrecht
unter dem Titel „De Vierde Musketier“.

1. Auflage 2013
Bestell-Nr. 816 911
ISBN 978-3-86591-911-3

Umschlaggestaltung und Innenteil: Daniel Eschner
Umschlagfotos: © shutterstock.com
Fotos Innenteil: Daniël Hartog, Mark Schippers, Micha Korb,
Johannes Hoefnagel
Übersetzung: Joachim Nagel
Lektorat: Stefan Rüth
Satz: Greiner & Reichel, Köln
Druck und Verarbeitung: GGP Media GmbH, Pößneck
Printed in Germany